JUTTA ELSÄSSER

Scientology

Ich suchte das Licht
und fand die Dunkelheit

W0070011

Knaur

Eine Kurzfassung dieser Geschichte sowie Kopien der Arbeitsverträge liegen der Staatsanwaltschaft München, dem Deutschen Bundestag und den Familienrechtsausschüssen der Bundesparteien vor.

Die Namen der erwähnten Personen wurden, mit Ausnahme des Namens der Autorin, geändert.

Besuchen Sie uns im Internet:
www.droemer-knaur.de

Vollständige Taschenbuchausgabe Januar 1999
Droemersche Verlagsanstalt Th. Knaur Nachf., München
Copyright © 1997 by nymphenburger in der
F. A. Herbig Verlagsbuchhandlung GmbH, München
Alle Rechte vorbehalten. Das Werk darf – auch teilweise – nur mit
Genehmigung des Verlages wiedergegeben werden.
Ein Teil des Autorenhonorars geht als Spende an die
»Kartei der Not«, Augsburg.
Umschlaggestaltung: Agentur ZERO, München
Umschlagillustration: G+J Fotoservice, Hamburg / Steven Edson
Satz: Pinkuin Satz und Datentechnik, Berlin
Druck und Bindung: brodard & taupin, La Flèche
Printed in France
ISBN 3-426-77375-9

2 4 5 3 1

*Dieses Buch
ist meinem 1982 verstorbenen Vater
Heinz Elsässer gewidmet.*

Man muß mitten im Widerspruch leben,
weil das Leben, wenn der Widerspruch
getilgt würde, zusammenbräche.
Auf einige der großen, drängenden Fragen
gibt es einfach keine Antworten.
Du mußt sie weiterhin ausleben
und dein Leben
zu einem wertvollen Ausdruck
der Neigung zum Licht machen.

BARRY LOPEZ

Inhalt

Mir kann so etwas
nie passieren ...

... das denken viele. Viele, die sich wie ich auf ihre Intelligenz und die Fähigkeit verlassen, den Dingen auf den Grund zu gehen. Ich stand mit beiden Beinen im Leben, hatte im großen und ganzen immer den notwendigen Überblick und war sehr wohl in der Lage, mir dank einer relativ guten Urteilsfähigkeit Schwierigkeiten vom Leib zu halten. Ich schien den Eindruck zu vermitteln, jederzeit problemlos zwischen Sein und Schein, zwischen Realität und allem Nichtgreifbaren und Nebulösen unterscheiden zu können. Ich dachte von mir selbst, immer und zu jeder Sekunde meines Lebens die Zügel in der Hand zu haben. Einen Zustand der seelischen Bewußtlosigkeit konnte ich mir beim besten Willen nicht vorstellen. Es war mir nicht möglich, mir ein Bild einer Situation zu zeichnen, in der ich selbst nicht mehr Herr der Lage sein und die Kontrolle über mein Leben an andere abgeben würde. Heute, einige Jahre nach meinem Austritt aus Scientology, stehe ich vor einer unleugbaren Tatsache, die ich nie für möglich gehalten hätte. Und ich frage mich, weshalb gerade mir so etwas passierte, wie die Mechanismen funktionieren, damit es so weit kommen konnte. Ich höre in mich hinein, um Ansatzpunkte zu finden, wie und warum ich mich auf eine für mich fast nicht mehr nachvollziehbare Art und Weise habe vereinnahmen lassen. Schritt für Schritt nähere ich mich diesem Verstehen und löse mich aus dem Zustand der Selbstanklage, trenne mich von dem zermürbenden Gefühl, auf ganzer Linie versagt zu haben, vielleicht sogar geistig und seelisch minderwertig zu sein. Heute bin ich der Auffassung, daß es im Prinzip jedem von uns passieren kann. Gut, vielleicht würde es nicht unbedingt im religiösen Bereich geschehen; sektiererische und manipulatorische Tendenzen lassen sich jedoch überall dort beobachten, wo Menschen miteinander zu tun haben. Aus jeder Gesellschaft, jeder Gruppe, ja sogar aus einer partnerschaftlichen Verbindung können Abhängigkeiten und Hörigkeiten verschiedenster Natur erwachsen. Denn die Seele verirrt sich schnell. Schneller, als es sich unser Verstand mittels der ihm eigenen, berechnenden Weise herausdividieren kann.

Indem ich meine Erlebnisse, meine Überlegungen und die daraus resultierenden, selbstverständlich sehr subjektiven Schlußfolgerungen niederschreibe, lasse ich Sie teilhaben an einem Prozeß, der bei vielen Menschen möglicherweise ähnlich ablaufen würde. Ich habe auf meinem Weg viel Schmerzvolles erfahren und sehe meine Aufgabe nun darin, mein Wissen anderen zur Verfügung zu stellen.

Bei Vorträgen vor Pädagogen und Schülern erwiesen sich Fragestellungen der Zuhörer oft als vorrangig, die sich nicht auf Aufbau und innere Struktur der Organisation bezogen, sondern tiefer gingen. Es wurden Fragen an mich herangetragen, die nicht mit einem Satz abzuhandeln waren, Fragen, bei denen ich versuchen mußte, hauptsächlich mit einer Beschreibung meiner Gefühle in der damaligen Situation zu antworten. Und ich stellte immer wieder fest, daß gerade diese sehr menschlichen und keineswegs ungewöhnlichen Gefühle für viele der Auslöser zu sein schienen, sich auch intensiver mit einer eigenen möglichen Abhängigkeit zu beschäftigen. Wenn ich Aussagen hörte wie »Von dieser Seite habe ich das noch gar nicht betrachtet«, wußte ich, daß meine Absicht, von einer ganz natürlichen menschlichen Unvollkommenheit zu überzeugen, Früchte trug.

Ich gebe mir Mühe, mit dem Vorurteil aufzuräumen, ausschließlich weniger intelligente, seelisch angeschlagene und allgemein naive Charaktere könnten einer eventuellen Versuchung erliegen und sich in den Fängen einer Sekte verlieren. Denn dies ist nach allem, was ich selbst gesehen und erlebt habe, *nicht der Fall!*

Nach Beginn der allmählichen Loslösung fand ich mich psychisch, physisch und finanziell ruiniert in unserer »normalen« Welt wieder. Ich stand ohne Ausbildung, ohne Zukunftsperspektiven und mit einem enormen Schuldenberg vor den Trümmern meines bisherigen Daseins.

Es war sehr schlimm. Das Schlimmste, was ich bislang erlebt hatte. – Wissen Sie, wie es ist, vor einem Abgrund zu stehen? Ein seelischer und materieller Abgrund, in den Sie fast zwangsläufig hineinzustürzen drohen? Können Sie sich vorstellen, was man fühlt, wenn man allmählich und beinahe unmerklich den Boden unter den Füßen verliert? Wenn kein noch so vernünftiges Argument Sie daran hindern kann, einen Weg zu gehen, der überall hinführen und alles mögliche sein kann, jedoch niemals ein Weg in Richtung lang ersehnter innerer Freiheit, Harmonie und Selbstbestimmung?

Es fiel mir nicht leicht, in mich hineinzuforschen und zu hören, was mir mein Gefühl als Antwort auf meine Fragen zutrug, es zu drehen und zu wenden und im Licht der ungeschminkten Wahrheit zu betrachten. Es war manchmal nicht gerade angenehm, die Problemseiten meiner Persönlichkeit an die Oberfläche zu kehren, um herauszufinden, weshalb ich blinden Auges in die Arme dieser Gruppierung gelaufen bin und aus welchen Gründen ich es nicht geschafft habe, mich rechtzeitig davon zu distanzieren.

Je mehr Zeit mir seit meiner Trennung zum Nachdenken und »Nachfühlen« zur Verfügung steht, desto mehr Ursachen offenbaren sich und wollen genauer angesehen werden. Diese Phase meines Lebens wirklich zu verstehen ist ein Prozeß, der für mich auch heute noch nicht endgültig abgeschlossen ist.

Ich weiß, daß meine Geschichte kein Einzelfall ist, daß bestimmte Manipulationsmechanismen in ähnlicher Form viele Menschen unfrei machen. Deshalb ist es mir wichtig, diese Mechanismen aufzudecken und aufzuzeigen, daß unsere Psyche und unser allseits vielgepriesener und geschulter Intellekt in gewissen Situationen herzlich wenig miteinander zu tun haben …

Auf der Suche

Im Grunde genommen war ich, seit ich denken konnte und mir der Dinge um mich herum immer bewußter wurde, auf der Suche. Es war eine tagtägliche, unermüdliche Suche nach dem Sinn meines Daseins. Ich spürte einer Lebensaufgabe nach, wollte erfahren, wie meine Existenz in das große Bild des Weltgeschehens hineinpaßte. Und fand keine Antworten.

Ich fühlte mich machtlos gegen all das Leid auf dieser Erde, hilflos gegenüber der Art, wie sich die Menschen auf diesem Planeten gegenseitig die Köpfe einschlagen, und war betrübt über die Tatsache, daß auch ihre Mitgeschöpfe auf vielfältige Weise mißhandelt werden. Ich sah mich als einzelner Mensch einem Berg von Problemen gegenüber und wußte nicht, was ich effektiv dagegen unternehmen konnte. Ich blickte auf die skrupellose Verschmutzung unserer Umwelt, auf Kriege, Hunger und Elend in allen Teilen der Welt. Und ich befand mich, als *ein* Mensch unter Milliarden, inmitten dieser Geschehnisse, auch wenn ich scheinbar nicht unmittelbar davon betroffen war. *Ein* Mensch unter so vielen. Und jeder wollte sein eigenes, individuelles Leben leben, sich dieses gemäß der gegebenen Verhältnissen so gut wie möglich einrichten.

Diese Machtlosigkeit hatte für mich fast lähmenden Charakter. Zuzusehen und im Grunde nichts oder nicht viel tun zu können, nahm mir oft den Mut und die Lust, mit Freude durchs Leben zu gehen. Ich sah mich Aufgaben gewaltigen Ausmaßes gegenüber, denen ich mich nicht gewachsen fühlte.

Aber Nichtstun war schließlich auch keine Alternative. Die Flügel hängen lassen und sich in einem Gefühl der Aussichtslosigkeit aufzulösen konnte weder mir noch anderen Vorteile bringen. Und untrennbar damit verbunden war für mich die Frage: Wie führt man ein Leben ohne jegliche Hoffnung für sich selbst und seine Mitmenschen? Wie kommt man auf lange Sicht damit zurecht?

Ich gewann die Überzeugung, daß es überhaupt nicht möglich war, ein solches Leben zu *führen*. Man mußte es *fristen*, es irgendwie überstehen, sich Ablenkungen suchen, um es ertragen zu können.

Konnte das der Sinn des Lebens sein? Sich allen nur erdenklichen Formen der Zerstreuung hinzugeben, um nicht zu bemerken, daß man eigentlich nicht lebt, sondern lediglich dahinvegetiert? Nein, das konnte nicht der Sinn des Lebens sein!

Aber was war der Sinn des Lebens, *meines* Lebens? Warum war ich auf der Erde? Und warum gab es überhaupt Leben? Alles nur Zufall? Ein Zusammentreffen glücklicher Umstände und zueinander passender Moleküle im urzeitlichen, brodelnden Brei der Elemente?

Ich wollte nicht so recht daran glauben. Für mich bedeutete Leben schon immer mehr als nur eine Ansammlung organisierter Zellen mit spezifischen Aufgaben, die es zu erfüllen gilt. Für mich war und ist ein Gefühl oder ein Gedanke mehr als nur ein chemisch gesteuerter Ablauf in unserem Gehirn. Ich konnte es noch nie verstehen, wie ein Mensch bereit ist, sich lediglich über seinen Verstand und das Funktionieren organischer Vorgänge in seinem Körper zu definieren.

Immer und immer wieder stellte ich mir schon während meiner Schulzeit die Frage, wie ich meinem Leben zu Sinn und Sinnerfüllung verhelfen konnte. Es war eine Frage, die sich in meinen Augen zwar nicht ausschließlich mit der Entscheidung für einen bestimmten Beruf beantworten ließ, aber doch maßgeblichen Einfluß auf mein Leben und meine Lebenseinstellung haben würde.

Nach dem Abitur schrieb ich mich für Pädagogik im Haupt- und Psychologie im Nebenfach ein. Ich war Idealistin auf ganzer Linie und wollte eine Tätigkeit ausüben, zu der ich mich im wahrsten Sinne des Wortes *berufen* fühlte. Ich wollte mit Menschen zu tun haben. Und mußte leider feststellen, daß ich mir unter den gewählten Fächern ganz offensichtlich etwas anderes vorgestellt hatte. Ich befand mich in der unangenehmen und unglücklichen Lage, nicht zu wissen, was ich nun tun sollte. Ein – wie ich heute weiß – idealer Nährboden für neue Ideen und das Versprechen nach Sinnerfüllung, die ich überall verzweifelt suchte. Denn trotz eines im Grunde gesellschafts- und menschenorientierten Studienganges empfand ich eine Art von Leere, vor der ich mich ein Leben lang in acht genommen und mit Ausdauer versucht hatte, sie zu füllen. Ich wollte nicht einfach dahinleben und irgendeine Arbeit, auch wenn sie noch so gut bezahlt wäre, verrichten, ohne ein Gefühl der Lebendigkeit dabei zu spüren. Es kam mir nicht auf sechs volle Wochen Urlaub im Jahr an und auch nicht auf ein Erklimmen der Karriereleiter. Ich wollte bewußt leben und bewußt erleben. Und ich wollte vor allen Dingen mit meiner ganzen Persönlichkeit hinter dieser Arbeit stehen können, sie sollte mich ausfüllen. Ich bezweifelte zwar, daß mein Studium mich wirklich dahin bringen konnte. Doch in Ermangelung einer wirklichen Alternative wurden diese Überlegungen vorerst ad acta gelegt.

Trotz meiner Unzufriedenheit hätte ich jedoch nie gedacht, daß nur wenige Tage in anderer Gesellschaft darüber entscheiden könnten, mein Leben und alles, was damit in Verbindung stand, grundlegend zu verändern. Alles begann bei einem harmlosen Telefongespräch mit einer Freundin. Ich telefonierte gern und häufig mit ihr. So auch an diesem Abend im Februar 1989, an den ich mich noch gut erinnere.

Wir sprachen über Gott und die Welt. Wichtigkeiten und Nichtigkeiten hielten sich bei uns zumeist die Waage. Dieses Mal allerdings wurde das Gespräch von uns früher als sonst beendet. Sie müsse Schluß machen, sagte sie mir, da sie an diesem Abend noch einen Termin habe. Eine Art psychologische Testauswertung, um Stärken und Schwächen auszuloten, ihre Persönlichkeit besser beurteilen und einschätzen zu lernen.

Ich wurde neugierig: »Von wem wird das denn gemacht?« wollte ich wissen.

»Von einem ... warte mal ... hier steht's: Dianetik-Zentrum Augsburg.« Am anderen Ende der Leitung hörte man es rascheln. Karin blätterte weiter und las mir die Aufschrift des Testbogens vor: »Wir nutzen nur zehn Prozent unseres geistigen Potentials.«

»Interessant.«

»Da ist auch noch ein Bild von Einstein drauf. Mit der wirren Frisur, du weißt schon.«

Ich bemerkte etwas Unruhe in ihrer Stimme, und so verabschiedete ich mich ziemlich hastig, um sie nicht in Zeitnot zu bringen.

»Sag mir doch bei Gelegenheit, was dabei rausgekommen ist. Würde mich schon interessieren.«

»Klar. Ich ruf dich wieder an.«

Die folgenden Tage dachte ich nicht weiter an die Sache. Ich verbrachte viel Zeit in meinem Ein-Zimmer-Apartment, das ich mir urgemütlich eingerichtet hatte. Oft hantierte ich an meinem Aquarium herum oder pflegte meinen kleinen grünen Urwald. Mein kleines Junggesellinnen-Reich bot mir die Möglichkeit, mich von der Außenwelt zurückzuziehen und ganz für mich zu sein.

Ich liebte es, mich im Herbst und Winter auf meiner Couch mit einer gemütlichen Tasse Kaffee, Tee oder Kakao in eine Ecke zu verziehen und zu lesen oder meinen Gedanken freien Lauf zu lassen. Gedanken, die man nicht festhält und kontrolliert, sondern frei wie Wolken vorbeischweifen läßt, offenbaren oft die wirklichen Vorgänge im Innern der menschlichen Seele. Meine Gedanken waren meist flüchtig, sprunghaft und kaum zu greifen, aber sie trugen ein ehrliches Gefühl mit sich: Ich sehnte mich nach etwas, was ich nicht so ohne weiteres definieren und genauer bestimmen konnte. Es fühlte sich an wie eine Lücke inmitten meines Lebens, die gefüllt werden wollte. Eine gewisse Unruhe und Unzufriedenheit, nicht das Richtige zur richtigen Zeit zu tun.

Eines Abends rief mich Karin wieder an. Seit unserem letzten Telefonat waren gute zwei Wochen vergangen. Gespannt hörte ich zu, als sie von der Testauswertung zu erzählen begann. Sie beschrieb mir kurz die Person, die diese Auswertung mit ihr durchgeführt hatte, und erläuterte mir u. a. auch den Verlauf des Gesprächs. Da sie meist sehr schnell sprach, mußte ich einige Male einhaken: »Das versteh ich nicht ganz. Wie konnte man denn auf dem Testbogen Stärken und Schwächen erkennen? War das eine Art Grafik oder eine Tabelle, oder wie muß man sich das vorstellen?«

Karin überlegte. Ich hörte ihren Atem am anderen Ende der Leitung. Sie war leicht erkältet. »Auf dem Blatt gab's eine Trennlinie. Darüber waren die unterschiedlichen charakterlichen Stärken und darunter die Schwächen angeordnet. Und je nachdem, wie viele Punkte man für jeden einzelnen Bereich bekommen hatte, war das dann über oder unter der Trennlinie zu finden.«

»Also eine Art Psychotest wie in den Frauenzeitschriften, so nach dem Motto: ›Liebt Sie Ihr Partner wirklich? Fünfzig Fragen, die ihnen Aufschluß geben.‹«

»Es waren zweihundert, glaub ich. Ja, doch, insgesamt zweihundert.«

»Ach du liebe Zeit, und die hast du alle beantwortet? Wie lange hast du denn da drangesessen?«

»Es waren ja keine Rechenaufgaben. Alles in allem vielleicht eine, höchstens eineinhalb Stunden.«

»Und was ist nun dabei rausgekommen? Ist da was dran?«

»Ja du, stell dir vor, das hat alles gestimmt. Was der mir über meine Probleme und so erzählt hat, hat wirklich gepaßt. Ich war echt erstaunt.«

Das machte mich nun doch ziemlich neugierig. Ich fragte sie noch, woher sie den Testbogen eigentlich habe. Ich erfuhr, daß diese Fragenkataloge nach einem Vortrag, den Karin zusammen mit ihrem Lebensgefährten besucht hatte, an die Zuhörer ausgeteilt worden waren.

Auf meine Bitte hin überließ sie mir die Adresse des Dianetik-Zentrums. Bereits am nächsten Morgen forderte ich per Postkarte den Fragebogen an.

Erste Kontakte

Das Dianetik-Zentrum reagierte schnell. Prompt fischte ich drei Tage später ein Kuvert aus meinem Briefkasten: eine kleine Notiz mit freundlichen Grüßen inklusive Testbogen.

Ich blätterte ihn kurz durch und blieb hie und da an einer für meine Begriffe außergewöhnlichen Frage hängen, legte ihn jedoch bald auf dem Flurschränkchen ab, da ich noch etwas zu erledigen hatte. Am Abend dann sah ich ihn mir etwas genauer an. Auf der Frontseite und unter dem Konterfei Einsteins war, wie Karin berichtet hatte, zu lesen, daß wir nur zehn Prozent unseres geistigen Potentials nutzen würden. Im erläuternden Text zu dieser Behauptung wurde diese angeblich von Einstein stammende Aussage für absolut richtig befunden, worüber die Entdeckungen L. Ron Hubbards auf dem Gebiet des Geistes Nachweis führten. »Hubbard geht aber noch einen Schritt weiter, indem er in Tausenden von Fällen klar bewies: Jeder Mensch kann sein geistiges Potential wesentlich besser ausschöpfen.«

Das interessierte mich. Hier verfügte jemand über ein Wissen, das ich mir zu eigen machen wollte. Deshalb machte ich mich daran, den Fragebogen auszufüllen.

Einige dieser Fragen machten mich stutzig. Besonders beeindruckte mich Frage Nr. 52, die sich nach meiner Risikobereitschaft erkundigte. Man wollte von mir wissen, ob ich bereit wäre, »auf Abzahlung zu kaufen, nur in der Hoffnung, die Raten einhalten zu können«. Ebenso Frage Nr. 96: »Würde ein Unvermögen, Ihre Schulden zu zahlen oder Versprechen zu halten, Sie übermäßig plagen?« Trotzdem kam ich damals nicht auf die Idee, daß mit diesen Fragen vielleicht ganz direkt und unumwunden ausgelotet werden sollte, wie schnell man mich im Falle des Falles dazu bringen könnte, mir Geld zu leihen. Ich ging davon aus, daß der Fragebogen von einem psychologischen Institut oder einer anderen wissenschaftlichen Einrichtung erstellt worden war, zumal dieser Testbogen Wissenschaftlichkeit allein durch seine Bezeichnung »Oxford-Persönlichkeitstest« suggerierte. Wer denkt bei einem Begriff, der sich unter anderem mit dem renommierten Wort »Oxford« schmückt, nicht sofort an Universität, Seriosität und Forschung? Ich sollte noch dahinterkommen, daß die Macht der Suggestion der Wegbereiter für so manches Unheil in den folgenden Monaten und Jahren werden würde …

Jede Frage bot mir die Möglichkeit, auf dreierlei Weise darauf zu antworten: Ja – nein – weiß nicht. Mit ein wenig Intelligenz, so dachte ich damals, vermag man ohne große Schwierigkeit die Richtung der jeweiligen Frage zu ermitteln. Ich bemühte mich dennoch, spontan und ehrlich auf diese Fragen zu antworten, selbst wenn ich die eine oder andere davon als wenig geistreich oder nicht ganz unproblematisch erachtete. Es war die pure Neugier, etwas Neues über mich selbst zu erfahren, und vielleicht auch eine gewisse Lust am Abenteuer, die mich trieb. Seltsamerweise – und ich werde dieses Gefühl und diesen Gedanken wohl niemals in meinem Leben vergessen – dachte ich für einen Augenblick daran, wachsam zu sein. Zum damaligen Zeitpunkt hatte ich nicht die leiseste Ahnung, mit wem ich es zu tun hatte. Trotzdem war da dieses unbestimmte Empfinden in der Magengegend, Augen und Ohren offenzuhalten. Allerdings war dieses Empfinden nicht so stark, daß sich mein Verstand mit dem Einwand einschaltete, ich sei doch wohl schlau genug, um mich nicht – egal von wem – über den Tisch ziehen zu lassen. Ich war mir ganz sicher, jeden Versuch von Manipulation sofort zu bemerken. Heute weiß ich, daß Überheblichkeit und das unkritische Vertrauen in die eigene Intelligenz durchaus Stolpersteine für Manipulationen unterschiedlichster Natur sein können. Denn allzuleicht vergißt man die Tatsache, daß man nicht immer und zu jeder Zeit alle notwendigen Informationen besitzt, um eine Situation richtig zu beurteilen. Die Vorstellung der Unfehlbarkeit unseres Denkvermögens jedoch, gepaart mit Überheblichkeit und Besserwisserei, öffnet der Unvorsichtigkeit Tür und Tor. Nicht umsonst belehrt ein altbekanntes Sprichwort: Hochmut kommt vor dem Fall. Ich mußte diese Wahrheit in der Praxis am eigenen Leib und an eigener Seele erfahren und konnte sie erst danach wirklich verstehen.

Bereits drei Tage nach Absenden des Testbogens erhielt ich den Anruf eines gewissen Herrn Braindl. Man habe diesen mittlerweile ausgewertet und würde mich gern zu einem unverbindlichen Gespräch einladen. Ich war noch immer neugierig und vereinbarte einen Termin für den 9. März.

Das grau-weiße Gebäude in der Hermannstraße in Augsburg war mir noch aus meiner Schulzeit wohlvertraut, als ich Tag für Tag daran vorbeigekommen war. Auf den Firmentafeln suchte ich nach dem Dianetik-Zentrum. Den

Angaben entnahm ich, daß ich in den vierten Stock mußte. Oben angekommen passierte ich eine schwere Eisen-
tür und fand mich vor dem entsprechend beschilderten
Eingang zum Zentrum wieder. Als sich auf mein Klopfen
niemand rührte, ging ich kurzerhand in eine Art Vorhalle
und hörte eine sonore Männerstimme. Offenbar wurde
gerade telefoniert. Bis zur Beendigung des Telefonats sah
ich mir die Bücherauslagen und die Plakate an den Wän-
den an. Ein gemaltes, sehr farbintensives Bild eines Vul-
kanausbruchs warb für ein in den USA zum Bestseller
avanciertes Buch: »Dianetik«. Als Untertitel las ich den
ansprechenden und vertrauenerweckenden Satz: »Die
moderne Wissenschaft der geistigen Gesundheit.« Am
unteren Plakatrand wurde eine Worterklärung vorgenommen. Dianetik setze sich, so war meiner Erinnerung
nach zu lesen, aus den beiden griechischen Wörtern »dia«,
das die Bedeutung von »durch« besäße, und »nous«, stehend für »Geist, Verstand«, zusammen. Also »durch den
Geist, durch den Verstand«.
Inzwischen hatte der telefonierende Herr aufgelegt und
kam freudestrahlend auf mich zu. Es war Herr Braindl,
den ich schon im Vorfeld an seinem Baß und der langsa-
men, wohlgewählten Sprechweise erkannt hatte. Sein Alter war schlecht zu schätzen. Vielleicht ein, zwei Jahre
über dreißig, nicht besonders groß, dunkelhaarig. Er begrüßte mich freundlich und bat mich in einen kleineren,
nicht sonderlich gemütlich eingerichteten Raum. Als ich
mich genauer umsah, entschuldigte er sich für die kärgli-
che Atmosphäre. Man stehe hier in Augsburg erst ganz
am Anfang, und es gebe noch so manches zu erledigen
und anzuschaffen. Auf seine Aufforderung hin nahm ich
auf einem ziemlich niedrigen Schülerstuhl Platz. Herr

Braindl setzte sich mir gegenüber und legte seine Unterlagen auf den uns trennenden und ebenfalls aus einem Klassenzimmer stammenden Tisch.

»Nun, das finde ich ja toll, daß Sie sich für Ihr seelisches Weiterkommen interessieren«, meinte Herr Braindl und fragte noch beiläufig, ob er in meiner Gegenwart rauchen dürfe, was ich ihm jedoch nicht gestatten wollte. Er steckte die Zigarette wieder ein und kam ohne Umschweife auf den Kern der Sache zu sprechen. Vor mir lag nun ausgebreitet eine Art Grafik. Es handelte sich um ein Kurvendiagramm mit einer Vielzahl miteinander verbundener Punkte. Genau wie von Karin beschrieben, befand sich die Trennlinie in der Mitte des DIN-A4-Blattes, jeweils an den Seiten angeordnet positive und negative Charaktereigenschaften. Mit einem Blick konnte ich feststellen, daß bei mir sämtliche Punkte über der Null-Linie, also im positiven Bereich, lagen. Aus diesem Grund tat sich Herr Braindl wohl auch ziemlich schwer. Das Gespräch lief recht zäh ab, und ich wußte nicht so recht, worauf er überhaupt hinauswollte. Klar, ich suchte nach Sinnerfüllung, war nicht glücklich mit meinem Leben. Dies alles hatte jedoch nicht das geringste zu tun mit möglichen Kontaktschwierigkeiten, die mir seinerzeit fremd waren und auch heute noch fremd sind, oder mit einer über das gesunde Maß hinausgehenden Ängstlichkeit, die ich mir ebenfalls, trotz aller Bemühungen, nicht habe einreden lassen wollen. Außerdem zeigte die Grafik schwarz auf weiß, daß derartige Probleme für mich kein Thema waren. Allenfalls waren einige Charakterpunkte etwas näher als die übrigen am negativen Bereich orientiert, jedoch nicht in einer Weise, die mich beunruhigt hätte.

Nach etwa einer halben Stunde waren die Kräfte des

Herrn Braindl sichtlich im Schwinden begriffen, was ich unschwer an der etwas genervten Art erkennen konnte, wie er weiterhin versuchte, mir ein Zugeständnis bezüglich meines mehr oder minder angeknacksten Seelenzustandes abzuringen,. Sicherlich hätte er mich in den nächsten Minuten aus der Gesprächsumklammerung entlassen, wäre nicht ein Herr Rahner aus München in das Dianetik-Zentrum Augsburg gekommen, um nach dem Rechten zu sehen. Herr Braindl unterbrach die Unterredung, ging nach draußen und unterhielt sich kurz mit diesem noch recht jungen Herrn, der auf mich einen außergewöhnlich nervösen, ja beinahe hektischen Eindruck machte.

Nach nur wenigen Sekunden setzte sich Herr Rahner anstelle von Herrn Braindl zu mir an den Tisch, schüttelte mir herzlich die Hand und informierte mich kurz darüber, daß er aus München komme und mithelfe, hier in Augsburg ein Dianetik-Zentrum aufzubauen. Er sah sich die Testauswertung an, fragte mich nach meinen Familienverhältnissen und schließlich auch nach eventuellen negativen Erlebnissen im Laufe meines Lebens.

Der wunde Punkt

Ich gab ihm sehr bereitwillig Auskunft. Offenherzig erzählte ich ihm, daß ich Vollwaise sei und bis zu meinem achtzehnten Lebensjahr unter der Vormundschaft meines Onkels gestanden hätte. Ich sah kein Problem darin, ihm auf sein Nachfragen hin vom Tod meines Vaters zu berichten, als ich vierzehn Jahre alt war, und in groben Zügen den Unfall zu schildern, bei dem meine Mutter zweieinhalb Jahre später ums Leben gekommen war. Auch mit meiner positiven Einstellung zum »Leben nach dem Leben« hielt ich nicht hinter dem Berg.
Herr Rahner interessierte sich sehr für dieses Thema und hakte nach. Ich konnte frei und offen darüber sprechen, weil ich mir seit langem viele und intensive Gedanken über Leben, Sterben und den Tod gemacht hatte. Nicht zuletzt durch das Erlebnis, meine Mutter in meinen Armen sterben zu sehen, wurde ich mit Dingen konfrontiert, die man gerne in Zeiten von Gesundheit und einer augenscheinlich heilen Welt nur allzuoft verdrängt. Weil man den Tod nicht versteht. Weil er fremd ist und angst macht. Weil man so lange es nur geht nichts davon wissen möchte.
Ich glaube heute, daß gerade auch das Thema »Tod und Sterben« für mich und meine Entwicklung ganz wesentlich war. Meine diesbezüglichen Gefühle und meine ganz persönlichen Schlußfolgerungen waren sicherlich mit ein Grund, mich letztlich auch näher für Dianetik und

Scientology zu interessieren. Denn die meisten von uns stellen sich spätestens beim Verlust eines geliebten Menschen gewisse Fragen: Wie geht es nach dem Tod weiter? Was bleibt von uns übrig? Wie verhält es sich mit der Auferstehung? Gibt es eine Wiedergeburt? Welcher Sinn steckt hinter Leben und Tod? Warum das alles? Weiß denn niemand eine glaubhafte und befriedigende Antwort darauf?

Schon immer fühlte ich die feste Gewißheit in mir, daß lediglich die Körper der Menschen, die ich geliebt habe, gestorben waren. Ich glaubte mit aller Kraft daran, daß ihre Seelen in eine andere, in eine vielleicht sogar bessere Welt gehen würden. Seit ich denken konnte, war ich von diesem Leben »hinter dem Vorhang« überzeugt. Diese Überzeugung machte es mir leichter, mit dem Tod umzugehen, ihn als einen Schritt in ein anderes Leben zu sehen und anzunehmen.

Wieviel seelischen Schmerz ich durch den Verlust von Menschen, die ich geliebt hatte, zu dem Zeitpunkt, als ich zum ersten Mal Kontakt zu Dianetik und Scientology bekam, tatsächlich noch mit mir herumgetragen habe, kann ich heute nicht mehr beurteilen. Selbst wenn ich, wie ich glaube, diese Erlebnisse recht gut verarbeitet hatte, begleitete mich doch noch immer die Frage nach dem Warum, dem Wie und dem »Was kommt danach«. Und seit Jahren suchte ich nach einer Antwort, versuchte mir auch selbst so manche Antwort zurechtzulegen, um damit leben und denken zu können.

Herr Rahner hörte sich meine Geschichte geduldig und scheinbar interessiert an. Er nickte verständnisvoll und nahm den Testbogen nochmals etwas genauer in Augenschein.

»Ganz klar«, sagte er schließlich. »Jetzt ist mir vollkommen klar, warum Sie im Test so gut abschneiden. Sie verdrängen! Sie können nichts mehr fühlen und verbannen sämtliche unangenehmen Empfindungen in die unterste Schublade.«

Ich war etwas pikiert und keineswegs der Ansicht, unangenehme Empfindungen unter den Teppich zu kehren, hatte jedoch nicht genug Mumm, mir eine derartige Unterstellung zu verbitten, weil ich glaubte, es mit einem Experten auf diesem Gebiet zu tun zu haben. Halblaut führte ich ins Feld, die Testfragen absolut ehrlich beantwortet zu haben. Herr Rahner bat mich daraufhin aufzustehen und ging mit mir zusammen zu einem großen, an einer Wand angehefteten Plakat. Er deutete mit dem Finger auf einen Punkt ziemlich weit unten am Blattrand mit der Bezeichnung »Empfindungslosigkeit«. Dies sei eine sehr niedrige Stufe des menschlichen Daseins und erfordere wie in meinem Fall eine Menge geistiger Arbeit und Anstrengung, um ein höheres Niveau zu erreichen. L. Ron Hubbard sei bei seinen Forschungen u. a. zu dieser Erkenntnis gelangt und hätte diese in der vorliegenden Form festgehalten. Doch keine Sorge, man würde die Sache schon in den Griff bekommen.

Ich machte mir aber Sorgen! Sollte mein Geisteszustand tatsächlich so tief anzusiedeln sein?

Ich fühlte mich äußerst unwohl und suchte nach einer Antwort, die ich mir selbst für den Augenblick nicht geben konnte.

Herr Rahner machte Anstalten, sich wieder zu setzen, um sich weiter mit meinem Persönlichkeitstest zu beschäftigen. Ich fühlte mich jedoch mit vielen unbeantworteten Fragen zurückgelassen. Was er mir bislang zu diesem kuriosen Plakat mit seinen vielen Symbolen und Abkürzungen erklärt hatte, genügte mir nicht. Ich hatte mich bereits regelrecht daran festgebissen. Auf meinen eindringlichen Wunsch hin erläuterte er mir dann noch kurz dessen Inhalt. Es handelte sich um die sogenannte »Brükke«, die »Brücke zur völligen Freiheit«. Mit Hilfe des dianetischen Verfahrens und dem speziell vorgezeichneten Weg der Scientology, so wurde mir gesagt, könne sich das menschliche Wesen nach und nach aus der Gefangenschaft der Materie befreien und in höhere Ebenen des Seins aufsteigen. Denn das menschliche Wesen sei im Grunde ein geistiges Wesen, man könne es auch als Seele betiteln, es handele sich aber auf jeden Fall um ein Wesen, das sich gezwungenermaßen in einem Körper befinde und mehr schlecht als recht mit dem Leben auf dieser Erde zurechtkommen müsse. Es bliebe letztlich so lange im Kreislauf der Wiedergeburt eingeschlossen, bis es die richtige Vorgehensweise kennenlerne, um sich endlich aus dem Wechselspiel von Leben und Tod lösen zu können. Durch entsprechende Maßnahmen nun – auf der einen Seite mittels geeigneter Kurse, in denen Informationen über das Leben vermittelt würden, und auf der anderen Seite durch das sogenannte Auditing (von lat. audire = hören, zuhören), das ich mir vorläufig als eine Art Psychotherapie vorstellen dürfe, würde es gelingen, dem geistigen Wesen nach und nach zu vollkommener Freiheit zu verhelfen.

Seine Ausführungen faszinierten mich.

Nach einer kleinen Pause, in der er sich vergewisserte, daß ich ihm bis hierhin hatte folgen können, fuhr er fort und legte die einzelnen Schritte auf dem Weg zur totalen Freiheit dar. Ein Schritt der geistigen Weiter- und Höherentwicklung folge akkurat dem anderen, erklärte er mir, und im Rahmen dieser Auditingsitzungen setze man sich mit Hilfe des Auditors, einer Person, die gewisse themenbezogene Fragen stelle, aktiv mit der eigenen Persönlichkeit und Vergangenheit auseinander.

Ab einer bestimmten Stufe der geistigen Entwicklung, schließlich seien die nachfolgenden Schritte geheim. Bis zur Stufe »Clear« (Geklärter) wisse man, was inhaltlich in etwa auf einen zukäme, wobei die Verfahrensweise an sich nur dem Auditor und einer speziellen Überwacherperson, die neben weiteren Funktionen darauf zu achten habe, daß dem Auditor keine Fehler unterlaufen, bekannt sei.

All diese aufeinander aufbauenden Schritte nun führten die geistigen Wesen über die »Brücke zur völligen Freiheit«, fort vom augenblicklichen Schlamassel und der Notwendigkeit, immer wieder auf die Erde zurückkehren zu müssen, hin zu einer angemessenen Form der Existenz als freie, sich ihrer Fähigkeiten bewußte Seelen.

Bei diesen Worten fühlte ich mich fast glücklich. Sie erinnerten mich an die Lektüre fernöstlicher philosophischer Texte, die ich vor Jahren mit viel Interesse gelesen hatte. Insgeheim hatte ich seit jener Zeit mehr oder minder mit den dort vorgestellten Lehren sympathisiert und war vom Gedanken der Wiedergeburt bzw. Reinkarnation angetan. Auch war es für mich schon fast eine Selbstverständlichkeit, daß der Mensch Anlage und Möglichkeit besitzen soll, sich seelisch-geistig weiterzuentwickeln. Ich konnte zwar nicht beurteilen, ob all das, was an wundersamen Dingen von Yogis und anderen »erleuchteten« Persönlichkeiten berichtet wurde, der Wahrheit entsprach. Es war mir offen gestanden auch nicht sonderlich wichtig.

Wichtig war für mich lediglich der Gedanke, *daß* wir uns weiterentwickeln können – und vermutlich auch sollen. Wie diese Entwicklung nun im einzelnen auszusehen hätte, wußte ich nicht konkret, ging jedoch davon aus, daß sie für jeden Menschen vollkommen individuell verlaufen würde, auch wenn uns tatsächlich von jemandem ein exakter Weg vorgegeben wäre.

Was ich nun in dieser knappen Viertelstunde von Herrn Rahner zu hören bekam, erschien mir wesentlich logischer und greifbarer als alles, was ich während der zwanzig Jahre meines bisherigen Lebens gehört hatte. Ich hatte zwar schon immer meine eigenen Vorstellungen und meinen ganz persönlichen Glauben, wobei ich jedoch nie die Notwendigkeit gesehen hatte, an diesen von Menschen erschaffenen Dogmen und den ebenfalls von Menschen erstellten Gedankenbildern festzuhalten.

Herr Rahner berichtete mir außerdem noch von der Gründung der Dianetik durch den 1986 verstorbenen L. Ron Hubbard. Er deutete auf ein eingerahmtes größeres Foto, das einen Herrn mittleren Alters mit Kapitänsmütze und Uniform bis zur Brust zeigte. Bereits in sehr jungen Jahren habe er Forschungsreisen in aller Herren Länder unternommen, Expeditionen geleitet und sich auf zahlreichen Gebieten wissenschaftlich betätigt. Außerdem sei er ein hervorragender Autor gewesen. Er habe sich nach dem Zweiten Weltkrieg ganz allein von seinen sich dort zugezogenen schwersten Verletzungen und Behinderungen erholt, obwohl dies aus medizinischer Sicht als nicht möglich angesehen wurde. Von diesem Zeitpunkt an habe er sich intensiver mit der Kraft und Macht des menschlichen Geistes auseinandergesetzt, seine Gesetzmäßigkeiten unter die Lupe genommen und Selbstversuche sowie Versuche mit freiwilligen Personen durchgeführt. Schließlich habe er 1950 den Bestseller »Dianetik – Die moderne Wissenschaft der geistigen Gesundheit« veröffentlicht. Nicht lange danach sei die Gründung einer entsprechenden Vereinigung vorgenommen worden. Einige Jahre später, nach zahlreichen weiteren Forschungen und Erkenntnissen, sei dann die Scientology – eine lateinisch-griechische Wortschöpfung mit der Bedeutung »Die Lehre vom Wissen« – ins Leben gerufen worden, um den sich beständig mehrenden Ergebnissen, die geistigen und seelischen Fähigkeiten des menschlichen Wesens betreffend, gerecht zu werden und diese auch an Interessierte weitergeben zu können. Denn, wie gesagt, der Mensch sei an und für sich ein geistiges Wesen und erfülle die Voraussetzung, sich zu voller Macht und Vollkommenheit zu entwickeln. Und diese Chance, die nun durch die Möglichkeiten der Dianetik und Scientology zur Verfügung stünde, sollte man doch in jedem Falle nutzen – oder?

Ich war überaus beeindruckt und nahm jedes Wort unbesehen an, weil ich mir doch in keiner Weise vorstellen konnte, daß man in einer derart gewichtigen Angelegenheit nicht die Wahrheit sagen könnte. Zwar dachte ich für einen winzigen Augenblick daran, mir für meine eigene Meinungsbildung bei Gelegenheit selbst geeignetes Material über Hubbard, sein Leben und sein Wirken zu beschaffen. Allerdings verflüchtigte sich dieser Gedanke genauso schnell, wie er gekommen war. Viel zu interessant waren die Dinge, die mir über ihn und seine Tätigkeiten berichtet wurden. Warum sollte ich daran zweifeln? Schließlich würde ich auch niemandem Märchen erzählen. Schon allein nicht aus dem Grund, relativ leicht überführt werden zu können, denn die Fakten waren mit Sicherheit ohne Schwierigkeit nachzuprüfen.

»Und was genau ist der Unterschied zwischen Dianetik und Scientology?« Herr Rahner hatte mir zwar sehr viele Informationen vermittelt, allerdings war es mir bislang nicht möglich gewesen, die beiden eindeutig voneinander zu trennen.

»Oberflächlich beschrieben könnte man sagen, daß die Dianetik eine Methode darstellt, die das Wesen von belastenden vergangenen Geschehnissen befreit, wohingegen die Scientology für die Erlangung höherer geistiger Fähigkeiten zuständig ist. Dianetik als Vorläufer wird als Technologie und Wissenschaft bezeichnet, Scientology begreift sich als Philosophie.«

Mittlerweile war es später Nachmittag. Ich fühlte mich großartig und in einer Weise verstanden, wie ich es nie zuvor erlebt hatte. Endlich! Endlich eine Institution in dieser Gesellschaft, die nicht von mir verlangt, etwas zu glauben, was mir als wenig sinnvoll erscheint, dachte ich. Endlich habe ich es mit Menschen zu tun, die so denken wie ich, ähnliche Vorstellungen hegen und ebenfalls großen Wert auf ein geistig-seelisches Vorankommen legen. Herr Rahner holte mich rasch aus meinen gedanklichen Höhenflügen auf den Boden der harten Tatsachen zurück. Er deutete wieder auf den Punkt ziemlich weit unten auf dem Plakat. Empfindungslosigkeit. Hier befände ich mich zur Zeit, meinte er ernst, und das wäre nun wirklich ziemlich tief. Dieser Punkt sei, und er müsse das leider in aller Deutlichkeit wiederholen, eine der alleruntersten Stufen, auf denen sich ein Mensch überhaupt befinden könne. Aus diesem Grund könne ich auch, wie gesagt, nichts mehr fühlen, ich sei wie abgestorben.

Herrn Rahners Feststellung traf mich an einem äußerst wunden Punkt. Wurde mir nicht seit dem Tod meiner Mutter von Zeit zu Zeit seitens der Familie vorgeworfen, ich sei ein Mensch ohne Gefühle? Gefühllos, unsensibel und oberflächlich? Nur weil ich damals für mich einen anderen Weg gefunden hatte, mit dem Schmerz fertigzuwerden. Sollte also tatsächlich etwas an diesen für mich sehr unerfreulichen Vorhaltungen dran sein? Konnte es denn möglich sein, daß ich mich derart in mir selbst getäuscht hatte?

Ich war sehr verunsichert. Irgend etwas stürzte in diesem Augenblick in mir zusammen. Vielleicht war es ein Teil meines Selbstbewußtseins, eventuell sogar ein nicht unwichtiger Bestandteil des Bildes, das ich von mir selbst hatte. Ich überlegte krampfhaft und versuchte, die in mir hochsteigenden Gefühle zu unterdrücken. Ich empfand mich als absolut minderwertig, als verlogen und irgendwie auch als schwach und seelisch deformiert. Und ich war unendlich traurig darüber, daß mir ein wildfremder Mensch mit anderen Worten dasselbe sagte wie meine eigene Familie. Ich machte mir die Tatsache bewußt, daß vor mir ein Mensch stand, den ich bis dato nicht gekannt hatte. Er konnte nicht wissen, was einige Familienmitglieder von mir hielten. Er hatte nur den Testbogen vor Augen, der ihm offensichtlich detaillierten Aufschluß über mich und meine Persönlichkeit gab. Er und diese Testauswertung rückten für mich damit in die Nähe einer objektiven und unvoreingenommenen Betrachtung meiner Person.

Einige der Sätze, die Herr Rahner während meiner Überlegungen zu mir gesprochen hatte, hatte ich überhaupt nicht richtig mitbekommen. Ich war noch viel zu sehr mit mir selbst beschäftigt. Ich war derart bestürzt über mein falsches Selbsturteil, daß meine Wahrnehmung nach wie vor darunter litt.

Ich wurde des »Vergehens« der Empfindungslosigkeit »beschuldigt«. Und ist dies nicht gleichbedeutend mit der Vorstellung, ein schlechter Mensch zu sein? Ist nicht die Fähigkeit, Gefühle zu haben und diese anderen Menschen zu zeigen, ein untrügliches Zeichen dafür, daß wir das sind, was wir uns insgeheim und idealerweise unter einem Menschen vorstellen? Für uns sind Gefühle der Nächstenliebe, des Mitleids, der aufrichtigen Freude und der Trauer in gewisser Weise edle Gefühle. Und da ich augenscheinlich zu diesen Gefühlen nicht in der Lage war, war ich also ein schlechter Mensch. Ohne Empfindungen eben. Nur seltsam, daß ich jenes bohrende und niederdrückende Gefühl, das ich bei dieser »Erkenntnis« hatte, nicht logischerweise als *Gefühl* identifizierte – was mit Sicherheit zur Folge gehabt hätte, daß ich die These von meiner Empfindungslosigkeit ganz unproblematisch mit etwas Nachdenken hätte widerlegen können ... Eine einfache Verstandesleistung. Aber für mich zum damaligen Zeitpunkt leider nicht mehr durchführbar.

Mein Verstand hatte sich schon seit einiger Zeit verabschiedet. Nun herrschte nicht mehr die von mir in so vielen Situationen für verläßlich angesehene Vernunft, mein Ratgeber, der mir bislang immer sauber und ordentlich die Ergebnisse seiner Erwägungen und Überlegungen nachvollziehbar dargelegt hatte, sondern die nackte Angst. Herr Rahner sprach davon, daß ich *dringendst* etwas gegen diesen Zustand der Empfindungslosigkeit unternehmen müsse. Ich hätte ansonsten mit einer baldigen Verschlimmerung meines seelischen Leidens zu rechnen.

Daß ich in irgendeiner Form seelisch krank sein sollte,

hatte mir bislang noch niemand gesagt. Auch die Psychologin, bei der ich nach dem Unfall meiner Mutter fünf Pflichtstunden auf Anraten des Hausarztes absolviert hatte, schien nicht dieser Meinung gewesen zu sein, und hatte mich damals anstandslos ziehen lassen.

Herr Rahner erläuterte mir nun lang und breit und mit sichtlicher Begeisterung das dianetische Verfahren. Mit Hilfe dieser Technik hätte ich nun die einmalige Gelegenheit, all die von mir verdrängten Geschehnisse auf vernünftige Art und Weise aufzuarbeiten. Ich solle nur nicht allzulange damit warten, denn es gehe mir ganz offensichtlich ziemlich schlecht, nur wäre ich im Augenblick aus den genannten Gründen heraus nicht fähig, dies zu erkennen und mir einzugestehen.

Herr Rahner hatte recht. Es ging mir schlecht. Allerdings erst, seit wir miteinander im Gespräch waren …

Er redete wie ein Wasserfall. Sein Wortschwall überflutete die letzten Reste von Kritik und Widerstand, die ich aufbringen wollte, um mir nicht diese zwölfeinhalb Stunden Auditing für 750 Mark aufschwatzen zu lassen. Auditing wird sowohl in Dianetik als auch in Scientology in der Regel nur in Form sogenannter »Intensive« zu je zwölfeinhalb Stunden verkauft. Warum ausgerechnet diese Zahl, vermag ich nicht zu erklären.

Natürlich hatte Herr Rahner anhand meines Verhaltens schon längst bemerkt, wo bei mir der Hebel anzusetzen war. Es muß ihm ziemlich rasch klargeworden sein, daß ich wirkliche Probleme mit der *vermeintlichen* Tatsache hatte, keine Gefühle empfinden zu können, zudem ich so unbedarft war, ihm nun auch noch beiläufig seine These zu bestätigen. Ich erzählte ihm von meiner Familie, die von mir behauptete, ich sei »ein eiskalter Brocken«, weil ich »viel zu gut« über den Tod meiner Eltern hinweggekommen war. Also rieb und rubbelte er an meinem wunden Punkt, meiner angeblichen »Empfindungslosigkeit«, bis – im übertragenen Sinne – die bloße Haut durchschimmerte. Er war doch tatsächlich auf das gestoßen, wonach er während unseres Gesprächs gesucht hatte: Kommt nämlich eine neue Person zu Dianetik oder Scientology, fahndet man als Scientologe (jeder Dianetiker ist gleichzeitig Scientologe) nach Möglichkeit als allererstes nach dem sogenannten »Ruin«, nach irgendwelchen Schwierigkeiten, mit denen sich die betreffende Person in ihrem Leben herumzuschlagen hat. Es können dies Probleme mit dem eigenen Ich sein, der Partnerschaft, dem Beruf, den Schwiegereltern, den Finanzen und was auch immer man sich hierbei auszudenken imstande ist. Jeder hat gewissermaßen eine Leiche im Keller, jeden plagt irgend etwas, von dem er sich nur allzugerne befreit sähe. Hier einzuhaken, diese Schwierigkeiten aufzugreifen und patente Lösungen aufzuzeigen, ist das Gebot der Stunde. Schließlich möchte jeder den Parasiten, der ihm auf der Seele sitzt und Teile seiner Lebensenergie saugt, lieber heute als morgen loswerden. Für jedes Problem gibt es deshalb in Dianetik und Scientology eine Möglichkeit, sich damit auseinanderzusetzen. *Alles* kann »gehandhabt« werden, wie es immer so schön heißt. Tja, das habe ich auch einmal geglaubt ...

Doch nicht nur für diejenigen, die Probleme gleich welcher Natur mit sich herumschleppen, wisse man die richtige Antwort. Auch und gerade für Menschen, die mehr über sich selbst erfahren wollen, die in jeder Beziehung fähiger werden möchten, die begierig darauf sind zu lernen, mit ihrem eigenen und dem Leben anderer besser zurechtzukommen, gäbe es wundervolle Methoden, diese Ziele zu erreichen, erfuhr ich von Herrn Rahner. Eine geistig-seelische Weiter- und Höherentwicklung sei Sinn und Zweck der ganzen Sache – nicht ausschließlich, um sich selbst damit einen Gefallen zu tun, sondern auch im Hinblick auf den maroden Zustand unserer Erde, der zu helfen man dank der erlangten größeren Fähigkeiten nun viel eher in der Lage sei. Eine Entwicklung auf eine höhere geistige Ebene habe zur Folge, daß man lerne, die Dinge aus einem anderen Blickwinkel zu betrachten. Eben aus diesem Grund könne man diese nun auch auf andere Art und Weise angehen und die so dringend erforderlichen Veränderungen herbeiführen. Denn es bliebe der Menschheit nicht mehr allzuviel Zeit, sich eines Besseren zu besinnen, sagte Herr Rahner, und im stillen gab ich ihm aus voller Überzeugung recht.

Da war es wieder! Es war wieder da! Das Gefühl, verstanden zu werden. Ich überlegte, sinnierte, dachte nach. Vielleicht war ja diese geistig-seelische Weiter- und Höherentwicklung tatsächlich das Ei des Kolumbus! Ist es denn nicht wirklich so, daß jede Veränderung zuerst in den Köpfen der Menschen stattfinden muß, bevor sie sich im realen Leben manifestieren kann? Hat man schon jemals eine Wirkung von Dauer in irgendeiner Sache erzielt, die nicht vorab auf einer geistigen Basis fußte, welche oftmals mühsam und über Jahre hinweg durch Aufklärung errichtet worden war? Wenn nun der Mensch anfinge, sich in größerem Stil seiner Seele und ihren Möglichkeiten zu widmen, hätte dies nicht ganz eindeutig zur Konsequenz, daß wir humaner würden? Humaner in so vieler und oftmals so entscheidender Hinsicht: humaner im Umgang mit uns selbst und unseren Mitmenschen, humaner und umsichtiger mit unserem Heimatplaneten und all seinen Geschöpfen, für den und für die wir als intelligente und im Grunde vernunftbegabte Wesen eine hohe Verantwortung tragen?

Unsere Welt würde gesunden. Ein sehr erstrebenswertes Ziel, dachte ich damals. *Genau so eine Welt* hatte ich mir schon immer in meinen Wunschträumen vorgestellt. Und wenn ich selbst dabei auch noch ein Stückchen weiterkommen sollte – um so besser ...

Im Sog der Faszination

Ich unterschrieb eine Lastschrift über 750 Mark für ein sogenanntes Intensiv Dianetik-Auditing (ein Intensiv entspricht in der Regel 12,5 Stunden), das häufig auch als Buch-I-Auditing bezeichnet wird, da sich die hierbei verwendeten Verfahrensweisen am allerersten von Hubbard in dieser Richtung geschriebenen Buch »Dianetik – Die moderne Wissenschaft der geistigen Gesundheit« orientieren.

Der Betrag sollte noch vor Beginn der ersten Sitzung von meinem Konto abgezogen werden. Schließlich handele es sich nicht, so wurde auf mein Nachfragen hin von Herrn Rahner argumentiert, um einen Tisch oder eine Sitzgruppe, die man auch häppchenweise abstottern könne, sondern um etwas äußerst Essentielles. Man könne es nicht einfach mit einem schnöden materiellen Gegenstand vergleichen. Außerdem würde durch Vorkasse die Motivation gestärkt, das Ganze auch wirklich durchzuziehen. Man sei nun einmal viel eher bereit, sich seinen Problemen auf geistiger Ebene zu nähern und sich ihnen zu stellen, wenn das Geld hierfür bereits entrichtet worden sei. »Davon abgesehen«, meinte Herr Rahner noch, »kommen viele erst gar nicht zum vereinbarten Zeit- und Treffpunkt, wenn sie vorab nichts bezahlen müssen. Die schüttelt es vor ihrem ersten Termin kräftig durch, weil sie sich ihre Schwierigkeiten einmal in aller Deutlichkeit

41

anschauen sollen – und schon sind die guten Vorsätze vergessen. Es ist halt einfacher, den Kopf in den Sand zu stecken und weiterhin Vogel-Strauß-Politik zu betreiben. Wenn dagegen bereits gezahlt wurde, haben wir diese Probleme nicht. Und je mehr es kostet, desto höher ist auch der persönliche Einsatz, um zum Ziel zu kommen. Das ist meine Erfahrung.«

Nun ja, das konnte ich durchaus so stehen lassen. Für mich allerdings käme nach einer einmal gemachten Zusage ein Nichterscheinen natürlich nicht in Frage, so dachte ich damals. Offensichtlich gab es aber doch so manchen Angsthasen, der sich zierte, seinen seelischen Müll zu entsorgen. Hierzu wollte ich mich selbstverständlich nicht zählen. Und einmal ganz ehrlich: bei mir wäre das ja sowieso ganz anders … Ich war ja mutig und manchmal sogar ein wenig verwegen. *Ich* würde es wagen und mich auf die Entdeckungsreise in mein innerstes Seelenleben hinein einlassen. Ich traute mich das! Andere augenscheinlich nicht …

Was ist es doch für ein gutes, erhabenes Gefühl, so ein ganz kleines bißchen »besser« zu sein als die anderen!

Einige Tage später erschien der veranschlagte Betrag als Soll auf meinem Kontoauszug, und in der Woche darauf fand ich mich pünktlich im Dianetik-Zentrum ein. Herr Braindl nahm mich in Empfang und fragte mich nach meinem Befinden. Es ging mir gut. Alles war in Ordnung.

»Na, wie sieht's aus? Aufgeregt?«

»Nein, überhaupt nicht. Warum?« Ich fühlte mich tatsächlich ruhig und ausgeglichen. Sollte trotzdem irgend etwas sein – man kann ja nie wissen –, werde ich es schon rechtzeitig mitbekommen; bin ja schließlich nicht auf den Bäumen gewachsen, dachte ich. Und ich war bei klarem

Verstand, der beste Schutz, den man sich überhaupt nur denken kann!

Ein hagerer, braunhaariger Herr im grauen Pullover, schätzungsweise um die Dreißig, kam mit freundlicher Miene auf uns zu.

»Das ist der Erich«, stellte ihn mir Herr Braindl vor, »der wird Sie nachher auditieren. Ich laß euch jetzt allein, damit ihr euch miteinander bekannt machen könnt. Hab noch jede Menge zu tun. Erich, du erklärst Frau Elsässer im Vorgespräch, wie alles abläuft.«

Erich machte einen sympathischen Eindruck auf mich. Irgendwie strahlte er eine dackelhafte Gutmütigkeit aus, er schien das Herz am rechten Fleck zu haben. Und er war nett, höflich und zuvorkommend.

Erich schüttelte mir außerordentlich herzlich die Hand und verschwand mit mir in jenem kahlen Raum, in dem vor einigen Tagen die Testauswertung stattgefunden hatte. Eine milde Märzsonne schien durch die schrägen Dachfenster herein und veranlaßte Erich zu einer prophetischen Bemerkung: »Ist doch ein gutes Zeichen, daß die Sonne so schön strahlt, oder?«

Ich nickte zustimmend und nahm auf seine Aufforderung hin Platz. Er setzte sich mir gegenüber.

»Nun, was wissen Sie denn bislang über Dianetik? Haben Sie das Buch schon gelesen? Ach übrigens, bei uns ist es eigentlich üblich, sich zu duzen. Also, ich bin der Erich!«

Er gab mir wieder die Hand, und ich nannte ihm meinen Vornamen.

»Etwa ein Viertel habe ich durch«, antwortete ich auf seine Frage hin. Karin, meine Bekannte, von der ich die Adresse des Dianetik-Zentrums hatte, hatte es mir ausgeliehen. Ich war von der Materie und ihrer sachlich-wissenschaftlichen Darstellung beeindruckt. Und ich hatte ohne Mühe Parallelen ausfindig machen können zwischen beschriebenen und tatsächlich nachvollziehbaren Verhaltensweisen, z. B. meiner Familienmitglieder. Für mich persönlich sah ich allerdings weniger Anknüpfungspunkte – wobei man sich erfahrungsgemäß selbst, gerade wenn es sich um eher unerfreuliche Eigenschaften handelt, wohl ganz gerne etwas abseits sieht ...

In dieser kurzen Zeit hatte ich bereits einiges über den sogenannten reaktiven Verstand gelesen. Das Wort »reaktiv« nahm Bezug auf die in diesem speziellen Teil unseres Gesamtverstandes gespeicherten (negativen) Geschehnisse, die bestimmte Reaktionen hervorrufen, wenn sie berührt werden. Nun ja, an und für sich nichts Neues. Im allgemeinen war diese Art des Verstandes bekannt als das Unbewußte oder Unterbewußte, also ein Bereich, an den wir, wie die Bezeichnung bereits verrät, normalerweise über das reguläre Bewußtsein nicht ohne weiteres herankommen.

Hubbard nun beschäftigte sich in den Abhandlungen, die mir bereits vertraut waren, besonders ausführlich mit dem reaktiven Verstand. Er sei die im Grunde alleinige Ursache für ein Abweichen vom vernünftigen Verhalten und für alles Böse auf dieser Welt. Befreit vom reaktiven Verstand und damit dem Zwang, unvernünftiges und gleichermaßen unerklärbares Verhalten an den Tag zu legen, sei der »Clear« (Geklärter) ein menschliches Wesen, das durch das dianetische Verfahren zum Vorschein käme. Beim Clear seien, so Hubbard, diese einst eingeprägten Geschehnisse, die allesamt schmerzlicher Natur waren – sowohl im seelischen wie auch im körperlichen Sinne – ausgelöscht und hätten dadurch jegliche Kraft verloren, um weiter auf die betroffene Person einwirken zu können. Die auf diese Weise »gelöschten« Erlebnisse seien nun nicht etwa vergessen, wie man sich das vielleicht im ersten Augenblick vorstellen möchte – im Gegenteil: durch das mit Hilfe der Dianetik durchgeführte Aufarbeiten der eigenen Vergangenheit würden diese Erlebnisse und Geschehnisse der therapierten Person einfach nur bewußter bzw. ihr tatsächlich vollkommen bewußt werden. Sie träten demnach aus ihrem Untergrunddasein heraus ans Licht, wo sie von der jeweiligen Person genau in Augenschein genommen werden könnten. Wenn nun aber diese in irgendeiner Form schmerzlichen Geschehnisse vollkommen bewußt geworden seien, wenn man also alles über sie wisse und nichts mehr im Verborgenen zurückgeblieben sei, könne auch nichts mehr da sein, was sein Unwesen im Unbewußten und ohne die Zustimmung der Person treibe. Dies bedeute, es könne kein unvernünftiges Verhalten mehr entstehen, ein Verhalten nämlich, das auf einem reinen Reiz-Reaktions-Mechanismus basiere und nicht dem Willen der Person unterliege.

Das Ergebnis des dianetischen Verfahrens sei daher ein völlig selbstbestimmter Mensch, dessen Grundabsichten »ausnahmslos konstruktiv und ausnahmslos gut« seien, ein Mensch, der nicht mehr von früheren negativen Erfahrungen beeinflußt werde, sondern fähig sei, sich all seiner Gaben und Talente uneingeschränkt zu bedienen. Wie in Kapitel 2 »Der Clear« zu lesen war (ich nehme hier Bezug auf die achte Taschenbuch-Auflage in Deutsch), müsse man sich einen Clear als eine Person vorstellen, die jeglicher Prüfung auf ein eventuelles Vorhandensein von Psychosen, Neurosen, Zwängen und Verdrängungen standhielte sowie ebenfalls keinerlei selbsterzeugte Krankheiten aufweise. Er könne sich ohne Ausnahme an sämtliche Sinneseindrücke in vollkommenster Form erinnern. Außerdem besäße er einen Intelligenzquotienten »hoch über dem heutigen Durchschnitt«. Man habe es demnach mit einem menschlichen Wesen zu tun, dessen Handlungen, so Hubbard, Aufschluß darüber geben, daß er das Leben voll im Griff habe und – gerade auch für mich ein Schlüsselwort – Befriedigung daraus ziehen würde.

Mir schien dies sehr erstrebenswert. Nicht nur, um mir selbst das Leben leichter und schöner zu machen, sondern auch, um der Welt einen Dienst zu erweisen. Gäbe es nur noch Clears auf dieser Erde, Menschen, die ausnahmslos gut und vernünftig handelten, könnten wir die Geschichtsbücher, die uns bislang ohne Erfolg über Kriege, Greueltaten und von uns erschaffenem Elend erzählen, für alle Zeiten zuklappen. Ein menschliches Wesen, das keiner Unvernunft mehr unterliegt, würde auch nicht unvernünftigerweise nach Macht streben, die es zu mißbrauchen trachtet. Es würde eine Form der Regierung errichtet werden, welche das Allgemeinwohl zum Ziel hätte und sämtliche Bestrebungen hierauf ausrichtete. Ein System, das wirklich funktionierte, ohne Unterdrückung und Mißachtung der Menschenrechte.

Ich glaubte, es mit einer Wissenschaft zu tun zu haben: »Dianetik – Die moderne Wissenschaft der geistigen Gesundheit«. Im Buch selbst wurde noch ziemlich zu Beginn darauf hingewiesen, daß jeder mit einem gesunden Nervensystem ausgestattete Mensch auf das dianetische Verfahren ansprechen würde und ein Nachweis hierfür »unter wissenschaftlichen Testbedingungen« erbracht werden könne.

Das Geschilderte stellte sich also einer objektiven Unter-

46

suchung nicht in den Weg. Für mich war dies ein Indiz für die Authentizität und die Richtigkeit der dargestellten Erkenntnisse und Experimente. Eine neue bzw. alternative Form der Therapie, so dachte ich damals.

»Und wie gefällt es dir? Kannst du was damit anfangen?« Erich blätterte im Dianetik-Buch, das neben weiteren Materialien auf dem Tisch lag. »Bis wohin bist du denn gekommen?«

»Bis hierhin genau.« Ich schlug die Seite auf, die ich noch am Morgen desselben Tages gelesen hatte, und deutete ohne zu zögern auf das Ende eines Abschnitts. Punktgenau sozusagen. Dies veranlaßte Erich zu einer lobenden und gleichermaßen bewundernden Bemerkung: »Dein Zahlengedächtnis ist anscheinend recht gut.« Ich dagegen sah keinen Grund für diese Äußerung seinerseits.

»Bei vielen Menschen«, so erklärte mir Erich daraufhin, »klappt es mit dem Rückruf nicht sonderlich gut. Die haben echte Probleme, sich was zu merken.«

Der Rückruf bezieht sich auf sämtliche wieder ins Gedächtnis zurückholbaren Eindrücke unserer fünf Sinne. Beim Clear, so war im Dianetik-Buch zu lesen, sei der Rückruf perfekt.

Nun, ich hatte normalerweise ein ziemlich gutes Gedächtnis. Am besten war es bei den Dingen, die mir interessant und behaltenswert erschienen. Doch war das nicht bei den meisten Menschen so – und nicht umgekehrt, wie mir Erich gerade eben weismachen wollte?

Erich legte das dicke Dianetik-Buch beiseite und griff zu einem dünnen Heftchen im DIN-A4-Format, dem »Grundlegenden Dianetik-Bilderbuch – Eine visuelle Hilfe zum besseren Verständnis des Menschen und des Verstandes«. Hier fand sich noch eine weitere, zusammenfassende Erläuterung über Ziel, Sinn und Zweck der Diane-tik: Dianetik sei die »Lehre vom geistigen Wesen in seiner Beziehung zum Körper und die Förderung des Wesens in dieser Beziehung«. An übergeordneter Stelle wurde man darauf hingewiesen, dieses Bilderbuch (basierend auf den Werken L. Ron Hubbards) werde dem Leser als »eine Auf-zeichnung von Beobachtungen und Forschungen über Verstand und Geist des Menschen vorgelegt, nicht als vom Autor aufgestellte Behauptungen«.

Diese Einstellung fand ich sehr gut. Eine absolut vernünf-tige, wissenschaftliche Vorgehensweise, an solche Dinge heranzutreten, dachte ich damals.

Erich wollte gerade eben mit seinen Erläuterungen zum »Grundlegenden Dianetik-Bilderbuch« beginnen, als ich ihm freiheraus eine Frage stellte. Ich hatte eine ganze Menge über die dianetische Therapie gelesen und wollte nun jemanden näher kennenlernen, der auf diesem Weg schon einige oder sogar viele Schritte getan hatte. »Was hast du denn schon alles in der Dianetik gemacht? Bist du ein Clear?« wollte ich nun von Erich wissen.

»Nein, noch nicht«, antwortete er und schüttelte den Kopf, jedoch keineswegs bedauernd, wie ich fand. »Ich bin noch nicht allzulange dabei. Aber es hat sich bereits vieles in meinem Leben verändert. Ich komm jetzt einfach bes-ser damit klar. Und Dinge, die früher Probleme für mich waren, sind heute keine mehr. Alles hat sich total positiv entwickelt. Bei Herrn Braindl übrigens auch. Bin ja nur mal gespannt, was passiert, wenn ich erst Clear bin!« Erichs Augen leuchteten wie die eines kleinen Kindes zu Weihnachten.

Toll, dachte ich. Bei ihm funktioniert es also. Ich hatte ein glaubwürdiges, lebendes Beispiel vor mir sitzen, was mein

Vertrauen stützte, meine Neugierde für den Moment befriedigte und in mir den Wunsch weckte, mich ebenfalls verstärkt in eine positive Entwicklung zu stürzen.

Mein Gesprächspartner erzählte mir noch einige Ereignisse aus seinem früheren und gegenwärtigen Leben, die mir ein detailliertes Bild einer wirklich erstaunlichen Persönlichkeitsveränderung vermittelten. Beispielsweise, daß er vor noch nicht allzu langer Zeit immer öfter und heftiger zur Flasche gegriffen hätte, was ihm mit Hilfe der Dianetik von einer Sekunde auf die andere abzustellen gelungen sei.

Innerlich war ich restlos begeistert. So weit wollte ich auch kommen! Eine Unart, schlechte Gewohnheiten oder ein schädliches Verhalten einfach von heute auf morgen loszuwerden! Es schien sich also zu lohnen, sich mit aller Energie in diese Materie hineinzuknien!

Lächelnd nahm Erich den Faden wieder auf und meinte, wir sollten uns vor Beginn meiner ersten Auditingsitzung noch kurz mit ein wenig einleitender Theorie befassen. Ich nickte nur zustimmend und signalisierte meine uneingeschränkte Bereitschaft, gut mitarbeiten zu wollen.

Das »Grundlegende Dianetik-Bilderbuch« enthielt eine Reihe von Zeichnungen, um die Funktionsweise des reaktiven Verstandes zu veranschaulichen. Eine Zeichnung zeigte eine Frau, die sich »unbewußt« vor Hunden fürchtet, da sie bereits einmal in ihrem Leben eine unangenehme Erfahrung gemacht hat. Obwohl es nun an und für sich ziemlich unvernünftig ist, sich aus diesem Grund vor allen Hunden zu ängstigen, fühlt sie sich beim Anblick eines Hundes unwohl, allerdings ohne genau zu wissen, weshalb. Es ist noch anzumerken, daß diese junge Frau als Kind von einem Hund am Arm verletzt wurde, wobei zur selben Zeit ihr Vater herbeieilte und ihr zurief, sie solle »von dem bösen Hund weggehen«. Dieses Geschehnis sei nun in seiner Gesamtheit (der körperliche Schmerz, alle Sinneseindrücke, die Worte des Vaters) im reaktiven Verstand als sogenanntes »Engramm« abgespeichert worden. Es befände sich daher unterhalb des Bewußtseinsniveaus und sei der jungen Frau aus diesem Grund unbekannt. Würde die Frau ihren bewußten und vernunftbegabten Verstand nun allerdings überhaupt nicht benutzen, so würde sie Hals über Kopf davonlaufen, obwohl der von ihr wahrgenommene Hund einen freundlichen und friedlichen Eindruck vermittelt. Hier wirke die Vernunft bei den meisten Menschen noch bis zu einem gewissen Grade regulierend; nichtsdestotrotz aber würde der reaktive Verstand versuchen, seine ursprünglich zum Schutz vor Gefahren erstellte Funktion auszuüben und die junge Frau von dem Hund zu entfernen. An dieser Stelle komme dann auch dem im reaktiven Verstand abgespeicherten Zuruf des Vaters: »Geh von dem bösen Hund weg« eine besondere Bedeutung zu; im Grunde genommen stelle dieser Zuruf einen Befehl für das Unterbewußtsein dar, der auszuführen ist – die Frau soll sich vom Hund entfernen! Nachdem es offensichtlich dumm wäre, vor einem freundlich dreinblickenden Vierbeiner die Flucht zu ergreifen, konstruiere man nun Gedanken, die gewissermaßen ein Umkehren, also ein Sich-Entfernen vor der vermeintlichen Bedrohung rechtfertigen, ohne den eigentlichen Grund, der ja unbewußt ist, bloßzulegen. Die junge Frau ziehe daher in Erwägung, früher als geplant nach Hause zu gehen, da sie nun plötzlich beunruhigt sei, das Baby den ganzen Tag mit dem Babysitter allein zu lassen. Außerdem schmerze ihr Arm, was sie auf die schwere Einkaufstasche zurückführe, nicht ahnend, daß dieser Schmerz eine unbewußte Erinnerung und ein »Nacherleben« des Bisses in genau dem Arm darstellt, der seinerzeit die Verletzung erlitten hatte. Am unteren Rand der Zeichnung war in Klammern angemerkt, daß die junge Frau den Hund vermutlich überhaupt nicht richtig bemerke, ihn also nur unbewußt gesehen haben könnte.

Offenbar genügte also ein unbewußtes Aufnehmen des entsprechenden Bildes, Geräuschs, Geruchs oder was auch immer, um augenscheinlich ohne konkrete Ursache in Bedrängnis zu geraten. Schließlich wußte ich ja bereits durch die Lektüre eines Teils des Dianetik-Buchs, daß sämtliche Eindrücke eines problematischen Geschehnisses im reaktiven Verstand abgespeichert würden.

Eine hochinteressante Betrachtung, wie ich fand. Man reagiert einfach, ohne zu wissen und zu verstehen, warum. Man möchte vor einer Situation davonlaufen, fühlt sich auf irgendeine Weise unwohl, findet jedoch keine vernünftige Erklärung, weshalb dies so ist. Die mir dargebotene Erklärung ergab, wie ich damals meinte, durchaus Sinn.

Darüber hinaus sei der reaktive Verstand, wie ich auch von Erich erfuhr, nicht fähig, zwischen diesem ganz bestimmten Hund, der jene schlechte Erfahrung verursacht hatte, und allen anderen Hunden, die nichts hiermit zu tun haben, zu unterscheiden. Der reaktive Verstand arbeite vollkommen nach dem Gleichsetzungsprinzip, was ganz zwangsläufig zur Folge habe, daß eine einmal gemachte schmerzliche und im reaktiven Verstand abgespeicherte Erfahrung in vermeintlich ähnlichen Situationen zum Tragen komme und eine Reaktion auslöse. Ganz wesentlich hierbei sei der Umstand, daß für die Errichtung eines solchen Reiz-Reaktions-Mechanismus beim Erleben einer schmerzlichen Erfahrung auch immer eine Form der Bewußtlosigkeit vorhanden sein müsse, z. B. eine Art Abschalten des bewußten Verstandes aufgrund des großen Schmerzes. Es müsse sich dabei nicht immer um einen Totalausfall des Bewußtseins handeln. Jeder könne jedoch aus eigener Erfahrung nachvollziehen, so sagte mir Erich, daß problematische Geschehnisse zumindest die Aufmerksamkeit verringern und damit einige Bestandteile dieser Erfahrung »vernebeln«, also dem Bewußtsein gewissermaßen entziehen können. Diese Bestandteile bzw. auch die ganze Erfahrung an sich, je nach Lage der Dinge, glitten dann ins Unbewußte ab, wo sie ihr Eigenleben führten. Es käme dann zu eben diesen unangenehmen, unvernünftigen und manchmal auch regelrecht gefährlichen Reaktionen, über die man kaum Kontrolle ausüben könne, weil sie dem bewußten Verstand, in der Dianetik auch als der analytische Verstand bezeichnet, nicht zugänglich seien. Gelänge es jedoch, diese Geschehnisse anzugehen und aufzulösen, d. h. der betroffenen Person bewußtzumachen, so sei es mit diesem Eigenleben vorbei. Was letztlich übrigbleibe, sei der analytische Verstand, der für sich allein gesehen einer Rechenmaschine gleiche: Füttert man diese mit den richtigen Zahlen und Rechenzeichen, so erhält man natürlicherweise das richtige Ergebnis. Eine Fehlberechnung könne nur dann zustande kommen, wenn eine oder mehrere der Eingaben nicht stimmen.

Ich war wirklich restlos überzeugt. Und auch wenn ich im Augenblick keine Parallelen zu meiner Person und meiner Art, mit Erfahrungen umzugehen, feststellen konnte, so mußte dies schließlich nicht heißen, daß es bei mir nichts zu verbessern gäbe. Vermutlich fiel mir gerade nur nichts Entsprechendes für mich ein.

Nachdem wir noch ein Weilchen im Dianetik-Bilderbuch geblättert hatten, zog Erich ein Weidenkörbchen von einer Tischecke zu sich heran und begann, in einem Wust von Dingen des alltäglichen Lebens zu kramen: Bauklötzchen, Büroklammern, Stifte, Kugelschreiber, Kronkorken, leere Füllerpatronen und noch so manches mehr. Ich wartete gespannt, was er damit wohl vorhatte. Er nahm sich einen Kugelschreiber und legte ihn direkt vor mir auf den Tisch. Rechts und links davon plazierte er einige der kleineren Gegenstände, die die Enden des Kugelschreibers berührten bzw. auf ihnen ruhten.

»Stell dir vor, das wäre eine Waage. Was siehst du?«

»Nun ja«, meinte ich, »es sieht so aus, als wären da irgendwelche Gewichte dran. Oder es liegt was drauf. So in der Richtung jedenfalls.«

»Ganz genau. Und jetzt stell dir vor, die eine Seite wäre die Seite der Materie in diesem Universum, die andere die Seite des Geistigen. Wie ich mitbekommen habe, bist du ja auch der Ansicht, daß es im Leben wohl noch mehr geben könnte als rote und grüne Autos.« Er zwinkerte mir vielsagend mit einem Auge zu.

»Und nun zeige ich dir, wo sich dieser Planet und die Menschheit im Augenblick befindet.« Erich verschob das eine Ende des Kugelschreibers mitsamt den kleinen Gegenständen, so daß alles nach unten zeigte – eben wie bei einer Waage, auf deren einen Schale beträchtlich mehr Gewichte lasten als auf der anderen.

»Was hier nach unten zieht, ist die Materie. Das Gleichgewicht ist gestört. Das Geistige büßt zunehmend an Kraft ein und kann die Stellung bald nicht mehr halten.

Es wird nicht mehr lange dauern, bis uns die Materie vollends zu Boden gedrückt hat.« Ich verstand sofort, was er mir mit seiner anschaulichen Demonstration vermitteln wollte.

Erich häufte noch einige kleine Gegenstände zusätzlich auf derjenigen Seite des Kugelschreibers an, die ohnehin bereits bedrohlich nach unten zeigte. »Die Materie und ihr blendender Glanz ist die eigentliche Falle«, fuhr er geheimnisvoll fort. »Denn es geht hier im Grunde – und das können sich nur die wenigsten vorstellen – um eine Art Spiel. Es handelt sich um das Spiel ›Materie gegen Geist‹. Und im Moment sieht es so aus, als würde die Materie gewinnen.« Er sah mich erwartungsvoll an. Offensichtlich rechnete er mit einer ungläubigen, zumindest jedoch mit einer etwas erstaunten Reaktion meinerseits.

Ich hatte jedoch nicht die geringste Schwierigkeit, mir den Gedanken zu vergegenwärtigen, daß wir, die geistigen und heute in Menschenkörpern eingekerkerten Wesen, vor langer, langer Zeit unsere Kräfte erproben wollten. So haben wir die Materie erschaffen, bzw. sie wurde erschaffen (ich wollte Gott als Schöpfer noch nicht vollkommen in die Abstellkammer verbannen) – und wir begannen dieses Spiel. Leider hätten wir dabei nicht alle Regeln in gebotener Weise beachtet, meinte Erich. Die strenge Einhaltung der Ethik-Regeln wäre allerdings von größter Wichtigkeit gewesen; wir jedoch hätten diese sträflich verletzt, was zur Folge gehabt hätte, daß wir allein schon rein gemütsmäßig in einen tieferen Zustand gefallen seien. Jeder, so Erich, kenne das Problem: Wer ein schlechtes Gewissen habe, fühle sich nicht sonderlich wohl, sei vielleicht sogar ein wenig deprimiert. Und in diesem Zustand sei er ganz logischerweise nicht in der Lage, sich seiner vollen

Kraft und Macht zu bedienen. Und je mehr dieser Regelverletzungen im Laufe der Zeit stattgefunden hätten, desto tiefer sei nun das geistige Wesen in die Materie hineingerutscht, bis es fast völlig von ihr verschluckt worden sei.

Alle Bestrebungen sollten nun danach ausgerichtet werden, das geistige Wesen aus seinem selbsterschaffenen Schlammbad herauszuholen, es von dem Schmutz seiner Taten zu befreien und ihm zu neuem Glanz zu verhelfen. Ich nickte wieder. So oder ähnlich hatte ich mir die Sache auch so manches Mal vorgestellt, wenn ich wieder einmal über den Sinn des Lebens nachgedacht und mich der Frage gewidmet hatte, wie wir auf die Erde gekommen sein könnten. Denn im Prinzip handelte es sich bei dieser Betrachtungsweise lediglich um eine etwas andere Variante des biblischen Sündenfalls.

Nun, es war eine Möglichkeit. Warum auch nicht.

»Um ehrlich zu sein«, gestand mir Erich, »den meisten kann man solche Dinge noch nicht zu Anfang sagen. Die sehen die Welt häufig noch ganz anders. Bei dir ist das überhaupt nicht so. Du stellst da eine Ausnahme dar.«
Natürlich fühlte ich mich geschmeichelt.

»Man könnte es sich auch so vorstellen«, fuhr Erich fort, »daß die Welt bzw. das materielle Universum die Bühne darstellt und wir, die geistigen Wesen in Menschengestalt, die Schauspieler sind. Vor Ewigkeiten sind wir einmal alle über die Spielregeln und die Bühnenausstattung übereingekommen, und jetzt spielen wir das Spiel. Das Spiel ›Materie gegen Geist‹.«

Auch dieser Gedanke war mir durchaus nicht neu. Überhaupt ließen sämtliche Erläuterungen und Erklärungen Erichs und Herrn Rahners in mir die Vorstellung reifen,

nun endlich all meine Fragen zu meiner vollsten Zufriedenheit – und darüber hinaus auf wissenschaftlicher
Grundlage! – beantwortet bekommen zu haben. Alles erschien so logisch, ja beinahe selbstverständlich. Warum
nur wurde einem das nicht in der Schule beigebracht?
Erich nahm das Weidenkörbchen und stellte es mir vor die
Nase. Ich sollte nun mit einigen der Gegenstände versuchen zu demonstrieren, was ich unter einem »Engramm«,
dem im reaktiven Verstand eingeprägten negativen Erlebnis, verstände. Ich war etwas verunsichert. Erich half mir
auf die Sprünge: »Es ist ganz simpel. Du nimmst dir einfach einen Gegenstand – irgendeinen – und weist ihm eine
bestimmte Bedeutung zu. Versuch es mal!«
Ich zog einen ausgedienten Leuchtmarker und anderen
Krimskrams aus dem Körbchen und begann, während ich
auf Erichs Wunsch hin meine Vorgehensweise kommentierte, eine Szene zu erstellen, in der jemand verletzt wird
und sich als Folge davon ein »Engramm« einfängt, ein Geschehnis, das in seiner Gesamtheit aufgezeichnet wird und
als Voraussetzung für seine Einprägung in den reaktiven
Verstand körperlichen Schmerz (lt. Definition Aufprall
oder Verletzung) sowie eine mehr oder minder große Bewußtlosigkeit enthalten muß. Es stellte keine allzu große
Schwierigkeit für mich dar, nachdem mir ja von Erich erklärt worden war, wie ich vorzugehen hatte.
Er war mit mir zufrieden und lobte mich. Offensichtlich
war mir die Darstellung geglückt.
Erich erklärte mir, daß nur der, der auch auf diese Weise
demonstrieren könne, was er gelernt habe, den Sachverhalt begriffen habe. Das erfolgreiche Tun folge grundsätzlich dem erfolgreichen, vorangegangenen Verstehen, so
wurde mir gesagt.

Das Engramm, ein Schlüsselbegriff für die Dianetik, ist übrigens kein Kunstwort aus Hubbards großem Repertoire, wie hier und da von einigen »Experten« behauptet wird. Um langatmige biochemische und neurologische Erläuterungen zu umgehen, hier eine Kurzzusammenfassung des Deutschen Wörterbuchs Wahrig: »Bleibende Spur eines geistigen Eindrucks in der Großhirnrinde, Erinnerungsbild (zu grch. en: hinein und gramma: Inschrift).«

Es kamen noch weitere Begriffe, die ich mittels einer »Demo« darzustellen hatte, auf mich zu, auf die ich hier aber der Einfachheit halber nicht weiter eingehen möchte. Nur soviel (ohne ein wenig Theorie kommen wir leider, wie ich meine, nicht ganz aus): Ein einstmals eingeprägtes Geschehnis der vorangehend beschriebenen Art (Engramm) führt im Normalfall kein Einsiedlerdasein, sondern in *ihrer Thematik ähnliche* Erlebnisse (in Dianetik als Secondaries und Locks bezeichnet), die ebenfalls *bestimmte Voraussetzungen* erfüllen müssen, um Eingang in den reaktiven Verstand finden zu können. Sie hängen sich zusammen mit weiteren Engrammen gewissermaßen an dieses erste, fest verankerte Geschehnis an, beißen sich sozusagen daran fest. So fügt sich eine negative Erfahrung an die nächste, bis eine Kette entsteht. Laut Hubbard soll der reaktive Verstand voll sein von solchen Ketten, jede von ihnen habe als Grundlage ein jeweils erstes Engramm mit *entsprechendem* Inhalt. Manche dieser Ketten würden, durch gewisse Lebensumstände etwa, für geraume Zeit in chronischer Stimulation gehalten, d. h. es gab und gibt Ereignisse im aktuellen Leben der betreffenden Person, die zum grundlegenden Engramm sowie zu den auf der Kette nachfolgenden negativen Geschehnissen Berührungspunkte haben.

Ändern sich die Lebensumstände bzw. die stimulationsfähigen Ereignisse, würden, so Hubbard, die jeweils entsprechenden anderen Ketten mit ihren ganz spezifischen Inhalten aktiviert: die Person wird nun von diesen beeinflußt. Die *vorangehend* sich in Stimulation befindlichen Ketten können dadurch »ausgeklinkt« werden. Im großen und ganzen sind daher nur diejenigen Ketten aktiv, die aufgrund der jeweiligen Situation oder des augenblicklichen Geschehnisses angesprochen werden.

Diese Massen an geistigen Eindrucksbildern sollen nun, gemäß Hubbards Vorstellung, die Person schwer belasten. Krankheiten und eine Aberration, also eine Abkehr vom vernünftigen Verhalten, zudem ein Nichtausnutzen des wahren geistigen Potentials, das einem geklärten Menschen in vollem Umfang zur Verfügung stünde, seien die zwangsläufige Folge. Mache man sich aber die Mühe, die Ketten mittels des dianetischen Verfahrens aufzulösen, indem man z. B. Geschehnis für Geschehnis eingehend behandle, könne man die Person mehr und mehr von ihren unbewußten geistigen Eindrucksbildern befreien. Zu diesem Zweck suche man nach einem Erlebnis (meist jüngeren Datums), das der Person noch gut in Erinnerung sei, und verfolge die Kette systematisch bis zu ihrem Ursprung zurück. Habe man nun das allererste Geschehnis, das erste Engramm, in der Dianetik als Basic bezeichnet, gefunden und aufgearbeitet, löse sich die Kette in ihrer Gesamtheit auf. Es sei demnach von Vorteil, möglichst bald auf das Basic zu stoßen, da man sich auf diese Weise eine Menge Arbeit mit den daran angeknüpften Geschehnissen ersparen könne. Das erste Engramm auf der Kette sei das im Grunde allein ausschlaggebende Geschehnis. Zum Clear werde der Mensch allerdings erst, wenn man das sogenannte Basic-Basic aufspüre, das *Übergeordnete erste Engramm*, das die eigentliche *Grundlage* – die Basis demzufolge – *für das Entstehen und Bestehen des reaktiven Verstandes* darstelle und an das sich wiederum alle Basics bzw. Geschehnis-Ketten angliederten.

Aufgearbeitet würden nun die im reaktiven Verstand gespeicherten Geschehnisse, indem man sich, soweit erinnerlich, an ihren Anfang versetze, sie »durchlaufe«, also geistig nochmals durchlebe, und schließlich zu ihrem Ende komme. Immer und immer wieder, so lange, bis jedes noch so kleine und scheinbar unbedeutende Detail in den bewußten, den analytischen Verstand übergewechselt habe und man sich »gut über die Sache« fühle, wenn möglich gar darüber lachen könne. Was bislang tatsächlich im absolut Unbewußten begraben war, käme nach und nach durch gezielte Fragen oder Vorgehensweisen und ein Nichtlockerlassen des Auditors zum Vorschein. Dem Auditor komme die schwierige Aufgabe zu, den PC (= Pre-Clear, die Person, die noch nicht Clear ist) durch das Geschehnis »zu bringen«, ihn in der Sitzung zu behalten und zu »handhaben«, wenn er, vom reaktiven Verstand getrieben, der sich seine Geheimnisse nicht entreißen lassen möchte, aus dem Sessel springen und sich aus dem Staub machen will.

»Der Auditor ist gewissermaßen für den PC verantwortlich«, erklärte mir Erich. »Wenn er weich wird und sich auf das Gejammere einläßt, das übrigens nicht von der Person selbst, also vom geistigen Wesen stammt, sondern vom reaktiven Verstand, dem es an den Kragen geht, verpatzt er alles. Er muß hart bleiben und dem PC helfen, sich da durchzuarbeiten.«

Ich konnte gut nachvollziehen, was mir Erich erläuterte.

Schließlich fühlt sich niemand, der sich mit den unerfreulichen Dingen seines Lebens auseinanderzusetzen hat, sonderlich behaglich.

»Ich werde dich also, ob dein reaktiver Verstand nun damit einverstanden ist oder nicht, immer wieder nach einer ganz bestimmten Sache fragen, um dich darauf zu stoßen. Mein analytischer Verstand und dein analytischer Verstand sind gegenüber deinem reaktiven Verstand in der Mehrzahl. Zweimal Vernunft gegen einmal Unvernunft behält letztendlich immer die Oberhand. Und ich als Auditor habe keinen Fall, wie wir in der Dianetik sagen. Ich halte mich mit meinen eigenen Problemen zurück. Die haben in der Sitzung, in der es um dich, um deinen Fall geht, nichts zu suchen.«

Erich bat mich, mich in einen dunkelbraunen Ledersessel an der Wand zu setzen und es mir bequem zu machen. Ich könne ruhig den Kopf auf der Lehne aufliegen lassen, das trage wesentlich zur Entspannung bei.

»Ach, übrigens«, sagte er noch, »was wir hier machen, ist keine Hypnose oder ähnliches. Hubbard war strikt dagegen und hielt diese Techniken für schädlich.«

Was soll's, dachte ich mir. Ich konnte mir sowieso nicht vorstellen, daß es möglich sein sollte, mich zu hypnotisieren. Ich ging davon aus, daß der Wille für die Hypnotisierbarkeit einer Person eine entscheidende Rolle spielte. Erich erläuterte mir seine Vorgehensweise. Er werde nun gleich rückwärts zu zählen beginnen. Ich solle an die Decke blicken, wobei mir während des Zählens die Augen zufallen würden. Vorab werde er mir in einer Art feststehenden Formel versichern, daß ich mir jederzeit über alles, was in dieser Sitzung geschehe und gesprochen werde, vollkommen bewußt sei, vollkommene Kontrolle über mich selbst habe und daß am Ende das Wort »gelöscht«, der sogenannte Löscher, eingesetzt werde, um zufällige Suggestionen zu vermeiden.

Ich konnte mir beim besten Willen nicht denken, was ein solch harmloses Wörtchen bewirken bzw. verhindern sollte, behielt aber meine Meinung für mich, da ich meine vor Jahren angelesenen, minimalen Kenntnisse in Psychologie für nicht ausreichend hielt, um mich kritisch hierzu zu äußern.

Bevor die Sitzung begann, fragte mich Erich nach dem Genuß von Alkohol oder irgendwelcher Drogen und nach der Einnahme von Medikamenten. Ich verneinte. Bereits bei meinem ersten Besuch im Dianetik-Zentrum hatte man mich darauf hingewiesen, daß ich vierundzwanzig Stunden vor der Sitzung nichts dergleichen zu mir nehmen dürfe, da dies den Sitzungserfolg schmälern könnte. Diese Regelung imponierte mir und förderte in mir die Gewißheit, es mit einer ernsthaften Angelegenheit zu tun zu haben. Und obwohl ich nicht mißtrauisch war, war diese Vorschrift in meinen Augen ein weiteres Indiz, das für Hubbards Theorie und seinen guten Willen, Menschen zu helfen, sprach.

»Und ausreichend gegessen und geschlafen hast du auch?« Ich nickte. Alles in bester Ordnung.

»Ausgezeichnet. Dann entspanne dich, lehne den Kopf zurück und blicke an die Decke.«

Erich saß mir im Abstand von etwa eineinhalb Meter auf einem Schülerstuhl gegenüber und ordnete die Blätter auf seinem Klemmbrett, das ihm als Schreibunterlage diente. Bereits im Vorfeld wußte ich, daß ein Sitzungsprotokoll angefertigt würde, um bei der weiteren Bearbeitung meines »Falles« auf Notizen zurückgreifen zu können. Ich hatte nichts dagegen. Die Befürchtung, die im Auditing geäußerten persönlichen Dinge könnten nicht ihrer Bestimmung gemäß verwendet werden, plagte mich nicht, zumal mir Erich vorab und von sich aus versichert hatte, er hätte den Status eines Geistlichen inne und müßte jedes meiner Worte als Beichtgeheimnis behandeln.

Bevor er mit dem Zählen begann, verwendete Erich die Formel, durch die mir nochmals deutlich gemacht werden sollte, daß ich jederzeit Herr der Lage war. Dann zählte er von sieben ab rückwärts. Ich überlegte noch, ob ich die Augen bereits am Anfang oder erst gegen Ende des Zählens zu schließen hatte, kam dann aber mit mir überein, daß es ohne Bedeutung sei, und ließ die Lider sinken. Wann genau – ob nun vor oder nach dem Zählen – Erich auf den am Ende der Sitzung zur Anwendung kommenden Löscher-Mechanismus hingewiesen hat, ist mir nicht mehr erinnerlich, wie so viele andere Dinge übrigens, die in direktem Zusammenhang mit Auditingsitzungen stehen.

Bei meinen gedanklichen Recherchen für dieses Buch ist mir aufgefallen, daß ich mir zwar Gespräche allgemeiner und konkreter Natur recht gut ins Gedächtnis zurückrufen kann, meine Erlebnisse, Gedanken und Vorstellungen in den Sitzungen selbst jedoch bis auf einige markante Gefühls- oder Bilderlebnisse schlichtweg »verpufft« zu sein scheinen. Nur noch ansatzweise gelingt es mir, eine Sitzung und ihre Bestandteile zu rekonstruieren und darzustellen. Ich konnte mir geraume Zeit keinen Reim auf diese Art der »Amnesie« machen, komme aber Stück für Stück dahinter, womit dies zu tun haben könnte. Ich werde etwas später versuchen, näher darauf einzugehen. Nachdem ich die Augen geschlossen hatte und die Sitzung nun endlich losgehen sollte, war ich gespannt, welche Art von Abenteuer mich wohl gleich erwarten würde. Eine freudige Erregung kroch von meinen Zehen bis zum Haaransatz und versetzte mich in Entdeckerstimmung. Ich war felsenfest davon überzeugt, daß ich mit Hilfe des dianetischen Verfahrens meine besten Seiten zu voller Geltung bringen könnte. Wenn der ganze Müll fortgeräumt ist, so dachte ich, geht die Post erst richtig ab! Und ich wollte es unbedingt erleben, dieses unheimliche und sicherlich phantastische Gefühl der inneren Befreiung, wenn wie versprochen Engramme bzw. ganze Geschehnis-Ketten und die damit verbundene emotionale Ladung auf Nimmerwiedersehen zum Verschwinden gebracht würden.

Es bestand kein Zweifel! So, und nur so, wurde man ein besserer Mensch! Vernünftige Menschen dank einer vernünftigen geistigen Technologie! Im Grunde ganz einfach.

Wie eine Katze vor dem Mauseloch wartete ich auf Erichs erste Anweisung (nicht im Sinne von Befehl zu verstehen). Er forderte mich in ruhigem Ton und langsamer Sprechweise auf, ein Geschehnis zu suchen (ich sollte einfach nehmen, was mir gerade in den Sinn kam), im Geiste zum Beginn dieses Geschehnisses zu gehen, es gewissermaßen zu durchleben, zum Ende zu kommen und dabei zu erzählen, was ich in meiner inneren Welt sah, hörte, fühlte, etc. kurzum, darüber in allen mir im Augenblick zugänglichen Einzelheiten zu berichten. Es dauerte nicht allzulange, und ich konnte mit einigen kleineren Ereignissen aufwarten. Es waren Erinnerungen, die mich zum gegenwärtigen Zeitpunkt nur leidlich interessierten und meiner Ansicht nach auch keinerlei Einfluß auf mein aktuelles Leben ausübten. Den Vorgaben des dianetischen Verfahrens gemäß, hatte ich jedes einzelne Geschehnis vom Anfang bis zum Ende zu »durchlaufen«, und wenn sich alsbald herausstellte, daß es hierbei offenbar nichts zu tun gab (weil keine emotionale Ladung auf dem Geschehnis lag), gingen wir weiter zum nächsten, das meiner Erinnerung ganz spontan zugänglich war. Wir stocherten eine Weile ohne großartige Ob- und Ah-Erlebnisse in meinen mehr oder minder wichtigen Engrammen oder engrammähnlichen Eindrücken herum und steuerten schließlich auf das Ende der Sitzung zu.

Diese Sitzung wurde nach etwa einer oder eineinhalb Stunden zum Abschluß gebracht, indem mich Erich mittels Zählen »in die Gegenwart zurückkehren« und die Augen öffnen ließ. Zuvor hatte er den »Löscher« eingebaut, was ich zugegebenermaßen ein wenig lächerlich fand. Ich war doch die ganze Zeit bei klarem Verstand, in jeglicher Hinsicht bei mir gewesen und nicht weggedriftet, auch nicht für einen noch so kurzen Augenblick!

Ich durfte den Sessel verlassen. Erich machte noch einige Abschlußnotizen, kam dann auf mich zu und legte mir freundschaftlich die Hand auf die Schulter. Seine braungrünen Augen und sein Gesicht vermittelten wieder den dackelhaft-gutmütigen Eindruck, der mir gleich zu Beginn unseres Kennenlernens aufgefallen war.

Trotz aller Anstrengung ist es mir nicht mehr möglich, mir ins Gedächtnis zu rufen, was ich auf seine unmittelbare Frage, wie ich mich denn jetzt fühle, geantwortet habe. Aus der heutigen Perspektive kann ich mein damaliges Empfinden nur noch Begriffen wie »interessant« oder »aufschlußreich« zuordnen. Ich erinnere mich noch, ein wenig enttäuscht gewesen zu sein, da ich wesentlich mehr erwartet hatte. Aber vielleicht war das ja erst der Anfang. Die dicken Brocken würden sicherlich noch kommen!

Im Nebenraum, in den wir nach einem kurzen Nachgespräch überwechselten, drückte mir Herr Braindl mit einem freundlichen Lächeln ein Blatt Papier in die Hand. »Erfolgsbericht« war darauf als große Überschrift zu lesen. Ich solle meine Erfolge doch notieren, meinte er. Es wäre von großem Nutzen, sie nicht sang- und klanglos einfach als solche hinzunehmen, sondern sie in schriftlicher Form niederzulegen und sie auf diese ausformulierte Weise in ein helleres Licht zu rücken. Man hätte dann einfach mehr davon.

Dieses Argument war mir durchaus verständlich. Aufschreiben bringt immer Vorteile. Allerdings war ich mir nicht im klaren darüber, was ich schreiben sollte. Hatte ich denn einen Erfolg? Konnte ich das, was ich erlebt hatte, wirklich als Erfolg bezeichnen? Ja, doch, so überlegte ich, eigentlich schon. Und weil ich mir selbst und den Herren einen Gefallen tun wollte – immerhin hatte ich 750 Mark für den Spaß bezahlt –, sog ich mir einige Nettigkeiten aus den Fingern.

»Da unten noch unterschreiben«, sagte mir Erich. Ein wenig genervt setzte ich meinen Namen unter meine »Erfolgsstory«. Dann wurde mir das Blatt weggenommen, und beide lasen mit sichtlichem Interesse meine Ausführungen. »Schön«, lobte Erich. »Wann können wir mit den Sitzungen weitermachen?«

In den folgenden Wochen trafen wir uns zu weiteren Terminen. Insgesamt werden es wohl vier oder fünf Sitzungen gewesen sein. Besonders im Gedächtnis haften geblieben ist mir eine Sitzung, in der es »richtig zur Sache ging«. Vorab förderte ich wieder mehrere eher nichtssagende Geschehnisse zutage. Nachdem ich diese Geschehnisse jeweils einige Male durchlebt hatte, ohne das Gefühl zu haben, daß mir ein Stück daraus fehlen, also in irgendeiner Form unbewußt sein könnte, versuchte Erich, mich an folgenschwerere Ereignisse heranzuführen. Da ich sehr willig war mitzuarbeiten, dachte ich ein wenig nach und zog einen Unfall mit dem Fahrrad aus der Gedächtnisschublade. Ich erzählte Erich, wie ich als siebenjähriges Kind unverschuldet und im Beisein meines Vaters von einem Auto angefahren worden und zu Boden gestürzt sei. Bis auf einige blaue Flecke war mir nichts passiert. Und ich konnte mich noch, wie ich zu meinem eigenen Erstaunen feststellte, ohne große Probleme daran erinnern. Natürlich hatte ich mich damals ordentlich erschreckt. Meine Aufregung hatte sich jedoch rasch gelegt, wie es bei mir schon seit jeher der Fall zu sein schien.

Ohne große Emotionen ging ich auf Erichs Anweisung hin wieder und wieder durch dieses Geschehnis hindurch, ohne daß es mir gelungen wäre, ihm glaubhaft zu versichern, wirklich auch das allerletzte Erlebnisteilchen ausfindig gemacht zu haben. Ich sollte jede Kleinigkeit beschreiben: die Farbe meines Anoraks, meiner Hose, das Auto, das Aussehen der jungen Frau, meinen Vater, meine Schmerzen beim Aufprall und beim Sturz, meine Gefühle, Geräusche, Gerüche, was gesprochen wurde, usw., usw. Ich muß zugeben, es war ein wenig ermüdend – und langweilig darüber hinaus.

Irgendwann schien Erich der Ansicht gewesen zu sein, daß wir damit nicht weiterkämen. Es wollte sich keine Gelöstheit oder sogar Heiterkeit bei mir einstellen, was aller Wahrscheinlichkeit nach darauf hindeutete, daß dieses

Geschehnis mit einem anderen, vermutlich schlimmeren in Verbindung stand. Bringt ein auditiertes Geschehnis keine Ergebnisse, soll der Auditor seine Fühler nach einem anderen, ähnlichen Erlebnis ausstrecken. Es mußte also, so die dianetische These, ein weiteres Engramm oder engrammähnliches Ereignis auf meiner »Zeitspur« (meinem ganz persönlichen Weg durch dieses und frühere Leben hindurch, wobei eine durchgehende Aufzeichnung von bewußten wie unbewußten Eindrucksbildern stattfindet) existieren. Der Fahrradunfall hing demnach an einer Kette von Geschehnissen, und die galt es nun, Stück für Stück aufzulösen. Oder, noch besser und schneller, ihr im Falle des raschen Auffindens ihres jeweiligen ersten Engramms die Grundlage für ein Fortbestehen für immer zu entziehen.

»Gibt es ein früheres, ähnliches Geschehnis?« wollte Erich nun von mir wissen. Ich überlegte ziemlich lange. »Ich kann mir im Moment keines zurückrufen«, sagte ich schließlich.

»Okay, dann frage ich dich noch mal: Gibt es ein früheres, ähnliches Geschehnis?«

Ich dachte ausgiebig nach. Trotzdem fiel mir nichts Entsprechendes ein. Aber ich hatte ein späteres, ähnliches Erlebnis anzubieten: den Autounfall, bei dem meine Mutter ums Leben kam.

Erich wies mich an, an den Anfang des Geschehnisses zu gehen. Ich erzählte ihm von der Rückfahrt von einem Ausflug in die Berge am Pfingstsamstag des Jahres '85, der für uns alle – wir waren zu fünft im Wagen – so schrecklich endete. Haarklein schilderte ich nahezu jede Minute vom Zusammenstoß mit dem Unfallgegner bis zum Abtransport meiner Mutter im grauen Metallsarg.

Während meiner Erzählung hatte sich Erich Notizen gemacht. Von Zeit zu Zeit hatte ich seinen Stift auf dem Papier kratzen hören. »Gut«, sagte er. »Und jetzt geh noch mal zum Anfang des Geschehnisses zurück, geh durch das Geschehnis hindurch und erzähle mir alles, was du dabei wahrnimmst.« So in etwa lautete die weitere Auditinganweisung, die mir Erich erteilte.

Ich begann also wieder von vorn. Ich schilderte ihm den Unfall ein zweites Mal in allen mir im Augenblick zugänglichen Einzelheiten. Und ein drittes, viertes und fünftes Mal. Wie oft ich die Platte dieses Schicksalsschlages insgesamt tatsächlich aufzulegen hatte, weiß ich nicht mehr. Ich weiß nur noch, daß es mich schrecklich langweilte. Oft genug hatte ich schließlich in den Tagen und Wochen nach dem Vorfall in meiner Erinnerung gekramt, war in Gedanken immer wieder zum Unfallort zurückgegangen und hatte mir im Geiste angesehen, was passiert war. Diese Art der Erfahrungsverarbeitung gehört zu meinem Wesen.

Vom ununterbrochenen Erzählen etwas geschlaucht, äußerte ich am Ende eines jeden Geschehnis-Durchganges Erich gegenüber, daß ich nicht das Empfinden hätte, ein Problem mit diesem Erlebnis von damals zu haben. Ich fühlte mich »eigentlich ganz gut darüber«. Ich wollte damit zum Ausdruck bringen, daß ich der Ansicht war, es wirklich vollständig verarbeitet zu haben.

»Verstehe«, sagte Erich. »Geh noch mal zum Anfang des Geschehnisses zurück, geh durch das Geschehnis hindurch und erzähle mir alles, was du dabei wahrnimmst.«

»Wenn's denn unbedingt sein muß!« murrte ich in mich hinein und begann von neuem, die alte Geschichte wiederzukäuen. Vielleicht dauerte es bei mir ja nur etwas länger, bis sich etwas Ausschlaggebendes rührte, etwas absolut Grandioses, das vielleicht sogar die Kraft besaß, mein Innenleben zu revolutionieren.

Ich sollte recht behalten, zumindest in puncto Zeit und Dauer der Aktion. Es dauerte und dauerte und dauerte. Und in meinem Innern tat sich schlichtweg gar nichts – jedenfalls nichts, das mir bislang noch nicht vertraut gewesen wäre. Ganz allmählich stieg mir der Frust in die Magengrube. Dann, vollkommen unvermittelt und mich wie ein Schlag treffend, kam mir die Aussage des Herrn Rahner wieder in den Sinn: Empfindungslosigkeit! Hoffentlich, hoffentlich handelte es sich nicht ausgerechnet darum, dachte ich. Zudem ich im Dianetik-Buch von sogenannten abgesperrten Erlebnissen gelesen hatte. Diese Geschehnisse seien oft recht schwierig zu auditieren, da sie einer konventionellen Bearbeitung trotz redlicher Bemühungen des Auditors nicht oder nur in Teilen zugänglich seien.

Nein! Alles, nur das nicht! Noch länger wollte ich dieses Tamtam keinesfalls mitmachen. Nicht noch hundertmal dasselbe erzählen müssen. Irgendwie mußte ich aus dieser Sitzung raus!

Einfach aufstehen und nach Hause gehen kam für mich allerdings nicht in Frage. Ich war noch immer sehr an Hubbards These interessiert und darauf versessen, mich zu verbessern. Auch wenn die wirklich positiven Ergebnisse noch auf sich warten ließen, so glaubte ich doch nach wie vor, irgendwann zu einem späteren Zeitpunkt meine und die Bemühungen des Auditors belohnt zu sehen. Irgendwann würde ich ganz bestimmt Erfolg haben! Vorerst jedoch wollte ich diesem Zirkus ein Ende bereiten. Nur wie?

Dann fiel mir das Entscheidende ein. Mir kam wieder in den Sinn, ab welchem Zeitpunkt in der Dianetik ein Geschehnis als vollständig aufgearbeitet gilt und die Umstände vielleicht sogar dazu führen, die Sitzung zu beenden, zumindest aber zu einem anderen Erlebnis überzugehen: der PC, der zu Klärende, muß beim wiederholten Durchleben eines Engramms oder ähnlichem allmählich die sogenannten »Tonstufen« hinaufklettern, was nichts anderes bedeutet, als sich von »niederen« Emotionen wie Angst, Trauer, Gram, Wut, etc. zu den »höheren« Empfindungen emporzuarbeiten. Ein ganz natürlicher Vorgang, wenn es darum geht, ein ehedem schmerzliches Ereignis im Leben eines Menschen anzugehen und nach und nach seiner Kraft und Macht, die es unbewußt über diesen Menschen ausübt, zu berauben. Das Ende der bis dahin notwendigen Wiederholungsphasen werde z. B. durch ein gutes Gefühl und idealerweise durch Heiterkeit angezeigt. Ich persönlich fand unseren Unfall von damals ja nicht gerade zum Lachen; und daß ich mich »eigentlich gut darüber fühlte«, diesen Schicksalsschlag meiner Empfindung zufolge also innerlich verwunden hatte, hatte ich bereits einige Male Erich gegenüber geäußert. Aber wenn es wirklich die einzige annehmbare Möglichkeit sein sollte, endlich aus diesem Sessel zu kommen, ohne als »abgesperrt« oder nicht therapierbar angesehen zu werden, was ich auf alle Fälle vermeiden wollte, würde ich eben ein wenig schauspielern.

Erich schickte mich wieder zum Anfang des Geschehnisses. Mensch, komm, dachte ich mir, streng dich ein bißchen an! Ein wenig Trauer und Schmerz von damals wird doch in Gottes Namen noch irgendwo aufzutreiben sein! Reiß dich zusammen! Du hast deine Mutter verloren! Du stehst ohne Eltern da, kannst nie wieder mit ihnen sprechen, sie nie wieder sehen. Es könnte doch wirklich schön sein, sie jetzt als junge, erwachsene Frau am Wochenende zu Kaffee und Kuchen zu treffen, mit ihnen zu plaudern und ihnen von dir und deinem Leben zu erzählen.

Tatsächlich! Einige Krokodilstränen kullerten über meinen unteren Lidrand. Ich hatte es doch tatsächlich geschafft, mich derart zu bemitleiden, daß ich weinen mußte. Wobei Weinen auf Kommando doch noch nie mein Fall war.

Der weitere Verlauf meiner Erzählungen gestaltete sich denn auch fast bühnenreif. Für den krönenden Abschluß eines Durchgangs stand ich sogar auf, griff mir das Sitzpolster und schlug scheinbar wutentbrannt und von der Ungerechtigkeit auf dieser Welt sichtlich gepeinigt darauf ein. Ich hatte vor, ein beeindruckendes Spektakel zu inszenieren, um dem Auditor zu geben, was er meiner Ansicht nach haben wollte: ein zunächst in tiefster, trauernder Verzweiflung versunkenes Häufchen Elend, das sich stückweise und den Gesetzmäßigkeiten der Tonstufen folgend durch Zorn und Frustrationen arbeitet, um schließlich als strahlendes, von diesem schlimmen Geschehnis für immer befreites Wesen das Auditingzimmer zu verlassen.

Wenn ich meine Sache gut mache, dachte ich mir, komme ich vielleicht mit drei weiteren Durchgängen aus, und Erich läßt mich aus der Sitzung.

Was für eine Erleichterung, als er mir endlich sagte, daß die Sitzung nun zum Abschluß gebracht und ich während seines Zählens in die Gegenwart zurückkehren werde. Uff! Ich hatte es geschafft! Ich fühlte mich reichlich zerknittert, die Haare standen mir fast zu Berge, da sie vom

Kunststoffleder elektrostatisch aufgeladen waren. Wie viele Stunden wir insgesamt in meiner Vergangenheit unterwegs gewesen waren, kann ich nicht mehr abschätzen. Meiner Empfindung nach muß es eine halbe Ewigkeit gewesen sein.

Nachdem ich mir die verschmierte Wimperntusche abgewischt hatte, gesellte ich mich zu Erich und Herrn Braindl, die sich lebhaft miteinander unterhielten. Erst sehr viel später, gegen Ende meiner Zeit in Dianetik und Scientology, erfuhr ich von Herrn Braindl, daß er sich damals ein wenig über mein nicht ganz alltägliches Verhalten im Auditing gewundert habe (er war detailliert darüber informiert, wie die Sitzung abgelaufen war und was ich mit dem Sessel angestellt hatte). Gemäß dem Reglement der Scientology hätte er davon jedoch überhaupt nichts wissen dürfen, da er nicht zu der Personengruppe der Fallüberwacher zählte. Nur Auditor und Fallüberwacher ist der Zugang zu den in den Sitzungen in Erfahrung gebrachten Informationen zum Zwecke der Weiterbetreuung des PCs gestattet. Wie ich ebenfalls erst viel später mitbekommen habe, nahm es Erich mit seinem Beichtgeheimnis nicht nur in meinem Fall nicht so genau.

»Da ist ja ganz schön was losgewesen«, begrüßte mich Herr Braindl. »Ich hab euch bis hierüber gehört!«

Ich gab mir alle erdenkliche Mühe, ein begeistertes Gesicht aufzusetzen. Und bevor ich mich versah, landete ein weiteres Blatt, das mit erfolgreichen Erlebnissen zugepflastert werden wollte, in meinen Händen. Ich setzte mich also hin und verfaßte das Lügenmärchen vom glücklichen PC.

Es wundert mich heute noch, daß mir dabei nicht schlecht geworden ist …

»Übermorgen fährt ein anderer PC ins Dianetik-Zentrum nach München, in die Mission Nymphenburg. Soll ich ihm sagen, daß er dich mitnehmen soll?« Herr Braindl, mit dem ich mittlerweile ebenfalls beim Du angekommen war, blickte mich erwartungsvoll an. Es war Mitte April 1989, meine Dianetik-Sitzungen waren inzwischen ausgelaufen, die zwölfeinhalb Stunden verbraucht. Gern hätte man mich für ein weiteres Intensiv gewonnen, ich wollte aber vorerst »mal sehen, was es sonst noch an interessanten Dingen« in Dianetik und Scientology zu entdecken gab. Diplomatisch hatte ich also diese Klippe umschifft, ohne auch nur die leiseste Ahnung zu haben, daß ich durch dieses Manöver in Kürze auf ein Riff auflaufen und nicht mehr davon loskommen sollte.

»Ja, klar, ich schau mir das mal an«, gab ich zur Antwort und steckte ein Notizzettelchen mit Namen und Telefonnummer eines gewissen Herrn Müller, der mich mitnehmen wollte, in meine Tasche.

»Nun ja, wir können hier halt noch nicht viel anbieten«, meinte Herr Braindl schulterzuckend. »Wir sind eben erst am Anfang.« Es klang fast wie eine Entschuldigung. Er wünschte mir dann noch alles Gute, viele Erfolge auf meinem weiteren Weg und nahm mir das Versprechen ab, bei Gelegenheit mal wieder vorbeizusehen. Ebenso Erich, dem es ganz offensichtlich leid tat, einen PC weniger zu haben. Man verabschiedete sich herzlicher von mir, als ich es erwartet hatte. Ich wurde umarmt und gedrückt und sogar bis zum Aufzug begleitet. Ein schönes Gefühl, gemocht zu werden!

Gemäß unserer telefonischen Vereinbarung wurde ich von Herrn Müller direkt vor der Haustür abgeholt. Er hatte darauf bestanden, mir diesen Gefallen zu tun. Es handelte sich um einen netten Herrn im fortgeschrittenen Alter, der ebenfalls erst seit kurzer Zeit in näherer Berührung mit der dianetischen Verfahrensweise stand und anscheinend genauso gespannt war wie ich, wie es weitergehen würde. Wir schienen beide gleichermaßen von einer Art Pioniergeist befallen und sprachen bis zur Ankunft in München darüber, wie wundervoll es nur sein mußte, den Zustand Clear erreicht zu haben. Herr Müller hatte im Gegensatz zu mir bereits einige Intensive Auditing hinter sich – »mit gutem Erfolg« – wie er sagte; nun aber wäre es an der Zeit, etwas anderes kennenzulernen, wie man ihm im Dianetik-Zentrum Augsburg angedeutet habe.

Nach über einer Stunde Fahrt kamen wir im Münchner Stadtteil Nymphenburg an. Die Mission war in einem wunderschönen, von schnörkeligen, gußeisernen Balkonen gezierten alten Gebäude untergebracht. Oben angelangt klingelten wir und folgten dem Herrn mit Schnauzbart, der uns öffnete und freundlich willkommen hieß, in den Flur. Dort wurde erst einmal ermittelt, was der Zweck unseres Besuchs sei. Man hatte uns bereits erwartet. Freudestrahlend kam sogleich Herr Rahner auf mich zu und schüttelte mir die Hand. Er erschien mir nach wie vor ziemlich hektisch, irgendwie aufgelöst, ja beinahe hyperaktiv. Er bat mich in sein Zimmer, das genau wie die anderen Räumlichkeiten, soweit ich es erkennen konnte, gemütlich und dennoch zweckmäßig eingerichtet war. Herr Müller, mein netter Chauffeur, wurde von dem Herrn mit Schnauzbart weiterbetreut.

Ich nahm Herrn Rahner gegenüber Platz. Zwischen uns stand sein mit allerlei Mappen aus Pappmaché, Büchern und Heftchen zugeschütteter Schreibtisch, der trotzdem angenehm aufgeräumt war.

»Prima«, sagte er, »daß du den Weg hierhergefunden hast.« Er hatte mir erst gar nicht lange das Du angeboten, sondern meine Zustimmung vermutlich als selbstverständlich vorausgesetzt.

Vorerst gab es nur ein wenig Small talk, man redete über dieses und jenes. Dann war es an der Zeit, zwei wichtige Damen kennenzulernen: die Chefinnen der Mission. Von Erich und Herrn Braindl hatte ich vor einigen Tagen erfahren, daß eine der beiden ein sogenannter OT VII sein solle, ein geistiges Wesen auf einer ziemlich hohen Entwicklungsstufe, das den erstrebenswerten Zustand Clear bereits weit hinter sich gelassen habe. Das Buchstabenkürzel OT komme von »Operierender Thetan«, was wiederum mit »operierendes« bzw. sehr aktives, zu großen Fertigkeiten fähiges geistiges Wesen zu übersetzen sei. Das Wort Thetan stamme vom griechischen Theta-Zeichen (der neunte Buchstabe des ursprünglichen, der achte des klassischen griechischen Alphabets) und ist, so möchte ich ergänzend aus dem Buch »Scientology 0-8« zitieren, »ein mathematisches Symbol, das in Scientology zur Bezeichnung der Quelle des Lebens und von Leben selbst verwendet wird. Es ist das Individuum, das Wesen; das, was sich dessen bewußt ist, bewußt zu sein; (…).«

Ein OT VII! Hatte ich doch auch erfahren, daß es bislang lediglich acht zu absolvierende Stufen gibt, die als freigegeben gelten. Über diese acht Stufen hinaus existierten, so wurde mir erklärt, selbstverständlich noch viele weitere Stufen, was auch am Plakat »Die Brücke zur völligen Freiheit« zu ersehen sei. Es habe jedoch einen bestimmten Grund, warum bis zum heutigen Tage lediglich acht dieser Stufen beschritten werden könnten: Erst, wenn eine gewisse Anzahl an Scientologen den gerade höchstmöglichen Zustand erreicht hätte und damit die notwendige geistige Grundlage für ein weiteres Aufsteigen geschaffen worden sei, werde man die nächsthöhere Stufe der Entwicklung zur Verfügung stellen.

Und wieder konnte sich die Dianetik bzw. in diesem Fall die Scientology einen Punkt auf ihrem Konto der Glaubwürdigkeit gutschreiben! Diese schrittweise Vorgehensweise stellte für mich einen weiteren, eindeutigen Beweis für die Seriosität dieser Philosophie dar.

Als ich mich bei Erich und Herrn Braindl erkundigt hatte, was denn dies für Fertigkeiten und Fähigkeiten seien, die ein solchermaßen fortgeschrittenes Wesen auszeichneten, bekam ich eine Vielzahl von Antworten: es könne z. B. Materie, Raum, Energie und Zeit handhaben, es hätte eine unglaubliche Macht und Kraft, könne Dinge ins Rollen bringen, die ein Normalsterblicher aus den unterschiedlichsten Gründen niemals fertigbrächte und sich auch ab der Stufe OT VIII permanent außerhalb seines Körpers aufhalten – es sei demzufolge nicht mehr gezwungen, seine Tage in körperlicher Materie eingesperrt zu verbringen. »Exterior zu gehen«, also den Körper zu verlassen, könne auch bereits auf den vorangehenden Stufen geschehen, sogar noch vor der Stufe Clear. Es könne jedem zu jeder Zeit passieren. In Scientology sei das nichts Ungewöhnliches.

Was für eine Vorstellung! Einfach raus aus diesem einengenden Kostüm und sich mittels Gedankenkraft in Null Komma nichts an einen anderen Ort versetzen. Für den Geist gab es schließlich keinerlei Grenzen!

Mit Begeisterung dachte ich an das vor Jahren gelesene Buch des Amerikaners und Arztes Dr. Michael B. Sabom

»Erinnerungen an den Tod – Eine medizinische Untersuchung«, sowie an zahlreiche mehr oder minder wissenschaftlich fundierte Berichte und Abhandlungen von Astralreisenden, Menschen, die willentlich und wissentlich in der Lage sein sollen, ihren Körper zu verlassen und an einen vorgegebenen, ihnen vorab unbekannten Ort zu gehen, um mit angeblich genauesten Beschreibungen der dort vorgefundenen Verhältnisse wieder zurückzukehren. Ich war davon überzeugt, daß dies für bestimmte Personen oder Personengruppen möglich sein sollte. Außerdem glaubte ich an ein Leben nach dem Tod, an eine Existenz auf einer anderen geistigen Ebene, weshalb es mir nicht sonderlich schwerfiel, mir auch ein zeitweiliges Heraustreten der Seele aus einem noch lebenden Körper vorzustellen. Und es war mir durchaus verständlich, daß eine Weiterentwicklung im seelisch-geistigen Bereich ein absichtliches Sich-Lösen-Können vom Körper nach sich ziehen konnte.

Herr Rahner bat mich aufzustehen und führte mich in ein geräumigeres Zimmer. Mein allererster Eindruck war ein ausgesprochen negativer. Ich hatte noch nicht einmal die Zeit gehabt, darüber nachzudenken, was mir an den beiden Frauen nicht gefiel. Ich wußte nur, daß ich dringend umkehren sollte. Nichts wie raus!

Hätte ich doch nur auf mein Gefühl gehört, auf meinen Instinkt, der mir bislang noch immer einigermaßen zuverlässig verraten hatte, wer der Mensch hinter der Maske war! Sämtliche inneren Sirenen begannen zu heulen und versuchten verzweifelt, mich zu warnen. Leider vergeblich. Zu groß war meine Neugier, zu abenteuerlich die Versprechungen und Verlockungen, ein besserer – ein perfekter Mensch zu werden …

Ich grüßte artig und wurde ebenfalls gegrüßt. Während mich Herr Rahner vorstellte, sah ich mir die beiden etwas genauer an. Wie zwei Königinnen thronten Tina und Sonja hinter ihren Schreibtischen. Die dunkelhaarige Tina mußte um die Fünfunddreißig gewesen sein, die sommersprossige, rotblonde Sonja Ende Zwanzig. Beide Damen waren gut beleibt.

Ich sollte mich Sonja gegenüber hinsetzen. Wir waren uns auf Anhieb unsympathisch. Es dauerte eine kleine Weile, bis mir die ersten Worte über die Lippen kamen. Sonja ihrerseits traf keine Anstalten, ein Gespräch zu beginnen.

»Was habt ihr denn hier für Kurse?« fragte ich etwas unbeholfen, in der Hoffnung, das Schweigen zwischen uns zu brechen und einen Anfang zu finden.

»Eine ganze Menge. Vom Kommunikationskurs bis zum Managementtraining!« Sonja gab mir, so mein Eindruck, eher unwillig Auskunft.

»Und was kostet das? So ein Managementkurs beispielsweise?« wollte ich nun wissen. Ich dachte an meine 750 Mark für das Dianetik-Auditing und stellte Mutmaßungen über die Höhe der Kursgebühren für solchermaßen »fortgeschrittene« Maßnahmen an.

»Um die drei- bis sechstausend, je nachdem.«

Ungläubig schüttelte ich den Kopf. »Viel zuviel«, reagierte ich im ersten Augenblick und verzog das Gesicht. Ich brachte unmißverständlich zum Ausdruck, daß so etwas für mich nicht in Frage käme, was nicht gerade zu Sonjas ohnehin nicht sonderlich guten Laune beitrug.

Tina, die mir noch unsympathischer war, verfolgte unser Gespräch. Hin und wieder schaltete sie sich mit einer Bemerkung ein: Daß Geld doch wohl nicht alles sei, daß man ja auch sehr viel Gegenleistung dafür bekäme und daß man ja im Normalfall immer gern und ohne viel Klagen bereit sei, sich ein teures Auto in die Garage zu stellen, anstatt vernünftigerweise an seiner geistigen Weiterbildung und seelischen Gesundheit zu arbeiten.

Jetzt interessierte mich doch sehr, wer von den beiden dieses sagenumwobene, mit geistigen Fähigkeiten besonderer Natur ausgestattete Wesen – seines Zeichens OT VII – sein sollte. Ich wollte diesen Zustand weder der einen noch der anderen zubilligen, hatte ich mir in meinen Gedanken doch bereits ein ziemlich klares Bild einer höherentwickelten Seele ausgemalt: liebenswert und freundlich, verständnisvoll und in der richtigen Weise tolerant, mit einem guten Schuß vergnüglichem, nicht verletzenden Humor behaftet, zugänglich und offen für alles und jeden, usw., usw., kurz: mit einer umwerfend positiven Ausstrahlung versehen und den Eindruck erweckend, anderen Menschen in ihrem Leben mit Rat und Tat zur Seite zu stehen.

Ich war maßlos enttäuscht. Und skeptisch. Und als ich schließlich erfuhr, daß es sich bei diesem OT VII um Tina handelte, war meine heimliche Schwärmerei für diesen ach so fortgeschrittenen Zustand vollends im Schwinden begriffen. Sicherlich waren mir meine Gedanken und Empfindungen ins Gesicht geschrieben, da sich von nun an nicht mehr viel rührte. Eine unsichtbare Wand schien sich zwischen den beiden Frauen und mir errichtet zu haben.

Schließlich telefonierte Sonja mit Herrn Rahner, der auch sofort im Türrahmen erschien und mich wieder mitnehmen wollte. Er forderte mich höflich auf, schon mal voranzugehen und mich derweil zu setzen. Er würde gleich nachkommen.

Nach etwa fünf Minuten war er wieder zur Stelle. Nach einigen einleitenden Floskeln bot er mir an, doch den Kommunikationskurs zu machen, der sehr günstig wäre. Ich würde grundlegende Regeln der Kommunikation erlernen, was sich im Leben noch immer als hilfreich und für Erfolg in so vieler verschiedener Hinsicht als förderlich erwiesen habe.

Nun ja, ein Kommunikationskurs. Mein Interesse und meine Begeisterung hielten sich in Grenzen. Dies bemerkte auch Herr Rahner und blätterte in irgendwelchen Notizen. Gerade in meinem Fall sollte ich diesen wichtigen Schritt keinesfalls auslassen, meinte er, das würde mir sicherlich auch für das folgende Auditing, in dem man sich um meine Empfindungslosigkeit kümmern werde, zugute kommen.

Mir wurde zunächst eine Lastschrift für die Kursmaterialien über 98 Mark vorgelegt. In meinen Augen hielt sich diese Ausgabe in einem vertretbaren Rahmen. Bevor ich den Kurs begann, wollte ich jedoch erst einmal »antesten«, ob ich mich überhaupt dafür erwärmen konnte. Denn mit Kommunikation hatte ich, so bildete ich mir zumindest damals ein, noch nie Schwierigkeiten gehabt.

Eine weitere Rechnung über 30 Mark via Bankeinzug wurde ausgefüllt. Es handelte sich um den jährlich anfallenden Mitgliedschaftsbeitrag, ohne dessen Entrichtung ich keinen »Service«, keine Dienstleistung innerhalb einer Scientology-Kirche, beziehen könnte. Womit wir auch schon beim Thema waren: Warum denn überhaupt Kirche? Ich hatte mich bereits gewundert, weshalb ich es hier nicht einfach mit dem Dianetik-Zentrum München-Nymphenburg, sondern mit der »Mission Nymphenburg« zu tun hatte.

»Das ist ganz einfach«, entgegnete Herr Rahner, dieses Mal ausgesprochen ruhig und gesammelt. »Dianetik und Scientology sind gewissermaßen geistige Bewegungen. Man möchte Menschen helfen, sich zu verbessern, sich aus einer Unterdrückung gleich welcher Art zu befreien. Und das wird nicht immer gern gesehen. Denn die Mächtigen an der Spitze von Politik und Wirtschaft sind nicht sonderlich interessiert an Leuten, die widersprechen, die ihre Machenschaften nicht dulden und möglicherweise sogar einen Umsturz der bestehenden, für sie doch so günstigen Verhältnisse initiieren. Bestrebungen, Menschen freier zu machen, wurden schon immer bekämpft. Das war früher so und hat sich bis zum heutigen Tage nicht geändert.«

»Ja, natürlich«, sagte ich nachdenklich, »aber wieso Kirche?«

»Wir selbst sehen uns als kirchliche Gemeinschaft. Außerdem hat eine Philosophie, die sich mit dem Geistigen hinter den Dingen beschäftigt, auch etwas Religiöses an sich, oder etwa nicht?«

Ich mußte ihm recht geben. Was ich bisher über Dianetik und Scientology in Erfahrung gebracht hatte, konnte man tatsächlich auch in Richtung Religion oder religiöse Weltanschauung definieren. Ich konnte mit dieser Vorstellung durchaus konform gehen. Bislang hatte ich mir zu diesem Thema auch noch nicht allzu viele Gedanken gemacht. Wer sich als Religion versteht, soll sich ruhig auch als eine solche bezeichnen dürfen. Wo soll da das Problem sein?

Meine Fragen zum Thema Kirche waren soweit zu meiner Zufriedenheit geklärt, als Herr Rahner noch eins obendrauf setzte: »Davon einmal ganz abgesehen: Wir sind ein eingetragener, gemeinnütziger Verein. Als solcher können wir die eingenommenen Gelder als Spenden deklarieren und müssen diese nicht versteuern. Was natürlich unserer Verbreitung zugute kommt, da wir wesentlich mehr finanzielle Mittel zur Verfügung haben. Schließlich soll der Planet so schnell wie möglich in einen besseren geistigen Zustand versetzt werden. Und dafür braucht es nun mal eine Menge Kapital. Allein schon die Werbung verschlingt Unsummen, von der Gründung weiterer Organisationen und deren Einrichtung, der Ausbildung neuer Mitarbeiter und den beträchtlichen Nebenkosten ganz zu schweigen.«

Auch das konnte ich nachvollziehen. Wer heutzutage irgendwo Fuß fassen will, in welchem Bereich auch immer, ist im Normalfall auf Geld angewiesen. Ohne geht es in den meisten Fällen nicht, oder, wenn überhaupt, dann nur sehr zögerlich.

»Na, und die beiden großen Kirchen ziehen ihren Beitrag gleich von vornherein vom Gehaltszettel ab«, ereiferte sich Herr Rahner. »Ob die Leute nun ihre Dienste in Anspruch nehmen oder nicht – gezahlt werden muß in jedem Fall. Nicht ganz richtig, wie ich meine. Aber«, setzte er mit bitterer Miene hinzu, »die Sache mit der Kirche hat auch einen Haken. Und ich möchte dich jetzt gleich mal vorwarnen.«

»Vorwarnen?« Ich verstand nicht ganz, was er damit zum Ausdruck bringen wollte.

»Nun«, sagte er, »wir haben sehr viele Gegner. Leute, die aus selbstsüchtigen Motiven heraus nicht wollen, daß wir Menschen freier machen. Das wird, wie bereits erwähnt, nicht gern gesehen. Und weil nicht wenige um die herausragende Wirksamkeit der Methoden in Dianetik und Scientology wissen – übrigens gerade auch die Psychologen und Psychiater –, versucht man, uns als Sekte zu diffamieren. Seit unserem Bestehen sind wir massiven Angriffen ausgesetzt. Aber bis jetzt hat es noch keiner geschafft, unsere Ziele zu zerstören. Die Wahrheit kommt letztendlich immer ans Licht!«

Ich war schockiert! Wie konnte man sich nur erdreisten, eine seriöse Wissenschaft in einem Atemzug mit irgendwelchen Sekten, Gurubewegungen oder Vereinigungen jenseits jeder Vernunft anzuführen! Ich dachte an Gruppierungen mit vereinnahmender Tendenz, fanatische Bibelgemeinden, an Menschen, die sich tanzend und mit verzücktem Gesichtsausdruck zu immer gleichlautenden Melodien im Kreise drehten, an willenlose Geschöpfe, die jeglichen Bezug zur Realität seit langem verloren hatten. Hier jedoch, in Dianetik und Scientology, ging es doch ganz klar um die geistige *Befreiung* von Wesen, um ein beharrliches Stärkerwerden, mehr Selbstbestimmung, ein allmähliches Sich-Lösen von Zwängen, das Abschiednehmen von einer beeinflussenden Vergangenheit, um die Entfaltung sämtlicher Talente und Fähigkeiten! Was sollte daran sektiererisch sein? Außerdem basierte alles auf Forschungen und wissenschaftlichen Erkenntnissen!

»Du wirst Schwierigkeiten mit deiner Familie und deinen Freunden bekommen«, sagte mir Herr Rahner nun frei auf den Kopf zu. »Man wird mit aller Kraft versuchen, dich wieder aus ›den Fängen dieser Sekte‹ herauszuholen.« Er lächelte mir offen ins Gesicht. »Und was glaubst du wohl, bei wie vielen Behörden und sogenannten Sektenberatungsstellen Material über uns existiert! Was man alles über uns schreibt und schon geschrieben hat, welche haarsträubenden Dinge über uns berichtet und wie uns die Worte im Munde umgedreht werden! Du machst dir keinen Begriff, welche Lügen über uns und unsere Arbeit im Umlauf sind!«

»Aber man kann doch nicht einfach etwas behaupten, das nicht der Wahrheit entspricht!« Ich war entrüstet.

»Hast du eine Ahnung, wie prima das in den Medien funktioniert! Oft geht es doch nur noch darum, eine Sensation, etwas zum Aufgeilen und Sich-Auslassen den Geiern hinter der Boulevardzeitung oder vor dem Fernsehschirm zum Fraße vorzuwerfen. Viele Journalisten schlucken unbesehen, was ihnen, oftmals von höherer Stelle aus, vorgesetzt wird, und verteilen es dann großzügig an die gierige, speicheltriefende Öffentlichkeit!« Herr Rahner redete sich langsam in Rage.

»Und wie wehrt ihr euch dagegen? Man kann das doch nicht auf sich sitzenlassen!«

»Lassen wir auch nicht!« erwiderte Herr Rahner. »Schließlich hat man nichts gegen uns in der Hand. Sämtliche über uns aufgetischten Märchen entpuppen sich in gerichtlichen Prozessen immer wieder als üble Nachrede und Verleumdungen.«

»Was wird denn beispielsweise über Dianetik und Scientology behauptet?« Ich konnte mir beim besten Willen nicht denken, welche Geschichten sich hierüber erfinden ließen. »Daß wir z. B. Gehirnwäsche betreiben. Man unterstellt uns allen Ernstes, wir würden Menschen seelisch und geistig manipulieren und indoktrinieren!«

So ein hanebüchener Unsinn! Ich hatte doch selbst Dianetik-Auditing erhalten – ohne großartige Erfolge zwar, aber von Manipulation konnte nun wirklich keine Rede sein. Ich war mir doch jede Sekunde darüber im klaren, daß ich jederzeit hätte aussteigen können, wenn ich nur gewollt hätte. Und daß man mir offen sagt, wo meine Probleme zu finden sind, kann schwerlich als Indoktrination gewertet werden!

Trotzdem war mir etwas beklommen zumute. Es gingen mir unsagbar viele Gedanken gleichzeitig durch den Kopf. Nun ja, überlegte ich mir, sich in einer als Sekte bezeichneten Vereinigung zu befinden war sicherlich nicht angenehm, besonders auch im Hinblick auf Verwandtschaft und Freundeskreis. Aber sich nur deshalb zurückzuziehen und auf all die Möglichkeiten seiner seelischen Weiterentwicklung zu verzichten, konnte am Ende auch nicht der Weisheit letzter Schluß sein. Erst mal abwarten, dachte ich mir und beruhigte mich selbst, indem ich mir vor Augen führte, daß ich sicherlich nicht die einzige wäre, die beim Gehen ihres eigenen Weges auf Hindernisse durch Familie und Umwelt stieße.

Da bis zur Heimfahrt noch ein wenig Zeit war und sich mein Chauffeur, Herr Müller, noch im Gespräch befand, wurde ich kurzerhand auf ein halbes »Schnupperstündchen« in den Kursraum gesetzt. Ein heller, hübsch eingerichteter, mit einigen Grünpflanzen und großen Fenstern ausgestalteter Raum, unter dem die Straßenbahn vorbeidonnerte, beherbergte einige Damen und Herren unterschiedlichen Alters, die entweder in ihre Kursmaterialien oder in eine bestimmte Übung vertieft schienen. Herr Rahner übermittelte der Kursüberwacherin einige Informationen über mich und den Zweck meines Besuchs und schloß die Tür hinter sich. Elena, eine bildhübsche, kleinere Erscheinung, kümmerte sich sofort um mich. Dank ihrer aufrichtigen, herzlichen Freundlichkeit und ihrer lebendigen Art verlor das Bild eines »mißratenen OTs« sehr schnell an Farbe.

Nachdem mich Elena begrüßt und leise einige unverbindliche Worte mit mir gewechselt hatte, wies sie mir den Platz neben einer jungen Frau zu. Sie händigte mir die Kursmaterialien für den Kommunikationskurs aus und hielt sich für eventuelle Fragen meinerseits bereit. Im Vorfeld hatte sie mir kurz erklärt, daß sie keine Lehrerfunktion im üblichen Sinne ausübe, also den Stoff nicht an einer Tafel vorarbeite, sondern lediglich dafür Sorge zu tragen habe, daß jeder in der ihm eigenen Geschwindigkeit und in dem von ihm gewählten Kurs gut vorankäme. Ihr obliege die Aufgabe, eventuelle Probleme, auch als Studierhindernisse bezeichnet, ausfindig zu machen und zu beheben sowie von Zeit zu Zeit zu kontrollieren, ob der Stoff auch korrekt verarbeitet worden sei.

Gespannt steckte ich meine Nase in das Material. Als erstes las ich, daß ich achtgeben sollte, die mir vorliegenden Texte grundsätzlich vollkommen zu verstehen. Um dies zu gewährleisten, müsse ich zusehen, über kein unverstandenes Wort hinwegzulesen, sondern mich in einem solchen Fall zu bemühen, die korrekte Definition zu erhalten. »Der einzige Grund, warum jemand ein Studium aufgibt, verwirrt oder lernunfähig wird, liegt darin, daß er ein Wort überging, das nicht verstanden worden ist.« In diesen Anweisungen Hubbards sah ich nur einen weiteren Beweis für seine Bemühungen, Menschen seine Theorie auf nachvollziehbare Art und Weise näherzubringen. Nur wer wirklich verstehen konnte, was er da las und aufnehmen sollte, würde auch in der Lage sein, eine Bewertung hierüber auszusprechen. Für mich bedeutete diese Bitte an den Leser einen weiteren Schritt in Richtung größerer Freiheit bzw. Meinungsfreiheit, die ein Wesen, das sich Stück für Stück zu mehr Selbstbestimmung emporarbeiten sollte, als selbstverständliche Beigabe mit auf den Weg bekam.

Nach einigen Ausführungen über Kommunikation im allgemeinen und im besonderen sollte man nun üben, mit einem Partner in einer Art stillen, wortlosen Form in Beziehung zu treten bzw. in Beziehung zu stehen. Man sollte sich, auf seinem Stuhl sitzend, in einigem Abstand zu seinem Gegenüber plazieren und die Augen schließen. Danach galt es, sich bequem und ohne Anspannung in die Augen zu sehen. Diese Übung diene dazu zu lernen, einen anderen Menschen als Menschen bzw. als ein anderes geistiges Wesen zu *konfrontieren,* es einfach nur wahrzunehmen, ohne dabei in Schwierigkeiten zu geraten. Manche Menschen, das wußte ich aus Erfahrung, hatten bisweilen ihre Probleme, mir in die Augen zu sehen. Da ich schon immer Blickkontakt zu meinen Gesprächspartnern suchte, jedoch nicht immer fand, konnte ich den Sinn dieser Übung durchaus anerkennen. Man sollte, so dachte ich, Hemmungen überwinden lernen und anderen Personen offen begegnen.

Elena fungierte fürs erste als meine Trainingspartnerin. Ich hatte nicht die geringste Mühe, den intensiven Blickkontakt zu halten. Elena sah mich weder provozierend noch in irgendeiner anderen Form, die man als unangenehm empfinden könnte, an, sondern saß ganz locker da. Nach etwa zehn Minuten wurde die Übung beendet, ohne daß ich einen »Flunk« (engl. durchfallen lassen), eine Fehlerrüge z. B. für Zwinkern, Zucken, Unruhe, Abbrechen der Übung etc. erhalten hätte. Wäre dies der Fall gewesen, wäre diese von neuem gestartet worden. (Ich werde an anderer Stelle nochmals auf diese Übung zurückkommen.)

Schließlich war meine Zeit um. Ich wurde aus dem Kursraum geholt, da Herr Müller wieder fahren wollte. Obwohl ich vorerst nicht übermäßig begeistert war, ließ ich mich auf einen weiteren Termin zur Fortsetzung des Kommunikationskurses ein.

Der Geist ist wichtiger als alles Geld der Welt

Nach einigen Wochen Pause und einem tollen Urlaub auf Korsika stand ich wieder vor der Tür der Mission Nymphenburg. Ich fand mich, wie vorgesehen, im Kursraum ein, äußerte dann jedoch bald die Vermutung, daß dieser Kommunikationskurs wohl doch nicht ganz das richtige für mich sei. Elena hörte sich meine Argumente geduldig an und überredete mich, es doch noch ein Weilchen damit zu versuchen. Sie kontrollierte, ob ich über unverstandene Wörter oder Zusammenhänge hinweggelesen hatte, konnte jedoch bei ihrem »Check-out«, einem zum Teil stichprobenartigen Nachprüfen der gelernten Materie, keinen Hänger meinerseits feststellen. Verständnislücken im Text können, so die Theorie, die Lust am und auf den Stoff vermiesen. Eigentlich auch ganz verständlich: drängt sich dem Lesenden oder Lernenden das Gefühl auf, daß er nicht alles versteht – ohne sich vielleicht dessen vollkommen bewußt zu sein –, büßt er einen Teil seiner Motivation ein. Und wenn die Motivation nachläßt, kann es durchaus vorkommen, daß er das Studium des Stoffes schließlich frustriert aufgibt. Um dies zu verhindern, werden in Scientology immer wieder und insbesondere am Ende eines Kurses Check-outs gemacht.
Elena bat mich nun noch um eine »Demo« verschiedener Sachverhalte, anhand derer sie ebenfalls feststellen wollte, ob ich in der Lage war, das Gelernte darzustellen. An

meinem Platz entstanden wie seinerzeit im Dianetik-Zentrum Augsburg Szenen aus Stifthülsen, Kugelschreiberminen und anderen, nicht mehr für den Gebrauch bestimmten Dingen.

Ich fand es gut, daß man sich so eingehend mit mir befaßte, ein derartiges, auf mein gutes Vorankommen ausgerichtetes ehrliches Bemühen hatte ich noch nie erlebt.

Elena war mit mir zufrieden. Offensichtlich hatte ich keine Probleme mit dem Kursmaterial. Ihrer freundlichen Bitte Folge leistend, versuchte ich, mich noch ein wenig mit den mir dargebotenen Informationen auseinanderzusetzen, meldete aber bald wieder Bedenken an, mit dem Kurs fortzufahren. Ich gab ihr zu verstehen, daß ich mir, offen gestanden, etwas anderes erhofft und erwartet hatte. Irgendwie war mir dieser Kurs zu gehaltlos, zu einfarbig, als daß ich mich weiterhin dafür hätte interessieren können und wollen, selbst wenn einige nicht ganz alltägliche Betrachtungen zum Thema Kommunikation auf dem geistigen Plan standen.

Auf Elenas Anraten hin wurde ich bei Herrn Rahner vorstellig. Aufgrund meiner offenbaren Unzufriedenheit bot er mir den Kurs »Wie man mit anderen besser zurechtkommt« an. Dieser Kurs sei »haargenau« das richtige für mich, ja geradezu wie für mich maßgeschneidert. Er sei sich sicher, daß ich davon profitieren würde. Ich genehmigte eine Lastschrift über 35 Mark Kursmaterialien und 200 Mark Kursgebühr.

Endlich hatte ich etwas gefunden, was mich wirklich begeisterte. Ich wurde über die Mechanismen aufgeklärt, die über Sympathie oder Antipathie gegenüber Menschen, Dingen oder sogar dem Lernstoff entscheiden (ARK-Dreieck – Affinität, Realität, Kommunikation), bekam

Verhaltensregeln an die Hand, wie man unerfreuliche Themen in Gesprächen entweder in die richtigen Bahnen lenkt oder ohne große Mühe abblockt (Methode »Gutes Essen, schönes Wetter«), lernte in einer praktischen Übung auf der Straße und in Geschäften, die verschiedenen Stimmungen von Passanten einzuschätzen und sich vielleicht zufällig ergebende Gespräche unter Anwendung der Kurskenntnisse günstig zu beeinflussen (Anhebung der Tonstufen).

Vor Absolvieren der zuletzt genannten Übung erfuhr ich, daß sich menschliche Emotionen anhand einer fein differenzierten Skala darstellen ließen. In Kenntnis dieser einzelnen Emotionsstufen könne man zum einen haargenau ermitteln, in welchem gefühlsmäßigen Zustand sich ein Mensch gerade befinde, zum anderen sei es möglich, ihn diese sogenannten Emotions- bzw. Tonstufen durch ein entsprechendes eigenes Verhalten – die Annahme einer ganz bestimmten Stimmung – hinauf- oder hinunterklettern zu lassen. Ich näherte mich mit Absicht mürrisch aussehenden Menschen und sprach sie in einer Stimmung an, die der ihren beinahe glich. Meine eigene Tonstufe sollte nur minimal höher, d. h. freundlicher, angesiedelt sein. Glich sich mein unwissender Übungspartner daraufhin meiner angenommenen Stimmung an, konnte ich wiederum meine persönliche Tonstufe etwas anheben. Es gelang mir auf diese Weise, Menschen innerhalb kürzester Zeit aus ihrer düsteren Verfassung herauszuholen und sie in ein angeregtes Gespräch zu verwickeln. Ihr mürrischer Gesichtsausdruck war wie weggeblasen.

Und mir blieb der Eindruck, daß Hubbards Anweisungen funktionierten.

Die Methode »Gutes Essen, schönes Wetter« wurde von

mir zu Hause am lebenden Objekt erprobt. Mein Onkel und ehemaliger Vormund, ein Mensch, der immer ein großes Bündel Sorgen mit sich herumträgt, wurde von mir beständig abgelenkt, indem ich ihm beim Äußern eines negativen Gedankens alsbald einen anderen Gedanken unterschob, den er unweigerlich aufgreifen mußte. Ließ er sich beispielsweise über das naßkalte Wetter aus, äußerte ich mich über die Notwendigkeit des Regens für die Frühjahrsvegetation und zeigte vielsagend aus dem Fenster. Mein Onkel vergaß den Regen und begeisterte sich an der Vielzahl blühender Büsche und Sträucher. Man ersetzte ganz einfach negative gegen positive oder zumindest neutrale Gedanken.

Am meisten jedoch hatte es mir das ARK-Dreieck angetan. Ich überzeugte mich auf der Straße mit mir unbekannten Leuten als Übungspartner von der These, daß die Punkte Affinität, Realität und Kommunikation miteinander in einer Wechselbeziehung stehen – in Scientology als Dreieck dargestellt. Bemühte man sich nun, einen dieser Punkte – unerheblich welchen – intensiver hervorzuheben, würden automatisch die anderen beiden ebenfalls an Bedeutung gewinnen. In Gesprächen mit verschiedenen Passanten sollte ich versuchen, z. B. zuerst dem Punkt Realität besondere Beachtung zu schenken. Ich begann mit einer Frau an der Bushaltestelle ein Gespräch über ihren hübschen Hund. Nachdem ich das Thema Hund gewählt hatte, hatten wir beide eine »gemeinsame Realität«. Je mehr ich mich mit ihrem Vierbeiner befaßte, desto gesprächiger (Kommunikation) wurde sie. Und es war deutlich zu spüren, wie sie mir von Minute zu Minute mehr Sympathie (Affinität) entgegenbrachte.

Für eine weitere Übung wählte ich einen alten Herrn auf

einer Parkbank aus. Ich setzte mich neben ihn und lächelte ihn herzlich an (Affinität). Ganz von selbst begann er seinerseits ein Gespräch mit mir, weil er »das Gefühl hatte, mit mir reden zu können«. Und wieder war sehr deutlich zu bemerken, daß wir im Laufe des Gesprächs immer mehr Themen ausfindig machten, die uns beide interessierten. Wir hatten eine gemeinsame Realität gefunden.

Selbst für einen unbekannten Lernstoff war dieses ARK-Dreieck anzuwenden. Am Beispiel einer mit elektronischen Begriffen gespickten Textpassage konnte man hervorragend nachvollziehen, wie man z. B. nach Abklären der unbekannten Wörter (was die Kommunikation mit dem Text verbesserte) plötzlich etwas mit der dargestellten Materie anfangen konnte (sie wurde »realer«). Als Konsequenz stellte sich automatisch eine größere Affinität zu dieser Passage ein (Dinge, die man versteht, mag man selbstverständlich lieber als solche, die man nicht versteht). Aus diesem Grund ist das ARK-Dreieck in Scientology mit Verstehen gleichzusetzen. Ein Einbruch eines oder mehrerer der drei Punkte bewirkt demzufolge das Gegenteil: weniger Verstehen.

Derartig interessante und doch im Grunde so einfache Dinge, die auch noch im täglichen Leben uneingeschränkte Brauchbarkeit finden konnten, hatte mir bislang noch niemand gezeigt. Weder hatte ich in der Schule davon gehört noch in Büchern darüber gelesen. Ich war beeindruckt.

Mein Entzücken blieb den Mitarbeitern der Mission Nymphenburg nicht verborgen. Man animierte mich immer wieder und bei jeder passenden und unpassenden Gelegenheit, zum Stift zu greifen und festzuhalten, was nur irgendwie festzuhalten war. Meine Erfolgsberichte, die ich diesmal ohne Widerwillen und aus ehrlicher Überzeugung verfaßte, gesellten sich zu jenen der anderen Kursteilnehmer und PCs an einer langen, weißen Wand des Flurs. In einer Kurspause war ich einmal die ganze Reihe abgeschritten und war zutiefst bewegt von dieser Flut der Erfolge, positiver Erlebnisse und lebensverändernder Erkenntnisse, die gewissermaßen in Papierform zu mir sprachen und mich aufforderten, nicht zurückzubleiben. Einfach toll, was diese Leute alles erlebt hatten, welch großartige »Gewinne«, wie es in Dianetik und Scientology heißt, diese Menschen auf ihrem geistigen Konto für sich hatten verbuchen können!

Ich wollte auch Clear werden! Und all diese Kurse absolvieren, von denen die Schreiber der Erfolgsberichte so intensiv schwärmten!

Meine offenkundige Begeisterung brachte mir am 31. Mai 1989 ein Gespräch mit Herrn Rahner ein. Er freue sich wirklich sehr über meine »Gewinne«, ließ er mich wissen. Wir unterhielten uns über die zahlreichen Möglichkeiten, besser mit Menschen umzugehen, die ich nun ja wenigstens teilweise kennengelernt hätte, wobei, wie er mir vielsagend andeutete, das Ende der Fahnenstange noch lange nicht erreicht sei. Noch lange nicht! Ich stände schließlich erst am Anfang vom Anfang des Anfangs! Und jetzt sei eine gute Gelegenheit, so gab er mir zu verstehen, diese positive Phase in meinem Leben auszunutzen.

»Wir sollten mal eine Fallanalyse machen.«

»Was ist eine Fallanalyse?« fragte ich. Ich konnte mir zwar in etwa denken, worum es sich dabei handelte, wollte aber sichergehen, daß meine Vermutungen zutrafen.

»Ein Auditor geht mit dir zusammen einige Fragen, die dein augenblickliches Leben betreffen, am E-Meter durch.

Dadurch kann man ganz genau und zutreffend ausloten, wo Problembereiche liegen. Ist übrigens kostenlos.«

Interessant, dachte ich. Das E-Meter (Hubbard-Elektro-Meter), ein Gerät zur Messung des sich verändernden Hautwiderstandes, hatte ich bereits kennengelernt. Es stand in einem eigens dafür hergestellten stabilen Koffer auf einem kleinen Tischchen im Flur und hatte meine Neugierde geweckt. Der Herr mit dem Schnauzbart hatte sich gern bereit erklärt, meine Fragen diesbezüglich zu beantworten. Ich erfuhr, daß es sich um eine wissenschaftliche Apparatur handele, die allerfeinste seelische bzw. geistige Vorgänge registrieren könne. Und nun sollte ich selbst an so einem Ding sitzen und nicht nur durch meine mündlichen Aussagen, sondern bereits allein durch die Reaktion einer frei beweglichen Nadel auf einer Skala Aufschluß über meine Gefühle und Gedanken geben! Mich faszinierte diese Vorstellung.

Klar mache ich diese Fallanalyse, dachte ich bei mir, keine Frage! Außerdem war sie gratis, für mich als echten Schwaben also keinesfalls auszulassen!

Herr Rahner geleitete mich in den Keller des Hauses. Eine kleine Treppe führte nach Passieren einer schweren Tür hinab in einen langen, weißgekalkten Flur, der sich in einigen zumeist verschlossenen Räumlichkeiten verlor. Aufgeregt sah ich mich um und stellte fest, daß ich bereits erwartet wurde. Ein freundlicher Herr Ende Dreißig, zwar ein wenig zurückhaltend und wortkarg, aber auf Anhieb sympathisch, nahm mich in Empfang und führte mich in ein größeres, mit einem Teppich ausgelegtes Zimmer. Das spärliche Licht des kleinen Kellerfensters wurde mit einer Lampe am Tisch, auf dem das E-Meter stand, ein wenig intensiviert. Quer durch den Tisch verlief eine etwa dreißig Zentimeter hohe Trennwand, die mir keine Sicht auf das auf der anderen Seite plazierte Gerät, geschweige denn auf die Skala mit der Nadel gewährte.

Der kühle Raum war so gut wie nicht eingerichtet. Außer diesem Tisch und zwei Stühlen zog nichts meine Aufmerksamkeit auf sich.

Der freundliche Herr bedeutete mir, mich zu setzen, ließ sich selbst auf der Seite mit dem E-Meter nieder und bat mich, meine Ringe abzulegen. Er fragte mich höflich, ob er kurz meine Hände kontrollieren dürfe. Er befühlte meine Handflächen und befand sie für in Ordnung. Für den Fall der Fälle hätten Wischtücher bei zu feuchten oder eine Creme bei zu trockenen Händen am Rande des Tischs zur Verfügung gestanden.

Dann sollte ich die vor mir liegenden Dosen in die Hände nehmen, dabei jedoch darauf achten, daß sie sich nicht berührten, da ansonsten unerwünschte Reaktionen entstehen könnten. Diese Dosen schienen ganz gewöhnliche, nach oben und unten hin offene Blechzylinder mit einer Befestigungsvorrichtung für die Elektroden zu sein. Die Elektroden wiederum führten mittels Kabel zum E-Meter. Das E-Meter, so erklärte mir der Auditor, laufe im Augenblick auf Akku, daher auch kein Anschluß an die Steckdose.

Die Dosen waren meiner Handgröße entsprechend ausgewählt worden, und der Auditor versuchte nun, diese geheimnisvolle Apparatur auf meine »Wellenlänge«, d. h. auf meinen ganz persönlichen Körperwiderstand, einzustellen, indem er mich aufforderte, die Blechzylinder lediglich mit einem gemäßigten Kraftaufwand zu drücken und langsam wieder loszulassen. Wir mußten einige Male üben, bis die korrekte Einstellung erreicht war. Dann war der Metabolismus-Test an der Reihe. Ich sollte tief einatmen, die Luft kurz anhalten und langsam wieder ausströmen lassen. Anhand der Bewegung der Nadel auf der Skala könne man ersehen, ob die Vitalfunktionen der betreffenden Person in Ordnung seien und sich der Körper in der entsprechenden Verfassung für eine Sitzung befinde.

Zu guter Letzt wurde ich noch ermahnt, die Büchsen während der ganzen Zeit möglichst ruhig und ohne Verkrampfung, auf meinem Schoß oder dem Tisch aufgestützt, zu halten, um unzutreffende Nadelreaktionen zu vermeiden.

In meinem Kopf tobten die Gedanken wild durcheinander. Ich hatte ein seltsames Kribbeln in der Magengegend, eine bis dahin nie gekannte Erregung wanderte angenehm vibrierend in all meine Körperteile, und das berauschende Gefühl, etwas vollkommen Neues zu erleben, machte sich mehr und mehr breit. Ich empfand eine eigenartige Lust bei der Vorstellung, nun auf wissenschaftliche Art und Weise vermessen und aufgrund der ermittelten Daten »berechnet« zu werden. Die gesamte bis zu diesem Punkt durchlaufene Zeremonie verstärkte meinen Eindruck einer wissenschaftlich fundierten Vorgehensweise. Ich konnte also absolut sichergehen, in guten Händen zu sein. Der Auditor stellte mir einige Fragen zu persönlichen Bereichen meines Lebens und machte sich zu jeder meiner Antworten Notizen. Darüber hinaus interviewte er mich zu eventuellem Drogenkonsum sowie zur Einnahme von Medikamenten und Psychopharmaka, forschte nach, ob ich bereits Selbstmordgedanken gehegt und mich in psychologischer oder psychiatrischer Behandlung befunden hatte. Bis auf die Angabe der fünfstündigen psychologischen Betreuung nach dem Unfall meiner Mutter konnte ich sämtliche Fragen verneinen. Meine Aufregung legte sich schon nach kurzer Zeit, und ich begann allmählich, mich richtig wohl zu fühlen. Es war wieder dieses schöne Gefühl, daß man sich so intensiv um mich kümmerte und um mein Seelenheil besorgt war.

Nach schätzungsweise zwanzig Minuten kamen wir zum Ende. Ich wurde sofort nach oben geschickt und sollte vorläufig mit meinem Kurs weitermachen. Nach einer Weile zitierte mich Herr Rahner wieder zu sich ins Zimmer. Ich wußte bereits, daß ich nun die Auswertung dieser Fallanalyse erhalten sollte, und nahm in gespannter Erwartung vor seinem Schreibtisch Platz. Herr Rahner war noch mit Blättern beschäftigt.

»Das hat alles der Fallüberwacher geschrieben«, wurde ich informiert. Ein Fallüberwacher hat u. a. die Funktion, die vom Auditor aufgenommenen Daten auszuwerten und die weitere Vorgehensweise in puncto Auditing festzulegen.

Herr Rahner blickte mich fest an. »Nun, da gibt es schon was zu tun«, meinte er ernst. Dann ließ er mich zappeln.

»Und das wäre?« wollte ich endlich wissen.

»Na ja, der Fallüberwacher würde dir drei Intensive ›Life-Repair‹ (= 37,5 Std.), zwei Intensive normales Scientology-Auditing (= 25 Std.) und den ›Reinigungs-Rundown‹, unser Saunaprogramm zur Entgiftung des Körpers, empfehlen. Damit müßtest du vorerst ganz gut hinkommen.« Ich schnaufte. Nicht gerade wenig, wie ich fand. Ich ließ mir von Herrn Rahner erklären, was unter einem »Life-Repair« zu verstehen sei.

»Im Life-Repair geht's in der Hauptsache um deine augenblicklichen Schwierigkeiten, um alles mögliche also, das dir zur Zeit im Magen liegt und dir das Leben versauert. Vielleicht um Probleme mit dem Studium, mit Verwandten, was weiß ich. Jedenfalls hast du da die Chance, einmal alles gründlich aufzuarbeiten, was sehr wichtig sein kann für die nachfolgenden Schritte auf der ›Brücke‹. Erst muß man den Kopf von momentanen Ärgernissen frei haben, damit man sich anschließend erfolgreich um seine Vergangenheit kümmern kann.«

»Kann ich in diesem Auditing ein Clear werden?« Diese Frage war für mich von größter Wichtigkeit.

»Eigentlich weniger«, meinte Herr Rahner bedauernd, »aber es wird dir helfen, dieses Ziel letztendlich rascher zu erreichen.«

Okay, dachte ich mir, wenn es absolut notwendig sein sollte, beiße ich eben in den sauren Apfel und schiebe es dazwischen. Vielleicht war es ja tatsächlich besser, vorerst mit dem Besen durchs eigene Leben zu gehen und alles aufzukehren, was sich störend auf eine geistige Weiterentwicklung auswirken könnte.

Ich fühlte die Bereitschaft in mir, alles zu tun, um diesen hehren geistigen Zustand baldmöglichst zu erlangen. Und ich wollte mich umfassend über sämtliche mir vorgeschlagenen Maßnahmen informieren. Schließlich sollte ich doch über das, was auf mich zukommen würde, im Bilde sein!

»Und was genau ist dieses Saunaprogramm?«

Herr Rahner zerrte aus einem Stapel von Heften auf seinem Schreibtisch eine Broschüre mit einer herrlichen Wasserfall-Fotografie auf dem Cover und legte sie mir zur Durchsicht vor. Beim Blättern kommentierte er jede Seite, erläuterte mir Begriffe, die mir bis dato unbekannt waren. Ich erfuhr, daß die angestrebte reinigende Wirkung auf einer Kombination verschiedener Faktoren beruhe: auf der Einnahme bestimmter, sich in regelmäßigen Abständen steigernder Konzentrationen von Niacin (= Nikotinsäure, einem Vitamin des B-2-Komplexes), einem Dauerlauf an der frischen Luft, der Verabreichung des sogenannten Allblendöls, das sich aus vier verschiedenen wertvollen Ölsorten zusammensetze, einer Mischung anderer ergänzender Vitamine, einem Kalzium-Magnesium-Getränk, vernünftiger Ernährung sowie ausreichendem Schlaf. Die Einnahme des Allblendöls würde es dem Körper ermöglichen und erleichtern, während des Saunierens seine eigenen schlechten, mit Giftstoffen beladenen Fette (Gifte reichern sich hauptsächlich im Fettgewebe an) im Tausch gegen die »guten« Fette auszuschwemmen, was nach und nach zu einem Gesamtverlust der in den Fettzellen gespeicherten gefährlichen Substanzen führe. Dem Niacin käme nach Auskunft Herrn Rahners die Aufgabe zu, die feinen Blutgefäße der Körperoberfläche zu erweitern. Durch Bewegung in Form eines Dauerlaufes würde es sich rasch im Blutkreislauf verteilen und eine z. T. sehr starke Rötung der Haut hervorrufen. Die blutgefäßerweiternde Wirkung der reinen Nikotinsäure habe zur Folge, daß man sich der bis in den Bereich der oberen Hautschichten gelangten Giftstoffe besser entledigen könne. Und je weniger Giftstoffe mit der Zeit vorhanden seien, desto weniger Rötung würde sich zeigen, bis sie schließlich trotz immenser Niacin-Dosen gänzlich verschwinde. Dann sei der Mensch – unter Beachtung einiger weiterer Kriterien – im Grunde genommen sauber. Eine hervorragende körperliche Voraussetzung für ein seelisches Vorankommen. »Ein gesunder Geist in einem gesunden Körper«, kam mir in den Sinn.

Ein solches Saunaprogramm dauere nun individuell lange, wurde ich aufgeklärt. Man könne keine bestimmte Zeitspanne im voraus festlegen, da es auf Alter, Lebensweise, bisherigen Alkoholgenuß, Medikamenteneinnahme, eventuellen Drogenkonsum, Belastung mit Umweltgiften wie Blei, Cadmium, Quecksilber usw., usw. ankäme. Manche benötigten lediglich wenige Tage, andere säßen mehrere Wochen auf den Lattenrosten und schwitzten ihren jahrelang angesparten Sondermüll aus.

Ich erkundigte mich nach den genauen Ergebnissen dieses Verfahrens. Körperliche Reinigung war gemeinhin ein weites Feld.

Nach den wissenschaftlichen Erkenntnissen L. Ron Hubbards könnten mittels dieses Reinigungsprogramms sogar die Auswirkungen radioaktiver Strahlung unschädlich gemacht werden, erzählte mir Herr Rahner begeistert und war im Begriff, die Liste der Erfolge fortzusetzen, hielt dann jedoch für einen kurzen Moment inne. Er hatte wohl meine Skepsis bemerkt. Bis zu diesem Punkt hatte ich seine bisherigen Ausführungen als durchaus glaubwürdig eingestuft. Die Schäden radioaktiver Strahlung durch Sauna, Vitamine, Öl und Bewegung in den Griff zu bekommen schien mir allerdings ein wenig abwegig. Herr Rahner beeilte sich, mir andere spektakuläre Resultate dieses Schwitzprogramms zu präsentieren: Ich erfuhr von Saunagängern, die die ihnen während einer Operation verabreichten Narkotika mit dem Schweiß ausspülten, wobei ähnliche Dämmerzustände wie nach der Narkose aufgetreten und schließlich verschwunden seien, ich hörte von Leuten, deren Narben plötzlich zu einem dicken, wurstähnlichen Strang anzuschwellen und zu schmerzen begonnen hatten, um ebenfalls nach und nach in ihrer

Erscheinung schwächer zu werden und ihre ursprüngliche Größe wieder anzunehmen, jedoch mit dem Unterschied, den betroffenen Personen von nun an keine Schwierigkeiten mehr zu bereiten – man denke hier nur einmal an die berühmt-berüchtigte Wetterfühligkeit –, ich wurde in Kenntnis gesetzt über das Wiederauftreten und letztliche Verschwinden von Sonnenbränden und Sonnenallergien sowie über den wirklich erstaunlichen Umstand, daß es manchmal in der Sauna regelrecht nach Krankenhaus, also nach ausgedünsteten Medikamenten rieche, was den Beweis für ein tatsächliches Ausscheiden derartiger Substanzen liefere.

Ich zuckte mit den Schultern. Was sollte ich dazu sagen? Schließlich konnte ich mich mangels entsprechenden Wissens nicht zu diesem Thema äußern. Ich ließ es vorläufig dabei bewenden und gab Herrn Rahner zu verstehen, daß ich mich im Grunde viel eher für das Auditing, die in meinen Augen einzig wahre Möglichkeit, in seelischer Hinsicht voranzukommen, interessierte und mehr darüber erfahren wollte. Ich wollte Clear werden! Ein durch das Reinigungsprogramm gesteigertes körperliches Wohlbefinden konnte mich angesichts der geistigen Entwicklungschancen nicht sonderlich reizen.

Herr Rahner erklärte mir sodann, daß es mittlerweile auf der »Brücke zur völligen Freiheit« durch die fortgesetzten Forschungen L. Ron Hubbards und die Existenz des E-Meters einen speziellen Schritt gebe, der dem des ursprünglichen Dianetik-Auditings ähnlich sei, jedoch wesentlich schneller, sauberer und eindeutiger zum Clear führe als noch vor etwa vierzig Jahren. Man bezeichnete es als NED, als New Era Dianetics – Dianetik der neuen Ära. Nach dem Absolvieren gewisser vorgelagerter Stufen sei dies in der Regel die letzte rein therapeutische Maßnahme direkt vor Clear. Und wo man früher unter Umständen Jahre benötigte, dieses erstrebenswerte Ziel zu erreichen, würden heute in manchen Fällen bereits wenige Wochen genügen. Man habe schon Clears innerhalb von nur einem Monat aus der Mission spazieren sehen …

Mein Gefühl von vorhin kroch wieder in Richtung Magen, Schmetterlinge unterschiedlicher Größe flatterten in meinen Eingeweiden. Begierig, weitere interessante Dinge zu erfahren, erkundigte ich mich nach dem Inhalt des restlichen Auditings, das mir vom Fallüberwacher »verschrieben« worden war.

»Das kann man so pauschal nicht sagen«, sagte Herr Rahner, »das hat der Fallüberwacher zu entscheiden. Nach deinem Life-Repair geht's auf jeden Fall erst einmal ab in die Sauna, dann folgen einige gezielte Schritte auf der Brücke, die dich dem Zustand Clear Stück für Stück näherbringen. Wie lange das dauert, kommt auf deinen ganz persönlichen Fall an.«

Der geistigen Schwerkraft dieser Welt scheinbar entrückt, schwebte ich von dannen. Eine rosarote Wolke, zusammengesetzt aus Tausenden von Wunsch- und Illusionströpfchen, umnebelte mein Denkvermögen. Wie im Laden an der Kasse fragte ich mechanisch nach dem Preis, da nirgendwo ein kleines, unscheinbares Schildchen zu entdecken war.

»Und was kostet das alles?«

Herr Rahner setzte seinen Stift für eine Summenrechnung an und sah mir dann festen Blickes in die Augen. »19 300.« Die rosaroten Nebeltröpfchen verdichteten sich zu einem dunkelroten Klumpen und verstopften endgültig die normalerweise auch im Notfall freizuhaltende Hauptleitung zu Vernunft und Verstand. Ich schluckte und sah mich suchend nach meiner Fassung um, die mir für einen kleinen Moment abhanden gekommen war. Dann jedoch kramte ich in der Gegend zwischen Brust und Bauchnabel nach einem Fünkchen Stolz, der mich letztlich daran hinderte, aufzustehen und die Tür von außen zu schließen. Denn keinesfalls wollte ich zu den Leuten zählen, denen bei Nennung einiger nicht ganz alltäglicher Zahlen gleich der Unterkiefer auf die Füße fällt.

Ich holte tief Luft und überlegte. Etwas über 70 000 Mark standen mir aus dem Erbe meiner Eltern sowie der Auszahlung von Versicherungsgeldern zum damaligen Zeitpunkt zur Verfügung, teils auf Sparbüchern, teils anderweitig gut angelegt. 70 000 minus knapp 20 000 – nun ja, da blieben mir immerhin noch über 50 000 fürs Sparschwein übrig. Antasten mußte ich es sowieso nur selten. Meine Waisenrente von 600 Mark, eine bescheidene Lebensweise und gelegentliche Einnahmen durch Nachhilfestunden reichten für Miete und Nebenkosten aus.

19 300. 19 300 Deutsche Mark! Doch: was ist schon Geld im Vergleich zu höheren geistigen Fähigkeiten! Herr Rahner hatte bestimmt recht, wenn er sagte, daß man seelisches Fortkommen im Grunde genommen nicht mit allem Geld dieser Welt bezahlen könne. Ich beschloß, daß ich mir diese Ausgabe wert sei.

»Okay«, sagte ich.

Eine meditative Stille legte sich über den Schreibtisch. Herr Rahner sah mich ungläubig an.

»Wie … okay …?« brachte er tonlos hervor.

»Okay, machen wir«, wiederholte ich – nicht ganz ohne Genugtuung, wie ich zugeben muß.

Herr Rahner stand auf und ging zur Tür. Er käme gleich wieder, ließ er mich wissen.

Nach einer endlosen Viertelstunde, während derer ich einerseits rechnenderweise Zahlenkolonnen in meinem Kopf aufstellte, andererseits voraussichtliche geistige Gewinne auf gedachten Erfolgsberichten in enthusiastischen Worten für die Nachwelt festhielt, trat er wieder ins Zimmer.

»Stark«, jubelte er, »echt stark! Das hätten wir nicht von dir erwartet. Du bist einer der ganz wenigen Menschen, die das Geldausgeben konfrontieren können! Sicherlich hast du dir schon überlegt, wer es dir borgen könnte?«

Jetzt war es wohl an der Zeit, die Karten auf den Tisch zu legen. Bislang hatte ich instinktiv immer auf fast mittellose Studentin gemacht, die sich jeden Zehnmarkschein aus den Rippen schneiden mußte, allerdings ein kleines Sparguthaben vorzuweisen hatte, von dem sie derartige außergewöhnliche Belastungen wie Therapiestunden bestreiten konnte. Nun aber, bei einem solchermaßen bereitwilligen Griff in diesen äußerst sensiblen Bereich menschlichen Daseins mußte entweder mehr Kapital als angegeben vorhanden sein, oder die junge Dame verfügte über eine großzügige Verwandtschaft. Oder, auch möglich, sie nannte ein penetrantes, forderndes Wesen ihr Eigen, das ihr grundsätzlich dabei half, ihre Wünsche durchzusetzen und an Geld, egal auf welche Weise, heranzukommen.

Soweit konnte ich also noch mitdenken. Da ich jedoch nichts von einer Vorspiegelung falscher Tatsachen hielt und der unumstößlichen Auffassung war, daß es hier alle in jeder Hinsicht gut mit mir meinten, um mein seelisches Wohl besorgt seien und aufgrund ihres jahrelangen Umgangs mit geistigen Dingen über jeden Verdacht erhaben, sich in unlauterer Absicht meinem Sparstrumpf zu nähern, verriet ich Herrn Rahner, vertrauensselig und naiv wie ein kleines Kind, leidlich wohlhabend zu sein. Wie bereits so oft in meinen Leben ging ich wieder einmal von mir und meinen eigenen Überzeugungen aus, die ich nur allzu gern und allzu oft auf andere übertrug. Ich persönlich konnte mir nicht vorstellen, einen Menschen über den Tisch zu ziehen. Die »logische« Schlußfolgerung war für mich daher, daß es auch niemand *mit mir* tun könnte. Was ich selbst nicht konnte oder wollte, traute ich auch niemand anderem zu. So einfach war das!

Herr Rahner schien sichtlich beeindruckt, als ich ihm die ganze Summe nannte. Er fing sich jedoch relativ rasch und nickte mir verständnisvoll zu. Plötzlich wollte er eine beachtliche Veränderung an mir bemerkt haben. »Du siehst jetzt irgendwie ganz anders aus«, sagte er.

Ich wußte nicht, was er damit andeuten wollte.

»Dein Blick ist viel fester geworden, deine Augen flattern nicht mehr so unruhig hin und her wie vorhin.«

Ich selbst konnte keine Veränderung an mir feststellen. Allerdings war ich nun der Auffassung, vielleicht ein ganz klein wenig zu voreilig gewesen zu sein. Die Hälfte von der Hälfte hätte es vorerst bestimmt auch getan, dachte ich bei mir.

Jetzt war es jedoch zu spät! Ich konnte nicht einfach von einer Sekunde auf die andere einen Rückzieher machen, wo doch Herr Rahner bereits mit Feuereifer dabei war, die Lastschrift vorzubereiten. Als er fertig war, legte er sie mir wieder zur Einsichtnahme vor. Drei Intensive Life-Repair zu DM 7995,–, einmal Reinigungsprogramm für DM 2755,– sowie zwei Intensive (Scientology-)Auditing zu DM 8550,– war sauber und adrett darauf zu lesen. Ich schluckte.

Herr Rahner aber hatte noch ein »Bonbon« für mich in seiner Westentasche. Nach geraumer Zeit hatte er mich schließlich plattgeredet und mir den PTS/SP-Kurs inklusive großen Studier-Kurs, auf den ich später etwas ausführlicher eingehen werde, verkauft. Ein PTS/SP-Kurs befasse sich, so wurde mir erklärt, mit den Mechanismen der Unterdrückung, charakterisiere und beschreibe sowohl Menschen, die unterdrücken, als auch solche, die unterdrückt werden, und zeige Wege auf, sich z. B. als Betroffener aus dieser Lage zu befreien. Ein Kurs, um den man keinesfalls herumkomme, wie mir Herr Rahner unzweideutig zu verstehen gab (auf die Begriffe PTS und SP werde ich ebenfalls an geeigneter Stelle zurückkommen). Ein weiterer Lastschrift-Durchschlag in Höhe von 1824 Mark wechselte schneller, als ich piep sagen konnte, den Besitzer …

»Sonja möchte dich gern noch sprechen«, sagte mir Herr Rahner, nachdem er mich wieder für geraume Zeit mir selbst überlassen hatte und nun heiteren Gesichtes durch die Tür schritt. Auf einen Besuch im »Königinnen-Zimmer« hätte ich gut und gerne verzichten können, leistete diesem Wunsch dann aber doch Folge.

Sonja gab sich mir gegenüber erfreulicherweise aufgeschlossen und sehr freundlich, ein Umstand, mit dem ich in keiner Weise gerechnet hatte, ihr breites Lächeln nötigte mir ebenfalls ein höfliches Grinsen ab.

Sonja lobte mich und meinen »Konfront« hinsichtlich Geld und Geldausgeben und meinte, ich sollte mir doch gleich noch einige äußerst wichtige Bücher und Materialien, die ich ohnehin in Kürze benötigen würde, anschaffen. Dies sei für mein geplantes Vorankommen auf der »Brücke« mit Sicherheit sehr hilfreich. Außerdem würde ich auf diese Weise die Mission Nymphenburg unterstützen, auch diese Woche wieder die Nummer eins unter allen Missionen weltweit zu sein.

Ich begriff nicht, was mein Bücherkauf mit einer Nummer-Eins-Position weltweit zu tun haben sollte.

»Alle Scientology-Missionen und -Organisationen spielen untereinander um den ersten Platz. Dazu müssen Statistiken geführt werden über den Verkauf von Büchern, bezahltes und gegebenes Auditing, die Einstellung neuer Mitarbeiter und viele andere Dinge mehr.«

»Und wozu soll das gut sein? Was hat eine Vereinigung, die sich mit der Befreiung geistiger Wesen beschäftigt, mit Statistiken zu schaffen?«

»Im Grunde genommen spielen doch alle Menschen gern. Und hinter den Menschen stecken ja immer kreative geistige Wesen, die ihre Kräfte und Fähigkeiten erproben wollen, unabhängig davon, ob sie nun schon Clears und OTs sind oder nicht. Und Spielen bringt immer eine Menge Spaß. Außerdem spornt es uns dazu an, nach Möglichkeit mehr zu tun und folgerichtig mehr zu erreichen, also auch mehr Leuten zu helfen, die ›Brücke‹ hochzugehen. Je mehr Bücher wir verkaufen, desto größer ist letztlich der Umlauf an wichtigen Informationen für die Befreiung der Wesen, je mehr Auditing wir liefern können, desto eher können wir diesen Planeten in eine bessere Position bringen.«

Sonja erklärte mir dann noch, daß die statistischen Daten wöchentlich erfaßt würden. Eine »Scientology-Woche« reiche von Donnerstag, vierzehn Uhr bis zum darauffolgenden Donnerstag, vierzehn Uhr. Bis vierzehn Uhr also müßten alle Statistiken erstellt, abgeschlossen und an eine höhere Stelle zur Auswertung gemeldet sein. Dann würde ermittelt, wer das Rennen unter den Missionen und Organisationen, den größeren Vereinigungen, gemacht habe.

»Du würdest uns mit deinem Bücherkauf also sehr helfen.« Nun ja, dachte ich. Warum auch nicht. Spielleidenschaft konnte ich zwar nicht nachvollziehen, aber ich konnte das Bedürfnis verstehen, eine einmal erreichte Position halten zu wollen. Davon abgesehen wäre es irgendwie peinlich, jetzt wegen der paar Mark zu kneifen. Also nickte ich.

Sonja zückte ihren Rechnungsblock und begann, eine lange Latte von Einzelpositionen zu notieren. Als der vorhandene Platz zu Ende war, addierte sie die Preise und kam bei insgesamt elf Büchern auf 628 Mark. Sie legte mir die Lastschrift vor. Die Zahlen drehten sich vor meinen Augen im Kreise. Mein »Konfront« war sichtlich im Schwinden begriffen, was ich aber tunlichst für mich behielt.

»Einige andere wichtige Materialien solltest du dir auch noch zulegen. Auf die wirst du vielleicht schon in wenigen Tagen zurückgreifen müssen.« Sonja schrieb bereits meinen Namen auf ein zweites Rechnungsblatt und blickte mich abwartend an.

Jetzt war es auch schon egal! Auf diese weitere Ausgabe kam es nun auch nicht mehr an. Außerdem würde ich alles sowieso früher oder später benötigen. Für mich stand bereits unverrückbar fest, daß ich mich mit aller Kraft in meine seelische und geistige Höherentwicklung stürzen wollte, was eben einige Opfer erforderlich machte. »Nicht am falschen Ende sparen!« hatte mich mein Vater immer

ermahnt. Ich gab meinem inneren, sparsamen Schweine-
hund einen Ruck und willigte ein.

Bei neun Einzelpositionen kamen wir dieses Mal auf 849
Mark. Meine Hemmschwelle in puncto Geldausgeben
schien nun endgültig überschritten. Mit einem schrägen,
beinahe desinteressierten Blick registrierte ich den Betrag
und zuckte innerlich mit den Schultern.

Vermutlich bewahrte mich die baldige Abfahrt meines
Zuges vor einer weiteren Lastschrift. Wie in Nebel gehüllt
und ohne die Bewegungen meiner Hände bewußt wahrzunehmen, packte ich meine Sachen im Kursraum zusammen, verabschiedete mich von Elena und ließ mich von
ihr für den nächsten Tag eintragen, um mit meinem kleinen Kurs fortzufahren. Eigentlich wollte ich erst in der
nächsten Woche wiederkommen, aber erstens sollten die
einzelnen Kurseinheiten nicht allzulange auseinanderlie-
gen, was sich für einen »Studenten« im Regelfall ungünstig auswirke, und zweitens hätte auch sie als Kursüberwacherin ihre Statistik, was sie mir auf meine Anfrage hin
bestätigte. Im Zug nach Augsburg kramte ich klopfenden
Herzens nach den Durchschlägen der Lastschriften. Erst
jetzt hatte ich die Muße, mich etwas näher mit den einzelnen Posten zu beschäftigen. Ich hatte Bücher mit interessant klingenden Titeln erworben wie etwa »Einführung
in die Ethik der Scientology«, »Die Wissenschaft des
Überlebens«, »Probleme der Arbeit«, »Entwicklung einer
Wissenschaft«, die »Fachwortsammlung«, eine »Illustrier-
te Antwort auf Drogen«, etc. sowie ein Set Studierkassetten für 450 Mark. In Gedanken befand ich mich bereits
im Gespräch mit einem Angestellten meiner Hausbank,
jedoch nicht, um, wie geplant, ein Sparbuch über eine größere Summe aufzulösen und auf mein Girokonto trans-

ferieren zu lassen, sondern um dem Einzug des Geldes bereits im Vorfeld zu widersprechen.

Unsinn! Nichts ist umsonst! dachte ich mir.

Zu Hause öffnete ich entgegen meiner Gewohnheit und meinem Sinn für Ordnung die nächstbeste Schublade und stopfte die Rechnungsdurchschläge hinein. Weg damit! Ich konnte, ich wollte sie nicht mehr sehen!

Am Morgen des nächsten Tages kündigte ich ein Sparbuch über 20 000 Mark. Der Bankangestellte machte mich auf den nicht unerheblichen Zinsverlust aufmerksam.

Egal! dachte ich. Schließlich mußte das Geld auf dem Konto sein, wenn die Abbuchungen erfolgten. Mit leichtem Magensäuseln marschierte ich aus der Bank und machte mich sofort auf den Weg nach München.

Während der Fahrt brachte ich mich wieder in Stimmung. Ich stellte mir künftige Gewinne und faszinierende Erlebnisse im Auditing vor, dachte an meine erweiterten geistigen Kräfte und Fähigkeiten und nahm dankenswerterweise wieder dieses heimliche, sagenhaft angenehme Kribbeln in meinem Kopf und Körper wahr, das ich mittlerweile sehr zu schätzen wußte. Ach ja! Was würde das Leben doch schön sein, wenn ich erst einmal Clear wäre!

Nach eineinhalb Stunden Fahrt stand ich guten Mutes und voller Tatendrang vor Elena, die mich herzlich begrüßte und mir mein Kursmaterial in die Hand drückte. Ich »studierte« mit großem Eifer weiter, und schon bald hatte ich den für mich etwas unerfreulichen morgendlichen Besuch bei meiner Bank vollkommen vergessen.

In der großen Kurspause bat mich Detlev, der freundliche Herr mit dem Schnauzbart, zum Gespräch. Er schien um die Dreißig zu sein und vermittelte einen etwas fahrigen Eindruck, ohne deswegen jedoch nervös zu wirken.

»Tjaaah«, sagte er gedehnt, »du gehörst ja zu den ganz Schnellen. Find ich toll. Echt toll!« Ich wußte nichts darauf zu erwidern. Allerdings fiel mir auf, daß mich hier allem Anschein nach keiner mehr siezen wollte. In dieser Hinsicht schien ich also bereits in die bestehende Gemeinschaft aufgenommen.

»Hast du dir schon mal überlegt, dir ein E-Meter anzuschaffen?« Detlev grinste mich an wie ein Honigkuchenpferd.

Was sollte ich darauf antworten? Natürlich hatte ich mir noch keine Gedanken darüber gemacht. Wann denn auch? Und wieso überhaupt? Ich schüttelte den Kopf.

»Na, du wirst dich doch auch sicherlich bald zur Auditorin ausbilden lassen wollen. Da kannst du einer Menge Menschen helfen, auf ihrem geistigen Weg voranzukommen. Und jetzt ist es noch relativ günstig. In einigen Wochen wird der Preis ganz ordentlich nach oben gegangen sein.«

»Leidet ihr hier unter inflationären Tendenzen?« Eine kleine bösartige Bemerkung dieser Art hatte ich mir nicht verkneifen können. Ich fand es lächerlich, mir als Anfängerin ein E-Meter andrehen zu wollen.

»Da liegst du gar nicht mal so falsch. Wir sind angehalten, die Preise für Bücher, Materialien und auch für Auditing in regelmäßigen, kurzen Abständen um mehrere Prozent heraufzusetzen.«

»Wieso denn das?« wollte ich wissen. Ich konnte keinen Sinn darin sehen.

»Wie du ja weißt, haben wir Scientologen kaum noch Zeit, die bestehenden Verhältnisse auf dieser Erde umzudrehen. Wir können hier nicht einfach herumtrödeln, die Hände in den Schoß legen und so tun, als wären nur einige wenige Dinge nicht in Ordnung. Die Bombe tickt bereits. Und um die Leute hier und jetzt anzuspornen, sich das ohnehin benötigte Material nicht erst übermorgen, sondern nach Möglichkeit gleich heute zuzulegen, wird es eben immer teurer. Aus diesem Grund rate ich dir ja an, das E-Meter besser gleich als in einigen Monaten zu kaufen. Da könnte es einige tausend Mark mehr kosten.«

»Und wieviel kostet es jetzt?« Ich rechnete mit vielleicht ein-, höchstens zweitausend Mark. Ich hatte keine Ahnung von seinem Innenleben, seiner möglichen Komplexität und seinen eventuell wertvollen Bestandteilen. Schließlich handelte es sich um ein Präzisionsgerät.

Detlev blätterte geschäftig in seinen Unterlagen. Beinahe gelangweilt und ohne aufzublicken, so als sei es das Natürlichste der Welt, nannte er mir den Preis. »Nur 7040.«

Nein, nein und nochmals nein! Bei aller Liebe und jeglicher guten Absicht, das ging zu weit!

Trotzdem zog ich nach einer guten halben Stunde mit dem Durchschlag der Lastschrift ab und trollte mich in den Kursraum. Ich beruhigte mich und mein schlechtes Gewissen meinem Sparstrumpf gegenüber, indem ich mir klarmachte, daß es ja für einen guten Zweck sei und ich außerdem der Mission Nymphenburg helfe, ihre Nummer-eins-Position zu halten. Und wahrscheinlich würde ich das Gerät sowieso bald brauchen. Also.

Irgendwie war mir ein wenig schwummrig. Elena war sehr um mich bemüht und machte einen Check-out nach dem anderen. Mit dem Stoff jedoch hatte ich keine Schwierigkeiten …

Ich erholte mich zusehends, als mich Herr Rahner zu sich ins Zimmer rief und mir fröhlich verkündete, ich könne bald mit meinem Life-Repair beginnen. Meinen Kurs hätte ich so gut wie fertig, und nun sei es an der Zeit, mit dem Auditing anzufangen, damit ich auf der »Brücke« vorankäme. Natürlich willigte ich sofort ein.

Herr Rahner gab mir eine Art Verzichtserklärung, eine fünf DIN-A4-Seiten umfassende Schrift (»Informationen, Definitionen und Regeln für Studenten und Pre-Clears«) mit auf den Nachhauseweg, worin ich über einige wesentliche Punkte aufgeklärt wurde. Ich erfuhr u. a., daß Scientology nicht für die Diagnose und Heilung körperlicher und seelischer Krankheiten zuständig sei, daß neben einer schriftlichen Aufzeichnung im Auditing auch Personal-, Ethik- und Studentenakten angelegt würden und daß diese Unterlagen aufgrund innerkirchlicher Vereinbarungen und durch die auf dieser Verzichtserklärung getätigte Unterschrift des Studenten oder PCs Eigentum der Mutterkirche seien. Darüber hinaus seien die »Resultate, von denen behauptet wird, daß sie durch Auditing und Ausbildung erreichbar sind und die daraus erzielbaren geistigen Erfolge, obwohl sie auch für andere beobachtbar sein können, persönlicher Natur und die Erfahrungen des einzelnen«. Erwähnenswert ist an dieser Stelle ein in Scientology häufig verwendetes Zitat von L. Ron Hubbard, das, auf einen ähnlichen Sachverhalt in dieser Informationsschrift abzielend, immer wieder gerne angeführt wird: »Was für Sie wahr ist, ist das, was Sie selbst beobachtet haben, nichts in Dianetik und Scientology ist für Sie wahr, solange Sie es nicht beobachtet haben. Und es ist wahr gemäß Ihrer Beobachtung. Das ist alles.« (Zitat aus LRH-Ability Magazin, Ausg. 125, ca. Feb. 1961 »Persönliche Integrität«.)

Selbstverständlich, dachte ich. Sämtliche religiösen und seelischen Phänomene sind trotz wissenschaftlicher Basis der Subjektivität der jeweiligen Person unterworfen. Und wahrscheinlich wird sogar jeder den Zustand Clear auf eine andere – auf seine Weise – erleben, einfach deshalb, weil wir alle Individuen sind und die Welt in uns und um uns herum ganz individuell wahrnehmen.

Was mich dann allerdings ein wenig störte, war ein Absatz, der sich mit dem E-Meter beschäftigte. Ich las, daß es vom PC nicht verwendet würde und daß man von diesem auch nicht verlange, eines zu besitzen. »Vielmehr ist es so, daß die Kirche nur Geistlichen ein E-Meter anvertraut.« Mir kochte die Galle hoch. War nicht vor kurzem ein solches Ding im Tausch gegen läppische 7040 Mark in meinen Besitz übergegangen? Und mich als Anfänger konnte man schwerlich als Auditor bzw. als Geistlichen bezeichnen. Ich fühlte mich hintergangen und legte mir die entsprechenden Worte zurecht, mit denen ich Detlev, den argumentationsfreudigen Verkäufer, zur Schnecke machen wollte. (Als ich diese Angelegenheit bei meinem nächsten Besuch in der Mission Nymphenburg ansprach, meinte Detlev nur, man müsse diese Bedingung, die keineswegs als solche anzusehen sei, nicht so ernst nehmen; außerdem solle ich froh sein, das Gerät noch für diesen Preis erhalten zu haben. Ich könne es mir gern aber auch erst dann kaufen, wenn es bereits 10 000 Mark koste – bitte schön, das läge ganz in meiner freien Entscheidung!)

Meine Aufmerksamkeit erregte außerdem ein Passus, der mich über die einzuhaltenden Schritte und Regeln im Falle einer Rückforderung der gezahlten Beiträge sowie über die hieraus resultierende einschneidende Konsequenz in Kenntnis setzte: den Ausschluß aus der Kirche …

Nein, dachte ich mir damals, austreten würde ich sicherlich niemals. Schließlich war ich nach so langer Suche nun endlich da gelandet, wo ich ganz offensichtlich hingehörte. Ich las mir nochmals einige Sätze auf der ersten Seite durch, die mich sehr angesprochen und ein äußerst angenehmes Gefühl in meinem Kopf hinterlassen hatten: Es wurde auf die Zielsetzung von Scientology verwiesen, nämlich Menschen »sich ihrer selbst als geistige Wesen bewußtzumachen und die Achtung vor sich selbst und allem Sein wiederherzustellen«. Auch wurde ich darüber belehrt, daß ich durch die geistliche Beratung mehr über Gott in Erfahrung bringen und letztlich neben der Befreiung meiner Seele alles über den Schöpfer des Universums herausfinden könnte.

Einige Tage darauf wurde es allmählich ernst. Bei Sonja hatte ich eine Art Abbuchungsbestätigung zu unterschreiben. Das erste von insgesamt drei Intensiven Life-Repair wurde rein formal von meinem »Service«-Konto »abgebucht« bzw. abgerechnet. Ein Scientology-Service-Konto faßt sämtliche im voraus eingezahlten Beträge. Beginnt man einen Kurs oder sollen Auditing-Stunden genommen werden, wird die jeweils hierfür veranschlagte Summe mit dem aktuellen Betrag auf dem Konto verrechnet, bis schließlich aufgrund gähnender oder absehbarer Leere von neuem eingezahlt werden muß. Selbstverständlich können von diesem Konto weder Barabhebungen getätigt noch Guthabenzinsen geltend gemacht werden …

Nach Unterzeichnung der Abbuchungsbestätigung mußte ich im sogenannten PC-Warteraum, einem winzigen, fensterlosen Zimmerchen mit Sitzgarnitur im Keller der Mission Nymphenburg, Platz nehmen. Während ich darauf wartete, meinen Auditor kennenzulernen, blätterte ich in den auf einem Tischchen ausliegenden Büchern, Heften und anderen Schriften.

Vor Aufregung und Spannung und einem nicht zu beschreibenden Gefühl der Vorfreude konnte ich kaum gerade sitzen. Überall kribbelte es, das bereits wohlbekannte innere Vibrieren stellte sich wieder ein, und ich hatte alle Mühe, meine Gedanken in einigermaßen klaren Bahnen zu halten.

Dann war es endlich soweit! Ein kleiner, mir bis zur Nasenspitze reichender Herr mit englischem Akzent streckte mir freundlich die Hand entgegen. John war Schotte und überaus liebenswert. Ich konnte ihn auf Anhieb gut leiden. Nachdem wir uns miteinander bekannt gemacht hatten, gingen wir in einen kleineren Raum, der aufgrund des spärlichen Kellerfensterlichts künstlich beleuchtet werden mußte. John hängte ein Schild nach draußen, das Vorbeigehende zur Ruhe mahnte.

Es folgte die ganze, mir durch die Fallanalyse bereits bekannte Prozedur der Einstellung des E-Meters auf meinen Körperwiderstand sowie der Metabolismus-Test.

Bevor es richtig losging, wurden, wie gehabt, einige unumgängliche Fragen gestellt. John wollte wissen, ob ich ausreichend geschlafen und gegessen und ob ich Drogen, Alkohol oder Medikamente zu mir genommen hätte. Nein, konnte ich guten Gewissens zu Protokoll geben, hatte ich nicht.

»Danke, deine Nadel schwebt!« bekam ich nun zu hören. Eine »schwebende«, d. h. eine in einer gleichmäßigen Hin- und Herbewegung über einen Teil der Skala fließende Nadel, ohne an einem Punkt stehen- oder steckenzubleiben, war ein Gradmesser für Wohlbefinden, Zufriedenheit, Glücksgefühle, Befreiung von seelischen Belastungen oder auch für eine wahrheitsgemäße Antwort.

»Dann beginnen wir die Sitzung. Dies ist die Sitzung. –

Danke, deine Nadel schwebt.« So oder in ähnlicher Weise, ich kann mich offen gestanden nicht mehr an den exakten Wortlaut erinnern, wurde von nun an jede bzw. fast jede Sitzung eröffnet.

Dann legte mir John einige Materialien vor, aus denen ich (mit den Dosen in der Hand) bestimmte Passagen vorlesen sollte. Mit Hilfe des E-Meters würde er, so erklärte er mir, sofort erkennen können, ob ich etwas nicht verstanden hätte. Er würde dann eine »Anzeige«, also eine Nadelreaktion erhalten. Das Lesen dieser Passagen habe den Zweck, mich über gewisse Dinge, die mit diesem Auditing in Verbindung stünden, zu informieren sowie mir neue Wörter und Begriffe, die in Dianetik und Scientology Verwendung finden, einzuprägen, damit der Auditor auch während der Sitzung darauf zurückgreifen könne, ohne sich in langwierigem Definieren zu verlieren. Nach etwa fünfzehn bis zwanzig Minuten waren wir damit fertig.

Vor Beginn des eigentlichen Life-Repairs erhielt ich einen kurzen Auditing-Schritt namens »Abhilfe für frühere Leben«. Er diene dazu, so wurde mir gesagt, in mir die Gewißheit zu verstärken, daß es frühere Leben gebe und ich die Fähigkeit besäße, mir diese wieder in Erinnerung zu rufen. Dieser Schritt solle ganz allgemein dazu beitragen, eine bessere Verbindung zur Vergangenheit zu knüpfen.

An die Fragen und Anweisungen meines Auditors bei der »Abhilfe für frühere Leben« sowie das anschließende Life-Repair kann ich mich so gut wie überhaupt nicht mehr erinnern. Ich weiß nur noch, absolut fasziniert gewesen zu sein von der Vielzahl an Bildern, die aus der scheinbaren Leere meines Kopfes auf mich zuschossen. Ich empfand mich als leichter und schwereloser, als irgendwie von den Belastungen dieser Erde auf unaussprechliche Weise enthoben. Dieses eigenartige und gleichermaßen berauschende Gefühl, mich selbst und meine Umwelt nur noch wie durch einen hauchfeinen, mich zart umschmeichelnden Schleier wahrzunehmen, hatte etwas Beglückendes, Beruhigendes und doch auch Aufregendes an sich. Einerseits hatte ich den Eindruck, die Welt durch eine Art Lupe zu betrachten und mir dabei sämtlicher Dinge vollkommen und bis ins letzte Detail bewußt zu sein, andererseits reiste ich wie in Trance und mit einem unbeschreiblichen Hochgefühl durch verschiedene Stationen meines Lebens.

Das, was in meinem Kopf aufgrund der Fragen des Auditors vor sich ging, war Action-Kino der Superlative. Kein Fernsehprogramm, kein noch so abgefahrenes Video konnte da mithalten. Mittelalterliche Szenen wechselten sich ab mit Erlebnissen jüngeren Datums, urzeitliche oder sogar »galaktische Erfahrungen« drangen an die Oberfläche und wollten genauer betrachtet werden.

Schon bald war mein Zeitgefühl völlig außer Kraft gesetzt, ich konnte in keiner Weise mehr abschätzen, wie viele Minuten oder sogar Stunden seit den ersten mir gestellten Fragen verstrichen waren. Immer wieder glitt ich ab in Situationen meines bisherigen und aktuellen Lebens, durchlebte mit John mehr oder minder erfreuliche Augenblicke mit Verwandtschaft und Familie und fühlte mich in einer Weise verstanden, wie es mir bislang im Gespräch mit anderen noch niemals untergekommen war. John saß entspannt, meine Antworten beständig mitschreibend und seinen Bewegungen zufolge die Knöpfe des E-Meters bedienend, auf seinem Stuhl und hielt in den meisten Fällen Blickkontakt.

Dieses Auditing war völlig anders geartet als diese langweiligen Dianetik-Sitzungen, in denen man alles vom Anfang bis zum bitteren Ende wiederkäuen mußte. Hier wurde meines Erachtens das Elementarste menschlichen Lebens an sich, das geistige Wesen respektive der Thetan, berührt. Ich fühlte mich in seelischer Hinsicht zutiefst befriedigt.

Nach geraumer Zeit wurde diese erste Sitzung von John beendet. »Bevor ich die Sitzung beende, gibt es noch etwas, das du sagen oder fragen möchtest?«

Ich verneinte. Ich war wunschlos glücklich. Wäre es jedoch nach mir allein gegangen, ich hätte vermutlich die ganzen zwölfeinhalb Stunden an einem Stück durchgezogen ...

»Danke, deine Nadel schwebt. Ende der Sitzung.« John widmete sich nun ganz seinen Aufzeichnungen. Ich stellte die Dosen wieder auf den Tisch und blieb sitzen, bis er seine Notizen vervollständigt hatte. Beim Examiner (Prüfer), einer unabhängigen Person, wurde sofort im Anschluß die Sitzung in einem eigens dafür eingerichteten Kämmerlein überprüft, ob mit mir alles in Ordnung war. Ich hatte lediglich die Dosen eines dort installierten E-Meters zu halten und abzuwarten. Als sicheres Zeichen für meine gute Verfassung galt das »Schweben der Nadel«, das mir der Examiner mit einem Lächeln bestätigte. Diese Aktion wurde fortan nach jeder Sitzung durchgeführt.

Als ich aus dem winzigen Zimmerchen trat, fing mich sogleich Joe, ein weiterer Mitarbeiter der Mission Nymphenburg, ab und forderte mich auf, ihn mit dem Verfassen eines Erfolgsberichts zu beglücken. Erfolgsberichte zählten neben weiteren Dingen ebenfalls zu seiner Statistik ...

Selbstverständlich mußte ich mich nicht lange bitten lassen. Eine Kopie des schriftlichen Freudentaumels klebte alsbald neben den Aussagen anderer erfolgreicher PCs und Studenten im Flur und lud aufmerksame Leser dazu ein, sich ebensolche phantastischen Resultate der geistigen Arbeit herbeizusehnen.

Die (Hoch-)Zeit meines Life-Repairs schien hervorragend dazu geeignet, mir weitere absolut unentbehrliche Kursschritte und Materialen zu verkaufen. Tina, der unsympathische OT VII, lud vertraulich zum Gespräch. Vorab war ich von Herrn Rahner auf die Ausgabe einer größeren Summe vorbereitet worden. Denn ich sollte Auditorin werden! Und zwar schon sehr bald. Ich hätte hier und jetzt die Möglichkeit, sämtliche Stufen der Ausbildung bis zum sogenannten Klasse-IV-Auditor nebst Praktikum zu erwerben. Und wenn ich mich sofort dafür entschiede, würde man mir sogar noch ein Stipendium gewähren, was die Angelegenheit um etwa die Hälfte verbillige. Absolvieren müßte ich diese Ausbildung dann in der nächsthöheren Organisation in München-Schwabing. Herr Rahner erklärte mir außerdem, daß sich zwei Studenten im sogenannten Co-Auditing, wobei beide wechselweise sowohl als Auditor als auch als PC fungierten, im Prinzip bis zum Clear auditieren könnten. Sollte ich es also im Auditing-Schnellverfahren nicht schaffen, bliebe mir immer noch meine Auditoren-Ausbildung, um diesen Zustand »ganz nebenbei« zu erreichen.

Die Auditoren-Ausbildung umfasse nun, in Relation gesetzt zu einem außergewöhnlich günstigen Preis, eine Menge Leistungen, wie etwa den E-Meter-Kurs, in dem man unter sachkundiger Aufsicht lerne, mit diesem Präzisionsgerät umzugehen, oder auch, wie bereits erwähnt, ein auf die individuellen Zeitbedürfnisse des Studenten zugeschnittenes Praktikum. Ich solle auf jeden Fall zugreifen. Denn das in eine Auditoren-Ausbildung investierte Geld sei doch wohl auf alle Fälle besser angelegt als auf einem Bankkonto, zumal wir Scientologen zusehen sollten, in die Hufe zu kommen. Die Zeit, die wir noch hätten, um diesen Planeten zu retten, rinne uns wie Sand durch die Finger.

Also griff ich zu. 23 705 Deutsche Mark standen tatsächlich in keinem Verhältnis zur Errettung der Menschheit. Mit weichen Knien wurde ich zu Tina geleitet, die noch einige bekräftigende Worte zum Besten gab und schließlich schwungvollen Fingers die Lastschrift ausfüllte, dieses Mal lautend auf die Scientology-Kirche Bayern e. V. in München-Schwabing.

Jetzt brauchte ich einen Kaffee. Herr Rahner war so freundlich, mir einen zu besorgen. Leider übte das nachtschwarze Getränk nicht die von mir erhoffte Wirkung aus, mir wieder einen etwas klareren Kopf zu bescheren. Auch ein Nachschenken half nicht.

Nach meiner Kaffeepause sollte ich dann »noch auf einen Sprung« bei Detlev vorbeischauen. Dieser begrüßte mich herzlich, wenn auch ein wenig blasiert wie immer, und bot mir einen Platz an. Er erzählte von hochwichtigen Materialien, die ich als zukünftige Auditorin, Clear und OT möglichst bald mein Eigen nennen sollte. Und nachdem ich ja mittlerweile Vollblut-Scientologin sei und »sowieso« sämtliche Bücher, Kassetten und Kursmappen benötigen würde – »von jedem engagierten Scientologen wird erwartet, daß er die gesamte LRH(L. Ron Hubbard)-Bibliothek besitzt« –, hielt er mir eine aktuelle Bücherliste mit zahlreichen angekreuzten Werken unter die Nase.

In vollkommener geistiger Abwesenheit unterschrieb ich am 7. Juni bei Detlev einen Scheck über 10 101,40 Mark, inklusive fünf Prozent Nachlaß auf bestimmte Kursmaterialien (als Packs bezeichnet). Am Tag darauf sorgte ich schweren Herzens bei meiner Bank dafür, daß die erforderliche Summe zum Abbuchen zur Verfügung stand.

Mein Sparstrumpf schnurrte zusehends zusammen. Ich jedoch war bereits jenseits von Gut und Böse, so daß ich nur hin und wieder eine kleine, unbedeutende Rechnung anstellte und dabei jedesmal zu meiner Beruhigung feststellte, noch »ein paar tausend Mark zur eisernen Reserve« in der Rückhand zu haben. Mit den fortschreitenden Auditingsitzungen schraubte sich auch meine bislang relativ nüchterne Wahrnehmung für diese Welt hinauf in höhere Sphären, in denen Geld nicht zählte. Tausende von Mark gingen meiner Empfindung nach so leicht über den Tresen der Scientology wie der Preis für eine Tasse Kaffee. Es spielte keine Rolle mehr. Nichts spielte mehr eine Rolle, außer der Frage, wie ich am schnellsten Clear und OT werden könnte.

Der einzig wahre Wermutstropfen, der mir zum damaligen Zeitpunkt mein seelisches Honigtöpfchen zu vergällen drohte, war die Haltung meines Onkels und ehemaligen Vormundes meinen Aktivitäten gegenüber. Irgendwann hatte ich einmal erwähnt, wo und wie ich seit einigen Wochen einen wesentlichen Teil meiner Tage verbrachte, anstatt mich des öfteren in der Uni blicken zu lassen. Auf sein Nachfragen hin hatte ich ihm von Dianetik und Scientology erzählt. Er war sehr skeptisch und gab mir zu verstehen, ich solle vorsichtig sein. Bei meinem nächsten Besuch in seiner Wohnung platzte dann die Bombe. Er habe sich mittlerweile eingehend informiert und wisse nun, daß es sich hierbei um eine gefährliche Psychosekte handele, die Menschen von sich abhängig mache und in den finanziellen Ruin treibe. Mit offensichtlichem Schrecken im Gesicht legte er mir einige Broschüren und Schriftstücke vor, die ich unbedingt lesen sollte. Nur kurz und ohne jeglichen Tiefgang überflog ich die Urteile zum Nachteil der Scientology und einige Aufklärungsblätter, die sich mit Praktiken und Struktur dieser »pseudoreligiösen Organisation« auseinandersetzten.

»Lies das doch mal vernünftig! Bitte!« flehte mein Onkel. Ich sah den großen Kummer in seinen Augen und unternahm jegliche Anstrengung, ihn zu beruhigen und ihm zu versichern, daß ich alles perfekt im Griff hätte. Als ich mir nicht mehr zu helfen wußte, spielte ich meinen letzten Trumpf aus. »Das ist eine Wissenschaft, keine Sekte!« verteidigte ich die Vereinigung, die mir diese großartigen Gefühlserlebnisse bescherte und meiner bisherigen Erfahrung zufolge sehr um mein seelisches Wohl bemüht war. »Von wegen Wissenschaft! Kannst du alles hier nachlesen!« Wieder schob er mir die Unterlagen hin, die ich, mich an die Worte Herrn Rahners erinnernd, einwandfrei als Schmähschriften identifizierte. Was sollte ich mit dem Nonsens? Außerdem hatte ich gänzlich andere Erfahrungen gemacht! Positive Erfahrungen!

An diesem Tag gingen wir im Streit auseinander. Und es sollten im Laufe der Zeit noch viele Zerwürfnisse, gegenseitige Anklagen und bitterste Vorwürfe folgen.

In der Mission Nymphenburg kam man natürlich relativ rasch dahinter, daß etwas nicht mit mir stimmte. Ich wurde ins »Interview« zu Detlev, der u. a. auch die Funktion eines Ethics Officers (Ethik-Beauftragten) auszuüben hatte, gebeten. Er beabsichtigte, ein »Handling«, eine Handhabe für mich auszuarbeiten, wie ich in Zukunft auf meinen Onkel reagieren sollte. Schlimmstenfalls sollte ich, wenn ich ihn nicht überzeugen oder zumindest ruhigstellen konnte, die Verbindung zu ihm abbrechen. Ich erfuhr von der sogenannten »antisozialen« Persönlichkeit, die sich die Möglichkeit einer geistig-seelischen Verbesserung einerseits nicht vorstellen konnte und diese andererseits auch nicht für wünschenswert hielt. In diesem Zusammenhang drangen wir intensiver in den Bereich des »SPs« ein, der »suppressiv person« (unterdrückerische Person). Detlev legte mir einige Passagen aus Hubbards Schriften und dem Buch »Einführung in die Ethik der Scientology« vor.

Generell unterdrücke eine solche Person, wie bereits der Name sage, andere Leute in ihrer Umgebung. Als Folge davon träten Fehler, Unwohlsein und auch Krankheit bei den betroffenen und unterdrückten Personen auf.

Hubbards Feststellungen zum Thema »Unterdrückung« konnte ich gut nachvollziehen. Als ich diese Passagen las, gingen mir zahllose bekannte Begebenheiten durch den Kopf, die mir die Richtigkeit der Hubbardschen Beschreibung auf einleuchtende Weise bestätigten. Aus diesem Grund konnte ich auch die Aussage zumindest ansatzweise verstehen, daß unterdrückerische Personen grundsätzlich verhindern wollten, daß Scientology als eine befreiende Technologie und Philosophie zur Anwendung komme. War ja auch vollkommen logisch: Wenn unterdrückte Menschen aus ihrer Unterdrückung befreit würden und wüßten, wie Unterdrückung funktioniert, hätten Menschen mit der Absicht zur Unterdrückung ihre Objekte auf immer verloren.

Menschen, die in der Umgebung einer unterdrückerischen Person lebten, so wurde mir weiterhin durch das Textmaterial verdeutlicht, befänden sich oft in einer schlechten Verfassung. Man bezeichnete sie auch als »PTS« (engl. potential trouble source = potentielle Schwierigkeitsquelle). »Damit ist eine Person gemeint, die auf irgendeine Weise mit einer unterdrückerischen Person in Verbindung steht und von dieser Person nachteilige Auswirkungen erfährt. Sie wird als eine *potentielle* Schwierigkeitsquelle bezeichnet, weil sie sich selbst und anderen eine Menge Schwierigkeiten bereiten kann.« (Buch »Einführung in die Ethik der Scientology«, S. 129.) Zusätzlich wurde darauf hingewiesen, daß eine unterdrückerische Person die potentielle Schwierigkeitsquelle daran hindere, in ihrem Leben zurechtzukommen. Vor Einflußnahme durch die unterdrückerische Person seien die Dinge, die sie in Angriff genommen habe, vermutlich erfolgreich gewesen; nun aber, nachdem ihre Bemühungen herabgesetzt oder abgewertet worden seien, würde sie sich verschlechtern. Nach dem Sich-Entfernen der unterdrückerischen Person aus ihrem Umfeld gehe es ihr schließlich wieder besser.

Mir kamen unzählige Beispiele in den Sinn, wonach Menschen sich wieder Stück für Stück erholten, nachdem ihre Peiniger – in körperlicher wie auch in rein seelischer Hinsicht – das Feld geräumt hatten respektive vor die Tür gesetzt worden waren.

Ich befand Hubbards Ausführungen, soweit ich sie gelesen hatte, für folgerichtig und als in der Realität nachprüfbar. Ich konnte jeden seiner Sätze über unterdrückerische bzw. unterdrückte Personen ohne Einschränkung unterschreiben. Und außerdem, so hatte ich bereits im Hinterkopf, fußten seine Erkenntnisse auf Beobachtun-

gen und einer wissenschaftlich exakten Analyse menschlichen Verhaltens. Davon einmal abgesehen hatte ich seit
meiner Zugehörigkeit bereits eine Vielzahl an verwend-
baren Informationen erhalten. Ich ging deshalb davon aus,
daß sämtliche weitere mir bis dato noch unbekannten
Sachverhalte ebenfalls korrekt sein würden.

Detlev machte mich noch auf eine andere, äußerst wichtige Sache in Zusammenhang mit einer potentiellen
Schwierigkeitsquelle aufmerksam, die *ich selbst* unter
Umständen darstellen könne, wenn ich unterdrückt würde. Leute, die PTS sind, dürften, so wurde mir erklärt, bis
zur vollkommenen Beilegung ihres Problems nicht ins
Auditing. Menschen in diesem Zustand würden »rollercoastern« (engl. roller coaster = Achterbahn), also in ge-
fühlsmäßiger Hinsicht Achterbahn fahren. Wie ich es ja
bereits selbst erlebt hätte, gehe es mir nach meinen Au-
diting-Sitzungen grundsätzlich sehr gut, ich fühle mich
wohl und sei mit meinen Gewinnen über alle Maßen zufrieden. Wieder in Kontakt mit meinem Onkel, der sich
massiv gegen Scientology stelle, würde ich diese Gewinne
und die damit verbundene positive Empfindung jedoch
sehr rasch wieder verlieren – eben rollercoastern. Was
aber habe ein PC von seinen Erfolgen, wenn er sie kurz
darauf wieder einbüße? Gar nichts. Eben!

Detlev hatte tatsächlich recht. Nach einem mehr oder weniger angenehmen Besuch bei meinem Onkel ging ich jedesmal mit einem unguten Gefühl nach Hause. Das herrliche Vibrieren und der normalerweise noch stunden- und
sogar tagelange Nachhall meiner wundersamen Erlebnisse hatten sich wie Nebelschwaden ins Nichts aufgelöst
und lediglich einen schalen Nachgeschmack hinterlassen,
was für mich sehr bitter war. Zu meinem Leidwesen be-

nötigte ich immer geraume Zeit, um mich von derartigen »Niederlagen« wieder zu erholen und mich voller Freude auf meine nächste Sitzung einzustimmen.

Trotzdem hielten die Auswirkungen derartiger Streitgespräche noch bis zur Wiederaufnahme des Auditings an. Deshalb mußten nun aufgrund dieser unerfreulichen Vorkommnisse direkt vor den eigentlichen Sitzungen die sogenannten »Rudimente gelaufen« werden. Nachdem meine Nadel zu Beginn der Sitzungen nicht schweben wollte, mußte mein Auditor nachhaken, weshalb dies nicht der Fall war. Er mußte mich nach eventuellen Verstimmungen und Problemen befragen und diese mit mir im Gespräch angehen, bis ich durch das Erzählen, das »Rauslassen«, emotionalen Ballast abgeladen hatte und dadurch die Nadel ins Fließen brachte. Dann erst konnten wir mit der Sitzung beginnen. Diese Prozedur sei sehr wichtig, so wurde mir von John verständlich dargelegt, da durch augenblickliche, vordergründige Schwierigkeiten der freie Blick auf das Wesentliche versperrt bliebe. Sinn und Zweck des »Laufens der Rudimente« sei daher, die Aufmerksamkeit von diesen Dingen fortzunehmen, um dem PC seine Gewinne im Auditing, in dem er sich mit den wirklich relevanten Angelegenheiten zu beschäftigen habe, nicht vorzuenthalten.

Nach Beenden der Lektüre einiger Passagen aus dem Ethik-Buch und anderer erläuternder Schriften wandte sich Detlev wieder meiner augenblicklich etwas schwierigen Situation zu. Es ging nach wie vor um meinen Onkel und seine Versuche, mich von Scientology abzubringen. Detlev ließ mich als vorläufige geeignete Maßnahme zur Handhabung des Problems meine O/Ws aufschreiben. Dies sollte mir helfen, den Kopf ein wenig aus dem

Gefühlssumpf herauszuheben und mich besser zu fühlen. O/Ws sind Overts und Withholds, schädliche Handlungen (engl. overt = offenkundig) und ihr Verbergen (engl. to withhold = zurückhalten).

Beim Aufschreiben dieser O/Ws, die man einer bestimmten Person gegenüber aufzuweisen hat, erfahre man eine seelische Erleichterung, so wurde mir gesagt. Schließlich habe jeder schon einmal etwas begangen, was nicht unbedingt korrekt gewesen sei – und es auch zurückgehalten. Auch gegen unterdrückerische Personen würden schädliche Handlungen begangen werden, die in einigen Fällen zwar durchaus ihre Berechtigung hätten, allerdings die Overts begehende Person in einen niedrigeren seelischen Zustand katapultierten, da sie unbewußt ein schlechtes Gewissen bekäme (ein geistiges Wesen wolle nämlich niemals Schaden zufügen). Dieses im Untergrund tätige schlechte Gewissen berge jedoch in sich die Gefahr, daß die Person an seelischer Kraft einbüße und sich daher mehr und mehr unterdrücken lasse. Eine Art Teufelskreis sei im Entstehen begriffen, dem man nur durch das bewußte Betrachten sämtlicher Overts entkommen könne. Wobei noch ergänzend zu erwähnen sei, daß das Verbergen und Geheimhalten von Overts, also das Pflegen von Withholds, eine Menge Energie koste und man sich daher genau wie bei den Overts um ihre ehrliche Aufarbeitung bemühen solle.

(Anmerkung: Neben den Overts des Tuns gibt es auch Overts der Unterlassung, also Dinge, die hätten getan werden sollen, jedoch unterlassen worden sind, z. B. jemanden eindringlich in seine Schranken zu verweisen, eine unbedingt notwendige Hilfeleistung, etc.).

Detlev ließ mich für einige Zeit mit mir allein. Seinen Anweisungen gemäß schrieb ich meine O/Ws meinem Onkel gegenüber auf, z. B. meine häufige Unpünktlichkeit ihm gegenüber, und machte mir entsprechende Gedanken hierzu. Und ich fühlte mich tatsächlich wie befreit. Eine angenehme Gelöstheit sowie die Vorstellung, durch die Bereinigung meines Gewissens nun besser und »zackiger« mit ihm umgehen zu können, stellten sich ein.

Diese Niederschrift fand dann Eingang in meiner Ethik-Akte, damit man im Falle des Falles darauf zurückgreifen konnte. Anschließend übte Detlev mit mir noch ausführlich die mir bereits durch den Kurs »Wie man mit anderen besser zurechtkommt« vertraute Methode »Gutes Essen, schönes Wetter«. Bei meinem nächsten Besuch bei meinem Onkel sollte ich, sofern das leidige Thema »Sekte« wieder zur Sprache kommen sollte, verschiedene Ablenkungsmanöver vornehmen bzw. geeignete Sätze zum Abblocken verwenden. Nach einigen Minuten fühlte ich mich in dieser Methode sicher und wurde, frisch gestärkt und frohen Mutes, mit einigen weiteren wohlwollenden Ratschlägen zum Thema entlassen. Und nachdem ich diese Ethik-Handhabe scheinbar mit Erfolg hinter mich gebracht hatte, konnte und durfte ich mich wieder voll und ganz meinem Hochgefühl und der positiven Beeinflussung meines Lebens durch die Erkenntnisse im Life-Repair widmen. Ich fühlte mich wieder glücklich und bereit, alle guten Dinge dieser Welt für mich in Anspruch zu nehmen.

Eine Begebenheit außergewöhnlicher Natur prägte sich mir während einer der folgenden Sitzungen ganz besonders ins Gedächtnis: John und ich behandelten im Life-Repair ein intimes und für mich sehr unerfreuliches Thema, über das ich bislang noch mit niemandem gesprochen hatte. Ich klagte ihm mein Leid und gestand, in Gedanken nicht davon loszukommen. Es lag wohl in der Hauptsache darin begründet, daß ich noch nicht die eindeutige Entscheidung gefällt hatte, nun endgültig die Finger davon zu lassen, da es keinen Sinn ergab, weitere und aller Voraussicht nach ebenfalls vergebliche Versuche zu unternehmen. John sah mich in seiner ruhigen und vertrauenerweckenden Art an und fragte nur: »Ist das vernünftig?« »Nein«, antwortete ich sofort, ohne groß Überlegungen anzustellen. Mit seiner Hilfe hatte ich mir selbst eine Antwort gegeben und eine »vernünftige« Entscheidung getroffen. Und seit dieser Zeit war die Sache für mich vom Tisch!

Ich wertete diese Geschichte als herausragenden Erfolg. Eine wunderbare Sache! So einfach kann man sich also kleinerer und größerer Probleme entledigen! Ich fühlte mich meinem Ziel, eine höhere geistige Entwicklungsstufe zu erlangen und auf diese Weise auch anderen Menschen besser helfen zu können, einen gewaltigen Schritt näher.

Entsprechend fiel dann auch der Abschluß-Erfolgsbericht nach meiner letzten Life-Repair-Sitzung aus. Die für mich vorgesehenen 37,5 Stunden hatte ich nicht benötigt, im Höchstfall handelte es sich um sechs oder sieben Stunden Auditing insgesamt. Der Fallüberwacher schien bereits nach dieser kurzen Zeit der Ansicht gewesen zu sein, daß ich meine aktuellen Schwierigkeiten aufgearbeitet und das Endziel bzw. Endphänomen dieser Maßnahme erreicht hatte, was für mich in der Konsequenz bedeutete, noch eine ordentliche Anzahl an Stunden zu meiner Verfügung zu haben. Ich rechnete nach und kam auf etwa 55 Stunden, die noch als Guthaben auf meinem Service-Konto standen. Vielleicht würde ich es ja sogar bis zum Zustand Clear schaffen? Möglicherweise würden die anderen Auditing-Schritte ebenso schnell an mir vorüberziehen? Ich nahm mir vor, es auf jeden Fall zu versuchen.

In derlei vielversprechende Rechnungen und Überlegungen vertieft, störte es mich denn auch nicht sonderlich, als mich Herr Rahner Mitte Juni um eine Mitgliedschaft bei der IAS, der »International Association of Scientologists«, der Internationalen Vereinigungen der Scientologen, anging. Gegen Zahlung von 2000 Dollar, zum damaligen Zeitpunkt umgerechnet 3960 Mark, erhielt ich ein hübsches Plastikkärtchen im Scheckkartenformat und die Zusicherung, von nun an sowohl Materialien als auch Kurse und Auditing mit einigem Rabatt beziehen zu können.

Die IAS führe mit diesem Geld, so wurde mir von Herrn Rahner erklärt, u. a. Prozesse, um Gegner auszuschalten und entsprechende Kampagnen in den Medien zu starten. Diese Arbeit sei von nicht zu unterschätzender Bedeutung, da Scientology beständig in ihrer Existenz bedroht werde. Man könne die IAS natürlich auch durch größere Beträge unterstützen und würde dann zum »sponsor« oder »patron« mit verschiedenen Ehrengraden ernannt, eben je nach Höhe der gespendeten Summe.

Nein, dachte ich mir, das mußte vorerst nun doch nicht sein. Ich war mit meiner Ausgabe von knapp 4000 Mark zur Förderung der IAS mehr als zufrieden und der Meinung, daß es selbige durchaus ebenfalls sein konnte …

Am Abend nach dem offiziellen Abschluß meines Life-Repairs und nachdem man mich in der Mission Nymphenburg gebührend gefeiert und als erfolgreichen PC überall herumgereicht hatte, saß ich mit geschlossenen

Augen in einem Zugabteil und schwelgte in wohligen Erinnerungen. Nachdem ich ausgestiegen war, wurde ich von einem netten Herrn jüngeren Alters angesprochen.

»Entschuldigen Sie bitte, wenn ich Sie so direkt frage«, sagte er sehr vorsichtig und fast ein wenig beschämt, »aber ich habe Ihnen gerade gegenüber gesessen. Ihrem Gesichtsausdruck nach zu urteilen, müssen Sie was ganz Phantastisches erlebt haben.«

»Stimmt«, erwiderte ich nur, »was ganz Tolles.«

Gott sei Dank hatte ich ihm aus Zeitgründen nicht mehr mitteilen können, wem ich die Verantwortung für diese wunderbaren Erfahrungen zuschrieb. Meine Straßenbahn rollte heran, und ich wollte keine Viertelstunde bis zur nächsten warten.

Wäre mir zum damaligen Zeitpunkt mit aller Konsequenz bewußt gewesen, innerhalb von nur drei Monaten rund 68 500 Mark ausgegeben zu haben, hätte mich der junge Mann sicherlich nicht nach meinen »tollen« Erlebnissen gefragt. Mein Gesichtsausdruck hätte hierzu bestimmt keinen Anlaß gegeben …

Der Druck nimmt zu

Seit Beendigung des Kurses »Wie man mit anderen besser zurechtkommt« widmete ich mich dem großen Studierkurs, einem umfangreichen Werk zur Erlernung der Hubbardschen Studiertechnologie, bestehend aus einer Sammlung erläuternder Schriften und einer Reihe von Studierkassetten (die für 450 Mark ...). Hier lerne man, so war mir mit glänzenden Augen von Herrn Rahner berichtet worden, wie man richtig und ohne in Schwierigkeiten zu geraten an neue Fachgebiete herangehen könne. Dieser Kurs befasse sich in besonderem Maße mit den sogenannten Studierhindernissen, also die im Lernstoff möglicherweise auftretenden Schwierigkeiten, die letztlich dazu führen könnten, ein zu studierendes Fachgebiet aufzugeben. Anhand der Fotografie beispielsweise erläutere Hubbard die korrekte Vorgehensweise, sich an einen neuen Wissensbereich heranzutasten, stelle Hilfselemente vor, um sich die Materie besser zu veranschaulichen, und gebe Hinweise, wie Probleme mit dem Studienmaterial zu erkennen seien, welche Ursachen ihnen zugrunde lägen und wie man sie leicht und ohne großen Zeitverlust aus der Welt schaffen könne. Unverstandene Wörter oder Begriffe seien hierbei nur ein Gesichtspunkt unter mehreren, die alle in Erfahrung zu bringen seien, um auch in Zukunft mit neuen Stoffgebieten zu Rande zu kommen. Nach Unterschreiben einer Abbuchungsbestätigung von meinem Service-Konto war ich also abermals im Kursraum gelandet.

Und jetzt ging es richtig zur Sache. Elena drückte mir jeden Tag ein Blatt Papier zur Führung einer Studentenstatistik in die Hand. Hierauf hatte ich zu notieren, wie viele unbekannte Wörter ich geklärt, wie viele »Demos«, Skizzen oder Übungen, etc. ich während des Studierens gemacht hatte. Jede dieser Aktionen erhielt eine im voraus festgelegte Punktzahl. Am Ende einer Studiereinheit oder eines Studiertages – je nachdem, wie lange man sich im Kursraum aufgehalten hatte – wurden die Punkte zusammengezählt und gaben (angeblich) Aufschluß über das persönliche Vorankommen im Kurs. Die Gesamtpunktzahl sämtlicher Studenten ergab dann einen Wert für die Statistik der Kursüberwacherin …

Bereits von Anfang an mußten mit Hilfe der »Fachwortsammlung«, die einen Teil der wichtigsten in Dianetik und Scientology gebräuchlichen Wörter enthält, auch sämtliche auf den Schriften vorzufindenden Anmerkungen, die nichts mit dem Lernstoff an sich zu tun haben, geklärt werden, als da wären Verteilerschlüssel, Angaben, wo die Schrift verfaßt worden war, etc.

Hierzu nun einige Beispiele aus der mehrere DIN-A4-Seiten umfassenden Schrift »Die Funktionsfähigkeit der Scientology erhalten«, die grundsätzlich vor Beginn fast aller Kurse gelesen bzw. in Teilen auswendig gelernt werden muß und immer Bestandteil des Kursmaterials ist. Noch bevor ich mich also mit dem Inhalt dieser Seiten beschäftigen durfte, mußte ich abklären, was unter einem Hubbard-Kommunikationsbüro, einem HCO-Policybrief, dem Assoziations-Organisations-Sekretär, dem D of P und D of T, usw., usw. zu verstehen war. Beschäftigt man sich nun gemäß der Hubbardschen Vorschrift, sämtliche unbekannten Wörter abzuklären, mit der Fachwortsammlung bzw. ergänzenden Materialien, welche Dianetik- und Scientology-Begriffe aufzuschlüsseln helfen, erfährt man beispielsweise, daß der D of T der »Director of Training« ist, also derjenige, der die Abteilung für Kurse und Ausbildung zu leiten hat. Nach und nach lernt man auf diese Weise, sich in der Organisationsstruktur von Scientology zurechtzufinden. Auch technische Begriffe hinsichtlich Ausbildung und Auditing finden auf diese Weise Eingang ins Gedächtnis. Würde man sich, so die Theorie, die Mühe des Abklärens dieser neuen Begriffe nicht machen, müßte man generell mit Schwierigkeiten im weiteren Stoff rechnen. Denn: unverstandene Wörter hemmen, wie bereits bekannt, das Verständnis für das Textmaterial.

Beim Start dieses riesigen Studierkurses war ich noch richtig guter Dinge gewesen und sehr gespannt auf weitere interessante Daten. Mit großem Eifer hatte ich mich an die Sache herangemacht. Allerdings war ich nicht ganz so schnell vorwärts gekommen, wie ich gehofft hatte. Allein zum Klären sämtlicher mir bis dato unbekannter Wörter und Begriffe auf der allererersten Seite hatte ich eine halbe Ewigkeit benötigt. Mit Akribie war dann durch Check-outs nachgeprüft worden, ob ich die Fachausdrükke und Postenbezeichnungen verstanden hatte. Hin und wieder hatte ich mir die Fachwortsammlung nochmals zu Gemüte führen müssen, da mir die Definitionen, beispielsweise für den D of T, wieder entfallen waren.

Insgeheim war ich nach meinem ersten Tag in dem neuen Kurs heilfroh gewesen, diese Prozedur einigermaßen gut überstanden zu haben. Ich hatte es als äußerst öde empfunden, selbst die meiner Auffassung nach absolut unwesentlichen Dinge peinlichst genau unter die Lupe nehmen zu müssen. Elena hatte mich einige Male mit Engelszungen beschwatzen müssen, um mich überhaupt am Tisch zu halten. Mit großer innerer Überzeugung hatte sie mir wiederholt die Wichtigkeit dieser Vorgehensweise vor Augen geführt. Ich konnte mich demnach nur auf die Richtigkeit der Hubbardschen These verlassen. Ich mußte davon ausgehen, daß seine Anweisungen, wie mit Studienmaterial umzugehen sei, auf einer soliden, wissenschaftlichen Grundlage basierten. Also biß ich auch in Zukunft die Zähne zusammen und arbeitete mich gewissenhaft in diese Welt der neuen Wörter und Begriffe hinein. Stück für Stück machte ich mich mit dem Scientology-Wortschatz vertraut und war sehr erstaunt, als ich bereits nach kurzer Zeit feststellen konnte, über ein recht umfangreiches Vokabular zu verfügen. Im Handumdrehen lernte ich mit technischen, verwaltungsspezifischen oder eher allgemeinen Begriffen umzugehen. Die vielen in Scientology verwendeten Abkürzungen prägten sich mir ebenfalls in Windeseile ein. Je weiter ich im Kurs voranschritt, desto umfassender gestaltete sich meine Möglichkeit, mich mit bereits altgedienten Scientologen in ihrer Sprache zu unterhalten. Man gehörte nun sozusagen »zum Clan«. Auch bei Gesprächen mit anderen PCs und Studenten, die schon länger dabei waren und eine Art Vorbildfunktion für mich erfüllten, verstärkte sich für mich das Gefühl, nun bereits zu den »Eingeweihteren« zu zählen. Hatte ich dagegen Umgang mit meiner Familie, achtete ich darauf, kein Scientology-Wort zur Anwendung zu bringen. Schließlich hätte mich niemand verstanden, und darüber hinaus hätte ich aller Wahrscheinlichkeit nach nur weiteres Mißfallen erregt.

Abgeklärt und in ihrer Definition überprüft werden übrigens nicht ausschließlich Scientology-spezifische Wörter, sondern bei Bedarf auch Wörter unseres täglichen Sprachgebrauchs. Denn laut Hubbard gilt es nicht nur, neue Begriffe vollkommen zu verstehen, sondern auch sämtliche in Verwendung befindlichen Wörter der Muttersprache nach Möglichkeit in all ihren Bedeutungen und Funktionen zu kennen. Auch mit »unscheinbaren« Wörtern wie z. B. Hilfsverben oder Artikeln könne man seine Schwierigkeiten haben, womit er meines Erachtens keineswegs falsch liegt. Wie oft hatte ich mich als Nachhilfelehrerin abmühen müssen, um einem Schüler derartige »Kleinigkeiten« verständlich zu machen ... Manchmal lag das offensichtliche Nichtverstehen eines chemischen Sachverhaltes lediglich am Nichtverstehen von Wörtern wie *als, da, hierbei, wenn, so, bis, zumal, indem* usw. Ich hatte beispielsweise einen Schüler, der nicht wußte, daß das Wort »da« auch mit »weil« zu ersetzen ist. Er begriff einen Nebensatz nicht, weil er »da« immer nur in eine örtliche Beziehung setzte – und der Satz für ihn daher keinen Sinn ergab.

Ohne nun detaillierter auf Hubbards Studiertechnologie einzugehen, muß ich erwähnen, daß ich von den mir vorgestellten Sachverhalten sehr angetan war. Einige Bestandteile kannte ich bereits, andere wiederum waren mir gänzlich neu und erschienen mir gerade auch bei näherer Betrachtung als sehr interessant, logisch und uneingeschränkt anwendbar.

Hubbards Schrift »Die Funktionsfähigkeit der Scientology erhalten«, die ganz zu Anfang des Kurses von mir zu studieren war, machte mich mit einigen äußerst wichtigen Aspekten vertraut. Ich erfuhr, daß es vor geraumer

Zeit, als die hierin vorgestellten Richtlinien zum Schutz und zur Förderung der Scientology von deren Mitgliedern nicht eingehalten worden waren, zu großen Problemen und einer zwei Jahre andauernden Krise gekommen sei. Als Leser und Anwender der Scientology wurde man dazu angehalten, immer und zu jeder Zeit dafür Sorge zu tragen, daß die befreiende Technologie weder in sich selbst, noch die Art und Weise ihrer Verwendung abgewandelt oder gar mißbraucht werden könne. Es folgten Beispiele über Fehlschläge, die auf der Nichteinhaltung einiger wesentlicher Punkte basierten, und Hubbard beschrieb eindringlich, daß wir – die Scientologen – im Grunde genommen keine andere Chance hätten, als Scientology als allein funktionierende Technologie zur Befreiung der geistigen Wesen und Rettung dieses Planeten nach oben zu bringen, wollten wir nicht alle sang- und klanglos untergehen.

Hubbard brachte des weiteren zum Ausdruck, daß diese Technologie nicht von und durch eine Gruppe, sondern von ihm allein entworfen worden sei – und daß dies auch so bleiben solle. Eine Gruppe hätte seinem Verständnis zufolge niemals derartige Ergebnisse zeitigen können, im Gegenteil: Ein wirres, nutzloses Gedankengebäude wäre durch das Einfließen vieler unterschiedlicher Vorstellungen und Ideen entstanden. »Diese Tatsache wird dadurch erhärtet, daß der Mensch niemals zuvor eine brauchbare geistige Technologie entwickelt hat, und sie wird unterstrichen durch die schädlichen Technologien, die er tatsächlich entwickelt hat – Psychiatrie, Psychologie, Chirurgie, Schockbehandlung, Peitsche, Zwang, Bestrafung usw. ohne Ende.« (Zitat aus »Nr. 1 der Serie ›Die Funktionsfähigkeit der Scientology erhalten‹«, S. 5.)

Wieder und wieder wies Hubbard darauf hin, daß man sich am Riemen reißen und die vorgegebenen Richtlinien zur Erhaltung der Funktionsfähigkeit der Scientology mit größter Härte und Unnachgiebigkeit durchsetzen solle, denn: »Die gesamte qualvolle Zukunft dieses Planeten – jedes Mannes, jeder Frau und jedes Kindes darauf – und Ihr eigenes Schicksal für die nächsten endlosen Billionen Jahre hängen davon ab, was Sie hier und jetzt mit und in der Scientology tun.

Dies ist eine tödlich ernste Tätigkeit. Und wenn wir es versäumen, jetzt aus der Falle herauszukommen, dann haben wir vielleicht niemals wieder eine andere Chance.« (Zitat aus »Nr. 1 der Serie ›Die Funktionsfähigkeit der Scientology erhalten‹«, S. 10.)

Beim Lesen dieser Schrift hatte ich den Eindruck, daß dieser Mann, der doch soviel in seinem Leben geleistet hatte, ein ehrliches Bemühen an den Tag legte, Menschen zu helfen. Ich meinte regelrecht zu spüren, wie wichtig es ihm war, daß wir in unserer Entwicklung vorankämen und nicht steckenblieben. Sicherlich, einige Passagen gaben mir durchaus zu denken, so z. B. seine Auffassung, daß uns die Demokratie neben populären Maßnahmen und Selbstverleugnung im Grunde nichts weiter gebracht hätte, als uns noch weiter »in den Schlamm zu stoßen«.

Vielleicht – vielleicht hatte er damit ja sogar recht, dachte ich damals. Aufgrund seiner Forschungen und seinen in unzähligen Büchern und anderen Materialien festgehaltenen Versuchen, der Menschheit bei ihrer geistigen Fortentwicklung behilflich zu sein, war er möglicherweise zu Erkenntnissen gelangt, die sich dem allgemeinen Verständnis dieser Begriffe, wie z. B. der Demokratie, entziehen.

Ohne es zu bemerken, ordnete sich meine Kritikfähigkeit in immer größerem Umfang dem anzustrebenden Ziel, Menschen aus ihrer seelisch-geistigen Gefangenschaft zu befreien, unter. Mehr und mehr erkannte ich Hubbard als »Befreier«, als Menschenfreund und Genie an. Wer sich derart für seine Mitmenschen engagierte, mußte ganz einfach guter, nein, er mußte allerbester Absicht sein. Allein diese Unmengen (!) an Büchern, Verwaltungs- und Technologieschriften sowie seine Sorgfalt, die darin enthaltenen Dinge bis ins letzte Detail zu beschreiben, zeugten von einem Mann außergewöhnlicher Begabung! Für mich war er ein Mensch, dessen Lehre ich mich ruhigen Gewissens anvertrauen konnte!

Nachdem ich, abgesehen von gewissen Anlaufschwierigkeiten, recht gut mit meinem Studierkurs vorankam, schlug mir am 11. Juli wieder die Stunde. Detlev benötigte offenbar noch einige Punkte auf seiner Verkaufsstatistik und schwatzte mir acht Bände mit Verwaltungsschriften für 2150 Mark auf. Dieser Betrag wurde dieses Mal aufgrund einer urplötzlichen Zahlungsunwilligkeit meinerseits (ein leider vorübergehender Zustand) von meinem Service-Konto abgebucht, was mich nicht unbedingt glücklich stimmte. Mir war klar, daß sich auf diese Weise meine Chance, mit den nicht verbrauchten Auditingstunden bis zur Stufe Clear zu kommen, nicht gerade vergrößerte. Die mir noch zur Verfügung stehende Summe auf diesem Konto wurde kleiner, und mit ihr der eigentlich für das Auditing vorgesehene Betrag. Allerdings sollte ich doch alle Materialien besitzen und darüber hinaus die Mission Nymphenburg im Halten ihrer guten Statistik unterstützen!

Sehr erhellend auf mein Gemüt wirkte sich dagegen der

Vorschlag des Fallüberwachers aus, wie mein Fall weiterhin zu behandeln sei. Offensichtlich aufgrund der von mir benötigten geringen Stundenzahl im Life-Repair und meinen großen »Gewinnen« sollte ich laut seinem Dafürhalten einige Stufen auf der Brücke überspringen dürfen. Herr Rahner teilte mir mit, daß mein nächster Schritt das sogenannte »ARC-Straightwire« sei. Er gab mir das zusammenfaltbare Plakat der »Brücke zur völligen Freiheit« und ließ mich die zu erreichenden Ergebnisse selbst nachlesen. Ich erfuhr, daß ich nach Absolvieren dieser Stufe die Fähigkeit besitzen sollte, mir Dinge wieder problemlos ins Gedächtnis zurückrufen zu können. Außerdem würde ich die Gewißheit erlangen, mich von nun an nicht mehr zu verschlechtern.

Klingt nicht uninteressant, dachte ich. Ich forschte nach den Stufen, die ich mir dankenswerterweise schenken konnte. Ausgelassen werden konnten gemäß Fallüberwacher immerhin das Saunaprogramm und die sogenannten »Objektiven Prozesse«, die den Zweck erfüllen sollen, sich vollkommen in der »Gegenwart des physikalischen Universums zu orientieren«, sowie der Scientology-Drogen-Rundown, ein Auditing-Schritt zur geistigen Aufarbeitung von Drogen- und Alkoholkonsum und der Einnahme von Medikamenten.

Nun ja, immerhin drei nicht unwesentliche Stufen. Ich war recht zufrieden mit mir.

Leider schien Sonja die Meinung des Fallüberwachers nicht zu teilen. Eindringlich bemühte sie sich, mir klarzumachen, daß ja schließlich jeder Mensch in irgendeiner Form – der eine mehr, der andere weniger – vergiftet sei. Selbst wenn ich mich in meinem bisherigen Leben mit Alkohol zurückgehalten und auch nur wenige Medikamente eingenommen hätte, wäre mein Gewebe nicht frei von schädlichen Substanzen. Umweltgifte hätten sich in jedem Fall abgelagert und würden sicherlich auch auf mein Leben, auch wenn ich erst zwanzig sei, Einfluß nehmen. Man habe herausgefunden, so sagte sie mir, daß beispielsweise das gemessene IQ-Ergebnis vor und nach dem Saunaprogramm oft erheblich voneinander abweiche.

Wieder einmal ließ ich mich breitschlagen. Auf die Idee, daß Sonja vermutlich nur einen fetten Punkt auf ihrer persönlichen Statistik benötigte, bin ich natürlich nicht gekommen. Außerdem sollte ich, wie ich erst viel später von einer ebenfalls ausgestiegenen Mitarbeiterin der Mission Nymphenburg erfahren hatte, nach Möglichkeit nicht allzu schnell vorankommen. Denn für den Fall, daß ich tatsächlich nur wenige Stunden bis zur Stufe Clear benötigt hätte, wäre die Mission Nymphenburg in eine finanzielle Zwickmühle geraten: das restliche auf meinem Service-Konto befindliche Geld hätte für meine weiteren Schritte – z. B. die OT-Stufen – an eine entsprechend höhere Organisation überwiesen werden müssen. Um dies zu verhindern, wollte man mich zunächst einmal in die Sauna schicken. Alles Weitere würde sich dann schon ergeben ...

Am 12. Juli unterschrieb ich die Abbuchungsbestätigung, für das Reinigungsprogramm. Zusammen mit einem Herrn aus Regensburg und Karl, einem anderen Augsburger, sollte ich von nun an einige Stunden des Tages auf den Lattenrosten verbringen. Vorab mußte ich von einem in München ansässigen Arzt – ebenfalls Scientologe und OT VII – untersucht und für die Sauna tauglich befunden werden. Ein IQ-Test (üblicher Standard???) stand ebenfalls vor meinem ersten Tag auf dem Reinigungsprogramm an. Dann bekam ich eine Liste mit verschiedenen Vitaminen überreicht, die ich in einer bestimmten Apotheke in der Nähe der Mission Nymphenburg zu besorgen hatte. Das Allblendöl war gleichfalls dort erhältlich.

Der Fallüberwacher dosierte nun die Menge des hautrötenden Niacins und aller weiterer Vitamine, basierend auf seiner Einschätzung und meiner augenblicklichen Verfassung, in ein mit Anweisungen zur Einnahme beschriftetes Schälchen, das man jeden Morgen vor Beginn des Programms an einem bestimmten Platz vorfand.

Die Saunakabine sowie Duschvorrichtungen befanden sich im Keller der Mission Nymphenburg. Hier konnte man sich auch ungestört an- und auskleiden. Nacktes Saunieren war allerdings nicht gestattet. Vorschrift waren Bikini sowie Badehose.

Da Karl ebenfalls jeden Tag von Augsburg nach München fahren mußte und wir das Reinigungsprogramm am selben Tag beginnen sollten, vereinbarten wir eine Fahrgemeinschaft. Da ich zum damaligen Zeitpunkt kein eigenes Auto besaß, konnte ich morgens zu ihm in den Wagen steigen und nachmittags oder abends, ohne mich nach ihm richten zu müssen, mit dem Zug wieder nach Hause fahren.

Gleich morgens an meinem ersten Tag nahm ich das Allblendöl ein. Es dauerte eine Weile, bis ich meinen Ekel, einen Eßlöffel reines Öl den Schlund hinunterrinnen zu lassen, überwunden hatte. Dann frühstückte ich vollwertig und traf mich mit Karl.

Im Keller der Mission Nymphenburg zogen wir uns Laufklamotten an, schluckten die vorgesehene Dosis Niacin und joggten am Kanal entlang in Richtung Nymphenburger Schloß. Nach geraumer Zeit waren wir rot wie die

Krebse. Nach etwa zwanzig bis dreißig Minuten kehrten wir in die Mission zurück, zogen uns bis auf die Badekleidung aus und gingen nach Einnahme eines Teils der anderen Vitamine in die Sauna. Die restlichen Vitamine wurden über den Tag verteilt eingenommen. Zwischendurch duschten wir uns nach Bedarf.

So oder so ähnlich verliefen alle zwölf Tage, die ich mit diesem Reinigungsprogramm zubrachte. Da der Gang in die Sauna noch nie mein Fall gewesen war – zumal Karl wie ein Besessener Aufgüsse machte –, fühlte ich mich insgeheim ziemlich unwohl. Die Dauer des Saunierens betrug bei mir durchschnittlich drei bis maximal vier Stunden täglich. Ich hatte allmählich den Eindruck, über kurz oder lang auch meine Seele mit auszuschwitzen.

Von Tag zu Tag wurde dann die Niacin-Dosis erhöht und die Menge der anderen Vitamine daran angepaßt. Nach Beendigung eines täglichen Saunaganges war ein Bericht auszufüllen, der neben den bereits eingetragenen Angaben über die Vitamin-Dosierung auch die Dauer des Joggings und beachtenswerte Reaktionen enthalten sollte sowie eventuell auftretende Beschwerden.

Außer dem Auftreten und Abklingen einer Sonnenallergie an der linken Armbeuge konnte ich keine großartigen Ergebnisse registrieren. Zwar fühlte ich mich nach der Sauna irgendwie sauberer, meine Haut war sicherlich um Klassen zarter als die eines Babypopos und einige Kilo meines lästigen Babyspecks lösten sich erfreulicherweise ebenfalls in Dampf auf, jedoch hatte ich mehr und mehr Schwierigkeiten, meine Umwelt klar und deutlich wahrzunehmen. Ich fühlte mich vollkommen ausgelaugt, müde und kaum noch fähig, meine Gedanken zu ordnen. Nach der Sauna dann noch im Kursraum zu sitzen und an meinem Studierkurs zu arbeiten, empfand ich bereits nach wenigen Tagen als absolute Qual. In der Regel hatte ich alle Mühe, mich auf den Stoff zu konzentrieren. Ich war völlig kaputt und hätte mich am liebsten sofort auf die nächstbeste Couch gelegt.

Zumeist schlief ich bereits in der U-Bahn zum Zug ein. Im Zug selbst bat ich immer einen netten Herrn oder eine freundliche Dame, mich doch bitte bei der Einfahrt in den Augsburger Hauptbahnhof zu wecken, damit ich nicht zu meinem großen Schrecken in Nürnberg oder Würzburg landete. Wie ein Ziegelstein fiel ich nach einem leichten Abendessen, das ich, den Saunaregeln Folge leistend, noch zu mir nehmen mußte, ins zumeist ungemachte Bett. Für meinen im Normalfall sorgfältig geführten Haushalt hatte ich nicht mehr die Kraft. Es ging mir zusehends schlechter. Ich hatte keinen Schwung mehr und keinerlei Antrieb, auch nur noch einen Finger zusätzlich zu rühren, wenn es nicht wirklich absolut notwendig war.

Eines Tages schrieb ich in meinen Bericht für den Fallüberwacher, mich nicht sonderlich behaglich zu fühlen. Ich schilderte ihm meine gesundheitlichen und psychischen Probleme, insbesondere auch nach der Sauna. Daß es mir bereits während dieser Stunden in der Schwitzkabine viel zu heiß und feucht war, muß nicht extra erwähnt werden.

Ich wurde zu Sonja zum Gespräch gerufen. Meine Müdigkeit und Mattigkeit seien eine vollkommen normale Reaktion meines Körpers auf das Ausscheiden giftiger Stoffe, beruhigte sie mich. Der eine habe eben mehr als der andere damit zu kämpfen, was einerseits von der körperlichen Verfassung und andererseits von der allgemeinen Verträglichkeit höherer Temperaturen in der Sauna abhänge.

Nach zwölf Tagen schließlich hatte ich die Nase gestrichen voll. Auch wenn Karl und Robert die Prozedur für ausgezeichnet befanden und unbedingt noch einige Zeit weitermachen wollten, hatte ich das ehrliche Empfinden, daß es bei mir beim besten Willen nichts mehr auszuscheiden gäbe. Bislang hatte ich mich vernünftig ernährt, dem Alkohol nur mäßig zugesprochen, keine Operationen hinter mir und nur geringe Mengen an Medikamenten eingenommen. Ich fühlte mich sauber und rein. Reiner ging es überhaupt nicht mehr. Also gab ich dem Fallüberwacher, den man übrigens als PC in der Regel niemals in einem persönlichen Gespräch zum eigenen Fall befragen darf, schriftlich zur Kenntnis, das Programm hiermit zu beenden. Nachdem keine bestimmte Dauer festgelegt war, sondern ganz individuell entschieden werden konnte, wann man seinem Gefühl zufolge aufhören möchte, durfte ich das Reinigungsprogramm unter großem Jubel und Hallo abschließen. Und selbstverständlich lauerte bereits Joe an der nächsten Ecke, um einen weiteren Punkt für seine Erfolgsberichtstatistik zu sammeln. Ich tat ihm den Gefallen und äußerte mich dahingehend, mich jetzt »gereinigt« zu fühlen. Ich dachte an die knapp 3000 Mark, die mir diese Tortur eigentlich nicht wert gewesen waren, und bemühte mich redlich, meinem Sprachschatz einige freundliche Floskeln abzugewinnen.

Nur noch ein müdes Lächeln konnte mir der IQ-Test entlocken, den ich nach Abschluß des Reinigungsprogramms nochmals zu machen hatte. Ich schnitt tatsächlich besser ab als zuvor, was mich jedoch nicht sonderlich verwunderte. Darauf angesprochen, daß es sich dabei doch um ein- und denselben Test handelte wie beim ersten Mal, meinte Sonja nur, daß dies keine bedeutende Rolle spiele. Ich wies sie darauf hin, diejenigen Dinge, die ich nicht gewußt hatte, aus Neugierde im Lexikon nachgeschlagen zu haben. Und selbstverständlich konnte ich jetzt aufgrund dessen die korrekten Antworten geben, anstatt punktezehrende Lücken zu hinterlassen. Ich brachte zum Ausdruck, daß dies meiner Ansicht nach kein vernünftiges und für einen Vergleich geeignetes zweites Ergebnis sei. Sonja hielt an ihrer Ansicht fest, daß ich durch das Reinigungsprogramm nun auf jeden Fall einen höheren IQ hätte – so oder so. Sie wisse nicht, so gab sie mir eindeutig zu verstehen, was ich überhaupt wolle.

Ein wenig unglücklich fuhr ich nach Hause. Weder seelisch noch körperlich war ich mit mir zufrieden. Vor allen Dingen deshalb nicht, weil ich mich in irgendeiner Form krank fühlte. Ich sollte mich doch eigentlich gut und erleichtert fühlen.

Zu Hause dann machte ich mir Vorwürfe. Vielleicht hätte ich mich ein wenig mehr anstrengen sollen (was auch immer ich mir damals darunter vorstellen wollte), vielleicht hatte ich ja auch was falsch gemacht. Warum nur in aller Welt hatte ich nicht ähnliche Gewinne wie die anderen? Mit mir mußte irgend etwas verkehrt sein! Oder doch nicht? Möglicherweise hatte es bei mir ja wirklich nicht viel auszuscheiden gegeben. In diesem Fall hätte der Fallüberwacher absolut recht gehabt! Hätte ich doch nur nicht auf Sonja gehört, sondern mich nach seinen weiteren Anweisungen gerichtet und gleich mit dem nächsten Auditing-Schritt begonnen!

Ich ärgerte mich wieder einmal über mich selbst und meine Unfähigkeit, ein kleines, beinahe unscheinbares und

148

doch so machtvolles Wort nicht wiederholt ausgesprochen zu haben. Sollte es denn wirklich so schwer sein, diese vier Buchstaben über die Lippen zu bringen? Warum nur wollte es mir nicht gelingen, einfach einmal nein zu sagen?

Die unmittelbar folgenden Tage vergingen, ohne daß die von mir erhofften »nachträglichen« Erfolge eintraten. Mein Zustand hatte sich zwar nach Beendigung des Saunierens etwas gebessert, gut ging es mir jedoch meinen Maßstäben zufolge noch nicht. Ich hatte ein enormes Schlafbedürfnis und kroch morgens nur unendlich langsam und unter großem Gemaule aus den Federn. Die Erwartung, in zweieinhalb Stunden im Kursraum sitzen und Hubbards Studiertechnologie inhalieren zu müssen, entlockte mir keinerlei Begeisterung, ebensowenig mein guter Vorsatz, bei Gelegenheit mal wieder in der Uni-Cafeteria einen Schluck zu trinken und anschließend ein bißchen zu studieren.

Vielleicht würden ja die »Objektiven Prozesse«, der nächste Schritt auf der Brücke direkt nach dem Reinigungsprogramm, diese Unlust und das neblige Gefühl in meinem Kopf wieder zum Verschwinden bringen. Denn nachdem ich dem Fallüberwacher meine Schwierigkeiten körperlicher und seelischer Natur gebeichtet hatte, war mir von diesem empfohlen worden, nun doch sämtliche Stufen der Brücke akkurat zu absolvieren. Gerade auch die Objektiven Prozesse sollten mir in meiner momentanen Verfassung helfen, mich wieder besser in meiner Umwelt zurechtzufinden und auch im Kursraum wieder »voll bei der Sache« zu sein.

Was hätte ich demnach anderes tun sollen? In diesem Zustand würde ich doch nie und nimmer Clear werden! Also hatte ich noch während der Saunakur eine Abbuchungsbestätigung über 2665 Mark unterschrieben. Dies war der Preis für das von mir nicht in Anspruch genommene zweite Life-Repair. Sonja hatte mir noch in tröstlichen Worten die Bemerkung mit auf den Weg gegeben, daß ich auf diese Weise die Objektiven Prozesse für einen wirklich sagenhaften Preis erhalte.

In den Objektiven Prozessen versuchte ich sodann, mich mit Johns Hilfe, der mein Auditor auch für diesen Auditing-Schritt sein sollte, wieder in meiner »normalen« Welt zurechtzufinden. John ließ mich von einer Wand zur anderen gehen, wies mich an, Handbewegungen nachzuahmen, und bat mich, Gegenstände mal hier und mal dort zu plazieren. Diese verschiedenen Übungen sollten mich, so die Theorie, wieder in einen intensiveren und bewußteren Kontakt mit den mich umgebenden Dingen bringen, kurz: eine bessere Orientierung im physikalischen Universum bewirken, wie auch in der Beschreibung dieses Schrittes auf der »Brücke« nachzulesen war.

Und ich hatte tatsächlich das Gefühl, daß es mir besser ging. Nach ebenfalls nur wenigen Stunden durfte ich diese Stufe erfolgreich abschließen und mit dem »Drogen-Rundown«, der geistig-seelischen Aufarbeitung der Auswirkungen schädlicher Substanzen, beginnen.

Zu meiner Freude hielt sich auch die für den Drogen-Rundown benötigte Zeit sehr in Grenzen. John hatte mich wiederholt in die Vergangenheit geschickt, um Alkohol- und Medikamenteneinnahme auf geistigem Wege anzugehen, wobei es bei mir nicht allzuviel zu tun gab – aufgrund fehlender Operationen und demnach auch fehlender Narkotikawirkung sowie einem Leben ohne Exzesse konnte dieser Schritt bald zu einem Ende gebracht werden.

Im Juli brachte ich den großen Studierkurs – selbstverständlich mit phantastischen »Gewinnen« – hinter mich. Gleich anschließend schnürte ich in der Mission Nymphenburg mein Bündel und machte mich auf den Weg nach München-Schwabing. Nachdem ich die komplette Ausbildung zur Klasse-IV-Auditorin in dieser nächsthöheren Organisation, unter Scientologen schlicht »Org« genannt, bereits auf Heller und Pfennig bezahlt hatte, sollte ich nun dort weitermachen, allerdings vorläufig mit einer kleinen Abwandlung, einer Kursänderung im wahrsten Sinne des Wortes: Ich sollte vor meiner Auditorenkarriere eine Ausbildung zur Kursüberwacherin machen.

In den vorangegangenen Wochen war intensiv über meine Zukunft gesprochen worden. Ich hatte erfahren, daß die neue Mission Augsburg dringend eine Kursüberwacherin benötige und ich die hierfür notwendige Ausbildung ebenfalls in der Org München-Schwabing absolvieren könnte. Ich hatte zwar mein Pädagogik-Studium noch nicht vollkommen abgeschrieben, trotzdem liebäugelte ich damit, meine Tage auf diese Weise ein wenig sinnvoller und aufregender zu gestalten. Mir wurde nahegelegt, vorerst in Teilzeit und später eventuell in Vollzeit, u. a. als voll ausgebildete Auditorin, in der Mission Augsburg tätig zu sein. Der finanzielle Aspekt an sich war für mich nebensächlich, zumal ich während meines Studiums nach wie vor Waisenrente bezogen hätte und daher im großen und ganzen abgesichert gewesen wäre.

Bei meiner Ankunft in der Org wurde ich an der Rezeption von einem schüchternen jungen Mann in Empfang genommen. Ich mußte mich ins Besucherbuch eintragen und wurde in die dritte Etage begleitet. Die Org, ein mehrstöckiges, moderneres Gebäude, beherbergte eine Vielzahl hektisch in den Fluren umhergehender Menschen, die alle schrecklich beschäftigt schienen. Die meisten von ihnen hatten irgendwelche Unterlagen unter den Arm geklemmt und grüßten freundlich, wenn wir ihren Weg kreuzten. Nicht wenigen von ihnen lag ein Strahlen auf dem Gesicht, eine Heiterkeit ganz besonderer Art. Alles schien ihnen leicht von der Hand zu gehen, sie erweckten den Eindruck glücklicher und in ihrer Arbeit aufgehender Menschen. Und ich hatte das Gefühl, dazugehören zu wollen.

Oben angekommen, wurde ich ohne Umschweife dem D of T, dem Director of Training, einer nicht sonderlich charmanten weiblichen Erscheinung, vorgestellt. Die junge Frau, vermutlich nur einige wenige Jahre älter als ich, hatte harte, beinahe verbitterte Gesichtszüge und eine unangenehme, gequetscht klingende Stimme. Sie war der Chef der Abteilung für Ausbildung und wußte bereits über meinen weiteren Werdegang Bescheid. Bevor ich mich zur Kursüberwacherin ausbilden lassen konnte, so wurde mir von ihr erklärt, müsse ich entweder den Kommunikationskurs oder, noch besser, seinen größeren Bruder, den sogenannten Pro TRs-Kurs absolvieren (Pro TRs = Professionelle Trainingsroutine – oberflächlich beschrieben handelt es sich hierbei um bestimmte Kommunikationsregeln, die umfassend behandelt und geübt werden). Praktischerweise war der Pro TRs-Kurs bereits Bestandteil meiner Auditorenausbildung und konnte daher ganz unproblematisch von meinem in der Org bestehenden Service-Konto abgebucht bzw. mit diesem verrechnet werden. Eine Einzahlung war daher nicht nötig.

Ruck, zuck landete ich im Kursraum. Nachdem ich eine

Glastür passiert hatte, stand ich vor einem riesigen Saal mit langen, weißen Tischen und großen, das Tageslicht optimal nutzenden Fenstern. An einer Wand prangte ein überdimensionales, schätzungsweise zwei mal zwei Meter großes Foto L. Ron Hubbards. Den Blick in eine ergründliche Ferne gerichtet und mit vom Winde zerzaustem Haar lächelte er zufrieden in sich hinein. Und im ersten Augenblick mußte ich auch grinsen, denn für Personenkult hatte ich mich noch nie erwärmen können.

Der Kursraum war leidlich gut besucht. Ich setzte mich an einen der zahlreichen freien Tische und erhielt meine Studentenstatistik und mein Check-sheet, ein mehrere Seiten umfassendes Programm, das die einzelnen Kursschritte in ihrer sinngemäßen Reihenfolge vorgibt. Von einem der Kursüberwacher wurde ich gefragt, wie lange ich an diesem Tag vorhätte zu bleiben, und wie bei Elena begann das Feilschen um jede Stunde, die ich mit dem Kurs zubringen könnte. Wie in der Mission Nymphenburg legte der Kursüberwacher ein bestimmtes Pensum für die mir zur Verfügung stehende Zeit fest, das ich nach Möglichkeit versuchen sollte, zu schaffen.

Mit meinem Kurs kam ich in den nächsten Tagen erfreulich gut voran. Er enthielt eine Vielzahl praktischer Übungen, u. a. die Arbeit am Knettisch, um ganze Buchpassagen in Knetmasse darzustellen und auf diese Weise zu demonstrieren, den Inhalt verstanden zu haben.

Dem Kommunikationskurs entsprechend, mußte ich auch beim Pro TRs-Kurs eine Weile mit geschlossenen Augen einem Trainingspartner gegenübersitzen, in einer weiteren Übung dann über volle zwei Stunden mit offenen Augen. Ich meisterte sämtliche dieser Übungen rasch und ohne große Probleme. Weder ließ ich mich zu einer Reaktion hinreißen, als meine Trainingspartnerin nach etwa einer Stunde weinend zusammenbrach – ich dachte, wenn ich jetzt reagierte, müßte nicht nur sie, sondern auch ich wieder von vorne anfangen –, noch als man mir beim sogenannten »bullbaiting« (Stiere reizen) sämtliche Gemeinheiten und Unhöflichkeiten dieser Welt an den Kopf warf. Ich ließ mich um keinen Preis aus der Ruhe bringen. Sinn und Zweck dieser Übungen sollte es nämlich sein, sich als Auditor oder als Kursüberwacher ganz seinem PC bzw. Studenten widmen und ihm volle Aufmerksamkeit schenken zu können, ohne sich von ihm aus der Fassung bringen zu lassen.

Andere Übungen hingegen befaßten sich mit weiteren Kommunikationsregeln, so z. B. die richtige Weise des Bestätigens, nachdem man eine Kommunikation erhalten hatte, oder der Fähigkeit, eine Frage wiederholt zu stellen, so lange, bis sie als tatsächlich beantwortet galt.

Auch wenn ich es hin und wieder als mühselig empfand, mich durch gewisse Kursabschnitte hindurchzuarbeiten, und daher bisweilen relativ lustlos nach München fuhr, war ich doch fast jeden Tag in der Org zu finden.

Als unangenehm und peinlich erschien mir wieder und wieder die Prozedur direkt zu Kursbeginn, die im Anschluß an den sogenannten »Ron-call« stattfand, dem Aufrufen der einzelnen Studenten, um die Anwesenheit zu überprüfen. Zumeist las der D of T eine kurze Passage aus Hubbards Werken vor, um uns, die Studenten, zu motivieren und auf das einzige Ziel, das Erreichen höherer geistiger Fähigkeiten und die Errettung des Planeten, einzustimmen. Es drehte mir jedes Mal aufs neue den Magen um, wenn wir nach Beendigung der »Andacht« aufgefordert wurden, »Ron eine gute Hand zu geben«.

Schlimmer noch als diese sprachliche Entgleisung war für mich die Tatsache, danach aufstehen zu müssen und das überdimensionale Konterfei des verstorbenen Hubbard zu beklatschen. Zutiefst beschämt fügte ich mich dem unsichtbaren Zwang, nach Möglichkeit nicht aufzufallen, sondern weiterhin engagiertes Mitglied der Gruppe zu sein.

Schwergefallen ist mir dieses »Ritual« noch bis zuletzt. Auch die zahlreichen folgenden Aufenthalte im Kurssaal haben daran nichts ändern können.

Am 10. August, sofort nach Beendigung des Pro TRs-Kurses, der mir eine Unzahl »überragender Gewinne« beschert hatte, stand der Mini-Kursüberwacher-Kurs an. Jetzt war es mir auch endlich wieder möglich, in der Mission mit meinem Auditing fortzufahren. Aus technischen Gründen war es nicht gestattet, während des Studierens der Kommunikationsregeln sowie der praktischen Übungen in Sitzung zu gehen.

Während dieser ersten Wochen in der Org machte ich zwei für meinen weiteren Lebensweg entscheidende Bekanntschaften. Einerseits lernte ich meinen heutigen Ehemann, zur damaligen Zeit Kursüberwacher in Teilzeit, kennen, zum anderen eine äußerst sympathische Frau um die Vierzig, die innerhalb der Org im »Flag-Büro« tätig war. Das Flag-Büro stand in Verbindung mit einer für Ausbildung und Auditing hochgeschätzten höheren Organisation in Clearwater/Florida. Elisabeth, meine neue Freundin, suchte nach Scientologen, die sich den amerikanischen Spitzenleuten anvertrauen wollten. Mich versuchte sie ebenfalls für einen Aufenthalt in Florida zu begeistern. Nachdem ich selbst allerdings noch etliche Stunden Auditing in der Mission Nymphenburg guthatte und zudem in meinen finanziellen Möglichkeiten seit geraumer Zeit ziemlich beschnitten war – beinahe mein gesamtes Vermögen war in der Mission und in der Org in Form von Auditing und Kursen »angelegt« –, kam ein Aufenthalt in Flag für mich natürlich nicht in Frage. Aber das mittlerweile sehr vertraute Verhältnis zu Elisabeth sollte dennoch Früchte ganz anderer Art tragen. Sie stellte mir eine Frage, die mich im ersten Augenblick etwas unangenehm berührte.

»Kennst du jemanden, der mir etwa 60 000 Mark leihen könnte? Selbstverständlich mit entsprechender Verzinsung und mit Sicherheiten!« Elisabeth sah mich erwartungsvoll an. Etwas überrascht schüttelte ich den Kopf.

»Ich möchte in Flag gerne die Ls machen!« sagte sie und gab mir eine Hochglanzbroschüre, der ich entnehmen konnte, daß die Ls keine Schritte auf der Brücke waren, sondern drei Auditingmaßnahmen, die die Fähigkeiten eines geistigen Wesens als eine Art Verstärker in geradezu unglaublicher Weise steigern könnten. Elisabeth war bereits Clear und erhoffte sich dadurch ein wesentlich schnelleres Vorankommen auf der Brücke.

Ich konnte ihren Enthusiasmus gut verstehen. Und wie vom Teufel geritten meinte ich schließlich, daß ich versuchen könnte, meine vermögende Verwandtschaft in der Nähe Bonns diesbezüglich anzugehen. Wie ich auf diese Idee gekommen bin, kann ich heute beim besten Willen nicht mehr nachvollziehen. Doch Elisabeth gab sich sichtlich erfreut und setzte ihre ganze Hoffnung in mich und mein Vorhaben, meine Familie zu »handhaben«. Ich sicherte ihr zu, alles Menschenmögliche von meiner Seite aus zu unternehmen, um ihr zu der von ihr benötigten Summe zu verhelfen.

An einem der folgenden Tage hielt ich mich lediglich zu Besuchszwecken in der Mission Nymphenburg auf. Auch dort hatten sich seit meiner Zugehörigkeit einige wenige, dafür jedoch um so freundschaftlichere Kontakte ergeben. Besonders gut verstand ich mich mit Lydia, der Schatzmeisterin. Sie war in der Hauptsache für die Buchführung und die Verwaltung der eingenommenen Gelder verantwortlich. Ganz unbefangen erzählte ich ihr von Elisabeth und meiner Absicht, ihr bei der Beschaffung einer größeren Summe behilflich zu sein. Lydias Interesse für diese Angelegenheit schien sich allerdings in Grenzen zu halten, und so wechselten wir bald das Thema, was mir für den Augenblick ganz recht war. Diese Elisabeth-Geschichte lag mir irgendwie im Magen. Von einem Tag zum anderen schob ich den Anruf bei meiner Verwandtschaft vor mir her. Wie hatte ich nur eine solche Zusage machen können?

Langsam bekam ich ein schlechtes Gewissen. In einer ruhigen Minute war mir die Aussichtslosigkeit und Undurchführbarkeit eines solchen Unterfangens bewußt geworden. Aber ich wollte zumindest den Schein wahren und es wenigstens einmal versucht haben. Um mich selbst beim Wort zu nehmen, bat ich in der Mission sogleich um die Möglichkeit, kurz ungestört telefonieren zu können, um, wie ich sagte, »eine finanzielle Angelegenheit zu regeln«. Ich Idiot! Wie konnte ich nur so unbedarft sein und über finanzielle Dinge auch nur ein Sterbenswörtchen verlieren, wußte ich mittlerweile doch ganz genau, daß man sich in der Mission Nymphenburg nicht zurückhalten würde, bei passender Gelegenheit noch mehr Geld aus mir herauszuquetschen.

Und so war es schließlich auch. Unmittelbar nachdem ich

den Raum verlassen hatte – ich hatte zu meiner großen Erleichterung niemanden von meiner Bonner Familie erreicht –, wurde ich zu Tina gebeten.

»Na«, fragte sie grinsend und unsympathisch wie eh und je, »möchtest du bei uns bis Clear einzahlen?«

Erst einmal blieb mir die Spucke weg. Dann jedoch verneinte ich schmunzelnd und verwies auf mein Service-Konto, auf dem noch etliche Stunden zu meiner Verfügung standen.

»Die Mission bräuchte diese Woche 80 000 Mark!« sagte sie lachend.

»Und was habe ich damit zu tun?«

»Nun«, meinte sie süffisant, »du könntest mitspielen, das Geld aufzutreiben, und dabei gleichzeitig die Brücke hochgehen. Wäre doch toll, oder?«

Ich winkte ab. Ab diesem Punkt war das Gespräch für mich nicht mehr interessant.

Die hat sie doch wohl nicht mehr alle beisammen! dachte ich wütend. Woher sollte ich bitte schön soviel Geld nehmen? Und vor allen Dingen: Wie sollte ich eine solche Summe je wieder zurückzahlen?

Ich beherrschte mich, nicht ausfallend zu werden, verabschiedete mich höflich und verließ Tinas und Sonjas gemeinsames Zimmer.

Nur wenige Minuten später las mich Herr Rahner bei Lydia auf, mit der ich einen Kaffee trank. Er bat mich zu sich ins Zimmer und kam sofort und mit festem Blick auf mein vorhin geführtes Telefonat zu sprechen. Ganz unverblümt wollte er von mir wissen, um welche finanzielle Angelegenheit es sich handelte. Ich rückte nicht mit der Sprache heraus. Diese Sache ging ihn schlicht und ergreifend nichts an!

Herr Rahner war mit dem von ihm erzielten Ergebnis nicht sonderlich zufrieden. Er beugte sich etwas zu mir vor und sah mich eindringlich an. »Du möchtest doch Clear werden, oder etwa nicht?«

»Natürlich«, entgegnete ich. »Wer will das nicht?«

»Na, dann könntest du doch einen OT-Zyklus starten, um an das Geld heranzukommen!«

»Ich bin aber noch kein OT«, meinte ich etwas genervt.

»Ich denke, auf den Willen kommt es an. Und wer sagt denn, daß nicht auch PCs hin und wieder von den in ihnen schlummernden Fähigkeiten Gebrauch machen könnten? Und du bist doch ein fähiges Wesen, oder nicht? Wenn du dich richtig ins Zeug legen würdest, könntest du dann das Geld auftreiben?«

»Wenn ich wirklich will, schaffe ich alles!« erwiderte ich hochnäsig und gab mir alle Mühe, Herrn Rahner jeglichen Zweifel an meiner überragenden geistigen Leistungsfähigkeit zu nehmen.

Diese mehr als überhebliche Aussage sollte mich schließlich den Rest meines Seelenfriedens kosten. Mir war zum damaligen Zeitpunkt in keiner Weise bewußt, welche Lawine ich mit diesem Satz losgetreten hatte. Und vermutlich glaubte ich sogar aus vollem Herzen, was ich da von mir gab. Denn seit meiner Zugehörigkeit zu Scientology hatte ich nach fast jedem Auditingschritt und jedem Kursabschnitt an Selbstsicherheit gewonnen und war mehr und mehr von den sich in mir entwickelnden Fähigkeiten überzeugt. Ich konnte förmlich spüren, wie meine Schultern allmählich breiter wurden und ich mich vom Durchschnittsbürger abzuheben begann. Nach und nach und unaufhaltsam würde ich zu einem überaus fähigen, geistigen Wesen mutieren, das vor keinem Hindernis kapitulierte! Bereits jetzt, nach nur wenigen Monaten, fühlte ich mich nicht mehr zu der Masse Menschen zugehörig, die verdrossen im grauen Lebenseinerlei wühlten, um vielleicht hier und da ein feines Bröckchen zu erhaschen. Ja, mehr noch: Nicht-Scientologen gegenüber empfand ich eine Form der Überlegenheit, für die ich mich heute noch schäme.

Dieser Größenwahn bot Herrn Rahner eine fabelhafte Möglichkeit, mich beim Wort zu nehmen. Gerade auch nach einer solchen Selbstbeweihräucherung mußte er ganz zwangsläufig auf den eigentlichen Grund seines Gesprächs zurückkommen.

»Also«, fragte er erneut, »worum handelt es sich nun bei dieser mysteriösen finanziellen Angelegenheit? Kannst du eine solche Summe beschaffen, oder reicht deine Kraft hierzu vielleicht doch nicht aus?«

»Mein Privatleben geht dich nichts an«, antwortete ich forsch, stand abrupt auf, verabschiedete mich und verließ die Mission.

Ich war richtig stolz auf mich. So einfach war es dann also wohl doch nicht, Informationen aus mir herauszukitzeln! Zwei Tage später wurde ich in der Org angerufen und gebeten, noch einmal bei Tina vorbeizusehen. Ich ging davon aus, daß sie mir mitteilen wollte, wie mein weiterer Weg auf der Brücke geplant wurde. Am Tag zuvor hatte ich mich schriftlich an den Fallüberwacher gewandt, um ihm kundzutun, mit den weiteren für mich geplanten Auditing-Schritten nicht hundertprozentig konform gehen zu können. Als übernächste Maßnahme war der sogenannte Grad 0 vorgesehen, eine Stufe, bei der der PC die Fähigkeit erlangen sollte, »frei mit jedermann über jedes Gebiet kommunizieren« zu können. Da ich meiner Ansicht nach keine Schwierigkeiten zu kommunizieren hatte, sah ich keinen Sinn darin. Außerdem hatte ich endlich meinen »schauspielerischen Akt« in der Mission Augsburg gebeichtet.

In der Mission Nymphenburg angekommen, wurde ich sogleich zu Tina ins Zimmer geleitet und ihr gegenüber plaziert. Aber anstatt wie von mir erhofft über mein weiteres Vorankommen auf der Brücke unterrichtet zu werden, hieb sie in dieselbe Kerbe wie Herr Rahner zwei Tage zuvor. Sie wollte von mir wissen, welche finanzielle Angelegenheit ich zu regeln beabsichtigte.

»Ich möchte nicht darüber reden«, sagte ich und war sehr über den Umstand verärgert, daß man mich nicht in Ruhe ließ.

»Ach«, meinte sie abschätzig, »wenn du angeblich über alles und jeden kommunizieren kannst, wie du gestern dem Fallüberwacher zu verstehen gegeben hast, warum dann nicht auch darüber? Da kann etwas nicht ganz stimmen, findest du nicht auch? Ich denke, daß du sehr wohl auf Grad 0 angewiesen bist!«

Ich war ziemlich verwirrt. Verzweifelt suchte ich nach Gegenargumenten, um Tina in ihre Schranken zu verweisen. Dummerweise fiel mir in meiner Konfusion keine entsprechende verbale Entkräftung ein. Und leider habe ich den Unterschied, jemandem etwas nicht sagen zu *können* – und ihm etwas nicht sagen zu *wollen*, erst sehr viel später begriffen.

»Vielleicht wäre es ja wirklich besser, du würdest das Geld, das du eigentlich für Elisabeth zu besorgen gedenkst, für deine eigene Brücke verwenden!« Tina blickte mich vielsagend an.

»Woher weißt du, daß ich das Geld für Elisabeth beschaffen …« Weiter kam ich nicht mehr. Sonja, die das Gespräch verfolgt hatte, fiel mir ins Wort. »Nun ja«, meinte sie wie beiläufig, »Tina ist eben ein OT VIII.«

Tina war vor wenigen Wochen auf dem Scientology-Schiff »Freewinds« zu Gast gewesen, um sich dort die nächsthöhere Stufe, die Stufe OT VIII, angedeihen zu lassen. Nun befand sie sich also nach Auffassung der Scientologen außerhalb ihres Körpers und besaß allein schon aufgrund dieses Umstandes eine wesentlich bessere Wahrnehmungsfähigkeit, insbesondere natürlich in übersinnlichen Angelegenheiten.

Ehrfurchtsvoll nahm ich Sonjas Bemerkung zur Kenntnis. Ein OT VIII, natürlich. Das hätte mir auch selbst einfallen können. Auf die Idee, daß Schatzmeisterin Lydia, der ich unbefangen von meiner Absicht erzählt hatte, für Elisabeth Geld zu besorgen, geplaudert haben könnte, bin ich selbstverständlich nicht gekommen. Ich erfuhr es erst Jahre später, nach Lydias eigenem Austritt aus Scientology, als wir uns beide redlich bemühten, reinen Tisch in unseren persönlichen Angelegenheiten zu machen.

OT VIII hin und meine angeblich mangelnde Kommunikationsfähigkeit her: trotz sämtlicher Argumente, die im Grunde gegen mich sprachen, wollte ich mich nicht so schnell geschlagen geben. Schnell erzählte ich Tina in groben Zügen dasselbe, was ich am Vortag auch meinem Fallüberwacher mitgeteilt hatte. Ich konnte und wollte mir nicht vorstellen, noch derart viele Stunden bis zum Zustand Clear zu benötigen. Bislang war ich doch auch verhältnismäßig rasch durch sämtliche Schritte hindurchgegangen, es war also nicht einzusehen, warum ich plötzlich eine Summe von 60 000 oder gar 80 000 Mark aufbringen sollte!

»Mein Fall liegt irgendwie ganz anders«, versicherte ich Tina. »Ich habe bestimmt nicht die Probleme, die andere Leute haben. Ich habe schon so vieles erlebt, den Tod meines Vaters und meiner Mutter, einen schrecklichen Unfall, und trotzdem werde ich heute nicht mehr davon berührt. Ich kann wirklich gut damit umgehen. Es kratzt mich nicht, ein Martinshorn zu hören oder an den Tod zu denken. Ich glaube einfach nicht, daß ich so viele Stunden bis Clear brauche!«

Vorläufig erwiderte Tina nichts, drehte sich nur um und zog einen gelben DIN-A4-Ordner aus dem Regal. Es handelte sich um das Pack zum PTS/SP-Kurs (Mechanismen der Unterdrückung). Nach kurzem Blättern legte sie ihn mir unter die Nase und deutete mit dem Zeigefinger auf eine Passage, die ich lesen sollte.

Und nun war es gänzlich um mich geschehen. Der Abschnitt, den Tina für mich herausgesucht hatte, befaßte sich mit der unerfreulichen Tatsache, daß Menschen, die eine Vielzahl an Secondaries (hier werden in der Hauptsache schmerzliche, rein emotionale Erlebnisse gespeichert) in ihrem reaktiven Verstand aufzuweisen haben, sagen würden, sie könnten nichts mehr empfinden. Tina wollte demnach zum Ausdruck bringen, daß ich ein »schwieriger« Fall sei, ganz im Gegensatz zu meiner eigenen Sichtweise.

Was, wenn sie tatsächlich recht hätte? Was, wenn ich wirklich unter Empfindungslosigkeit litt? Sollte ich nicht besser diesen Menschen, die sich bereits seit vielen Jahren mit der Materie beschäftigten und sich demzufolge hervorragend damit auskannten, vertrauen und auf sie hören, anstatt auf überhebliche Art und Weise zu behaupten, auf einige Schritte einfach verzichten zu können?

Ich war am Boden zerstört. Meine Selbstwahrnehmung war ins Wanken geraten. Ich wußte nicht mehr, wer ich war, was ich denken und fühlen sollte. Meine mittlerweile sehr hohe Meinung von mir selbst war vollkommen in sich zusammengefallen, mein Glaube an meine eigene Macht und Stärke hatte sich von einer Sekunde auf die andere in Nichts aufgelöst. Wie ein Häufchen Elend saß ich auf dem Besucherstuhl und war unfähig, mich gegen diese Frau, die mit Unterstützung von Sonja unablässig auf mich einredete, zur Wehr zu setzen.

Jeglicher Einwand meinerseits, eine solch hohe Summe für mich selbst zu beschaffen, wurde konsequent verworfen und wie Staub vom Tisch gewischt. Sonja und Tina argumentierten mit den schon in der nächsten Woche gewaltig steigenden Preisen und der nicht zu ignorierenden Tatsache, im Grunde keine Zeit mehr zu haben. Denn schon morgen könnte die Welt untergehen! Je mehr Clears und OTs es jedoch gäbe, desto größer sei auch die Chance, das Ruder gerade noch rechtzeitig herumzureißen.

»Bist du dir überhaupt deiner Verantwortung gegenüber Scientology und allen Menschen auf dieser Erde bewußt?« fragte mich Tina und steckte sich eine ihrer Luxuszigaretten an. »Du solltest dir eigentlich darüber im klaren sein, daß wir alles dransetzen müssen, um aus dieser schlimmen Lage rauszukommen! Vollkommen egal, wie! Hauptsache, wir schaffen es! Und du, was machst du? Du dramatisierst bis zum Gehtnichtmehr! Läßt dich von deinem reaktiven Verstand ins Bockshorn jagen!«

»Irgendwie glaube ich nicht, das Geld von meiner Verwandtschaft zu bekommen«, meinte ich kleinlaut. »Wer borgt schon einer mittellosen Studentin eine Summe von

60 000 Mark? Die müßten ja vollkommen verrückt sein! Außerdem muß ich das ja auch irgendwann zurückzahlen!«

»Keine Sorge, das bekommen wir schon hin! Und wenn alle Stricke reißen: Wir haben wirklich gute Erfahrungen mit einem Kieler und einem Österreicher Kreditinstitut gemacht. Wir könnten sogar einen Bürgen für dich auftreiben. Vorerst solltest du es aber auf alle Fälle bei deinen Verwandten und Bekannten versuchen. Schau, z. B. Wolfgang, der hat erst neulich seinen Vater auf eine stattliche Summe gehandhabt. Tja, Absicht ist eben Ursache!«

Raus! dachte ich. Einfach nur aufstehen und raus aus diesem Zimmer! Dieses »Gespräch« dauerte nun schon über zwei Stunden und kostete mich meine ganze Kraft. Ich war völlig erschöpft und wollte nur noch nach Hause. Aber einfach zu gehen war mir nicht möglich. Ich schaffte es nicht, mich vom Stuhl zu lösen und den beiden Damen mitzuteilen, daß ich an einer Fortsetzung des Gesprächs nicht interessiert sei. Ich brachte es schlichtweg nicht fertig. Allein schon deshalb nicht, um nicht als eine von ihrem reaktiven Verstand diktierte Person zu gelten, was Tina in vollem Umfang recht gegeben hätte.

Nach einer weiteren, schier endlos langen Stunde war ich an der Grenze meiner psychischen Belastbarkeit angelangt. Und nur, um aufstehen zu können und endlich meine Ruhe zu haben, versprach ich schließlich, entgegen meiner eigenen Überzeugung, meine Verwandtschaft um Geld anzugehen.

Was war mir elend zumute, als ich kurz nach 22 Uhr die Mission verließ und mich auf den Weg zum Bahnhof machte. Zu Hause angekommen, wollte ich nichts weiter, als abschalten und alles um mich herum vergessen. Wie eine Tote fiel ich ins Bett, ausgelaugt und mit dem Gefühl, ein Zentner Blei laste auf meiner Seele.

Am nächsten Vormittag, ich war ausnahmsweise nicht in der Org auf »study«, setzte ich mich, wie von mir verlangt, ans Telefon. Es dauerte unendlich lange, bis ich endlich den Hörer in die Hand nahm und die Nummer meiner Tante in der Nähe Bonns wählte. Vorab hatte ich mir überlegt, was ich sagen würde – was ich überhaupt sagen könnte. Nie und nimmer würde ich auch nur einen Pfennig zu sehen bekommen, wenn ich zugäbe, bei Scientology zu sein. Ich mußte mit schlagkräftigen und einigermaßen plausiblen Argumenten aufwarten. Gleichzeitig hoffte ich inständig, sie und ihr Mann würden nicht zu Hause sein, damit dieser Kelch noch für einen oder zwei Tage an mir vorüberginge.

Sie waren zu Hause. Leider.

Meine schlagkräftigen und einigermaßen plausiblen Argumente bestanden nun in der Behauptung, mein Ein-Zimmer-Apartment in Augsburg stehe seit kurzem zum Verkauf. Ich gab vor, es gern erwerben zu wollen, allerdings sei mein Sparvermögen hierfür nicht ausreichend. Es würden mir noch 60 000 Mark fehlen, die ich mir nun von ihnen borgen wollte. Außerdem wäre ich, sofern ich das Geld nicht auftreiben sollte, gezwungen, in absehbarer Zeit auszuziehen – was natürlich Nonsens war! Offensichtlich ging ich davon aus, daß meine Tante ebenso wenig Ahnung von Mietrecht hatte wie ich selbst.

In so manch stiller Minute frage ich mich noch heute, wie mir diese Lüge überhaupt über die Lippen gekommen ist, wie ich mich als denkendes Menschenwesen derart selbst erniedrigen und meinen Stolz, aufrecht durchs Leben zu gehen, in dieser raschen, kaum noch nachvollziehbaren

Weise verlieren konnte. Die ganze Sache war mir derart peinlich, daß ich mir am liebsten ein metertiefes Loch gegraben hätte und sang- und klanglos darin verschwunden wäre.

Nachdem ich mein Anliegen erschöpfend vorgetragen hatte, wartete ich mit einem schalen Geschmack im Mund auf die Reaktion. Am anderen Ende der Leitung entstanden einige lange Pausen. Meine Tante hielt sich mit Äußerungen zum Thema zurück, hakte nur hier und da etwas nach und brachte mich bisweilen ins Stottern. Trotz meiner miserablen geistigen Verfassung spürte ich ganz genau, daß sie mir kein Wort glaubte.

Wahnsinnig erleichtert auf der einen Seite, schamerfüllt bis in die Haarspitzen auf der anderen legte ich den Hörer wieder auf. Glücklicherweise hatte ich keine Zusage über die von mir gewünschte Summe erhalten. Doch der Zentner Blei war noch nicht verschwunden. Nach wie vor fühlte ich mich irgendwie bedrängt, gehetzt, verfolgt. Verfolgt von dem Gedanken, schnellstmöglich an Geld heranzukommen, um mich und diese Erde zu retten. Nicht zu vergessen die Statistik der Mission Nymphenburg, die bis Donnerstag, 14 Uhr, wieder auf Platz eins stehen mußte, was Tina unmißverständlich zum Ausdruck gebracht hatte. Ich mußte also unbedingt noch jemand anderen fragen!

Über drei Stunden drückte ich mich in der Nähe des Telefons herum, ohne Karin, mein nächstes Opfer, anzurufen. Doch dann faßte ich mir ein Herz und ließ mich an ihrer Arbeitsstelle mit ihr verbinden. Sie wußte mittlerweile, daß ich aktives Mitglied in Scientology geworden war, wohingegen sie sich nach ihrem eigenen Persönlichkeitstest und ihrem anfänglichen Interesse nicht weiter für die Sache interessiert hatte. Ich erzählte ihr, daß ich dringendst Geld benötigte, um in meiner geistigen Entwicklung fortfahren zu können. Ich bekniete sie wie eine Sterbende, deren letztes Fünkchen Leben zu verlöschen drohte. Im Laufe des Gesprächs ging ich mit der Höhe meiner Forderung allerdings immer weiter in den Keller und landete schließlich bei 30 000 Mark, die sie mir doch freundlicherweise als Privatkredit zur Verfügung stellen möchte.

Nachdem wir uns schon so lange kannten, wollte sie mir im Augenblick nicht gänzlich absagen, sondern die Angelegenheit erst mit ihrem Lebenspartner besprechen.

Auch das noch! Jürgen war meines Wissens immer so schrecklich korrekt und vernünftig! So wie ich die Sachlage einschätzte, würde ich die Geschichte vermutlich vergessen können!

Karin konnte sich aus Zeitgründen nicht weiter mit mir unterhalten und bat mich, gegen 17 Uhr bei ihr zu Hause anzurufen. Mit einem Pulsschlag bis zu den Schläfen klingelte ich Punkt fünf bei ihr an. Sie teilte mir mit Bedauern mit, daß Jürgen ihr abgeraten hätte, mir Geld zu leihen. Seiner Ansicht nach stünde ich unter enormem Druck, was mit Sicherheit meine Urteilsfähigkeit herabgesetzt hätte.

Ich bedankte mich trotzdem, verabschiedete mich hastig und legte auf.

Gott s e i Dank! Obwohl ich ein wenig verärgert war, wieder keinen Erfolg vorweisen zu können, fühlte ich mich doch wie befreit. Ich würde Tina guten Gewissens mitteilen können, nichts, aber auch gar nichts, erreicht zu haben. Und auf diese Kreditgeschichte würde ich mich auch nicht einlassen! Unter keinen Umständen!

Entspannt setzte ich mich in meinen Fernsehsessel. Das

erste Mal seit Wochen sah ich mir wieder die Nachrichten an. Zu meiner eigenen Verwunderung mußte ich feststellen, überhaupt nicht mehr im Bilde zu sein! Interessiert verfolgte ich das Geschehen auf dieser Welt, das seit geraumer Zeit nur noch wie graue Nebelschleier an mir vorübergezogen war. Es war eine Welt, die ich nicht mehr kannte und zu der ich nicht mehr gehörte – zu der ich nicht mehr gehören wollte.

Irgendwann nach 18 Uhr läutete das Telefon. Tina war am Apparat. Sie erkundigte sich nach dem Stand der Dinge.

»Nein«, sagte ich, »bei meiner Verwandtschaft und auch Bekanntschaft ist nichts zu machen.«

»Wie hast du es denn angestellt?« wollte Tina unwirsch wissen. Sie klang ziemlich verärgert. Unschuldig berichtete ich ihr von meinen Bemühungen, an die Summe heranzukommen.

»Du bist ein Arschloch, Jutta Elsässer!« brüllte Tina durch den Hörer. »Warum hast du nicht auf die Tränendrüse gedrückt?«

Ich war vollkommen von den Socken! Unter normalen Umständen hätte ich einfach den Hörer aufgelegt, ohne lange zu überlegen, wie man mit einer derartigen Beleidigung umzugehen hatte. Ich tat es aber nicht.

»Komm noch heute abend in die Mission«, befahl Tina. »Wir werden noch mal über die Sache reden.«

Als ob nicht ich, sondern irgendeine mir unbekannte Person die Bewegungen ausführte, packte ich meine Handtasche, fuhr mir kurz durch die Haare und verließ meine Wohnung. Knappe eineinhalb Stunden später saß ich Tina gegenüber.

»Sieh dir das mal an«, sagte sie zu meiner Überraschung sehr freundlich, aber bestimmt. »Das ist ein Kreditantragsformular. So was verwenden wir hier öfter.« Ich nahm das Papier mit mehreren Durchschlägen in die Hand und beäugte es mißtrauisch. Auf dem Antragsformular war zu lesen, daß bei Nachweis einer sechsmonatigen, ununterbrochenen Erwerbstätigkeit eine Kreditgewährung bereits innerhalb von nur acht Wochen möglich sei.

»Vollkommener Quatsch«, sagte ich laut und gab mir nicht die geringste Mühe, meine Wut für mich zu behalten. Ein Anflug von Vernunft schien mich erfreulicherweise für einen kleinen Moment zu streifen.

»Wie stellt ihr euch das eigentlich vor?« fuhr ich schließlich fort, nachdem es niemand für nötig befunden hatte, auf meine Äußerung einzugehen. »Ich befinde mich im Augenblick weder in einem derartigen Beschäftigungsverhältnis, noch habe ich vor, in nächster Zukunft ein solches einzugehen. Was also soll der Unsinn?«

»Wir könnten vorläufig einen Bürgen oder einen anderen Kreditnehmer für dich stellen, den du dann zu gegebener Zeit, wenn sechs Monate deiner Kursüberwachertätigkeit in Augsburg verstrichen sind, auslöst. Du übernimmst dann einfach die Verpflichtung für den Kredit. Geht ganz problemlos. So was haben wir hier schon öfter gemacht.« Und nun stellte Tina einige hochinteressante Rechnungen auf. Auf ihr bereits bekannte Informationen zurückgreifend, legte sie für eine aufzunehmende Summe von 60 000 Mark eine monatliche Rate von etwa 700 Mark fest. Die Laufzeit sollte sage und schreibe zwölf Jahre betragen.

Ich bat für eine Sekunde um ihren Taschenrechner. Und kurz danach traf mich der Schlag! Sollten die angegebenen Zahlen tatsächlich stimmen, würde ich für diesen

Kredit über 100 000 Mark zahlen müssen! Dazu eine Laufzeit, die aus meiner damaligen Sicht kaum zu überblicken war. Tina mußte übergeschnappt sein!

Über eine solchermaßen hartnäckige, penetrante und jeglicher Vernunft entbehrende Art, über mich an Geld heranzukommen, konnte ich nur noch den Kopf schütteln. Beinahe spaßeshalber – ich hatte mich bereits zum Gehen fertiggemacht – stellte ich eine letzte Frage: »Gesetzt den Fall, ich würde einen Kredit aufnehmen oder über jemand anderen aufnehmen lassen: Würde ich als Kursüberwacherin in der Mission Augsburg überhaupt so viel verdienen, um die Raten zahlen zu können?«

»Auf jeden Fall über 2000 Mark im Monat«, tönte es vom Fenster her. Sonja schaltete sich engagiert in unser Gespräch ein.

»Netto oder brutto?«

»Netto, natürlich.«

»Kann ich mir nicht vorstellen. Wie soll denn eine so junge Mission, die noch nicht einmal vollständig eingerichtet ist und kaum Publikumsverkehr hat, jemandem 2000 Mark bar auf die Hand zahlen? Ich werde dort ja schließlich nicht die einzige sein.«

»Wenn ich es dir doch sage: Wir haben Günther Braindl gehandhabt, dir über 2000 Mark zu zahlen«, wiederholte Sonja und sah zu Tina hinüber, die bestätigend nickte.

»Davon abgesehen«, meinte Sonja, »dürfen wir davon ausgehen, daß du durch deine größeren Fähigkeiten als Clear und OT viel schneller zu Geld kommen wirst, als du es dir heute vorstellen kannst. Clears und OTs haben immer Erfolg im Leben. Vielleicht solltest du unternehmerischer denken und es einfach als notwendige Investition ansehen!«

Ich begann zu kalkulieren. Ein mir zur Verfügung stehendes Einkommen von über 2000 Mark im Monat abzüglich 450 Mark Miete, etwa 700 Mark Rate für den Kredit, rund 200 Mark für Versicherungen, Strom, Telefon usw. und 600 Mark für eine bescheidene Lebensweise. Nun ja, könnte gerade so hinkommen. Und für den Fall der Fälle könnte ich mir immer noch eine Nebenbeschäftigung suchen, um mir einen kleinen Zusatzverdienst zu sichern. Unsinn! Erstens hatte die Mission Nymphenburg sicherlich keinen so zukunftsblinden Scientologen an der Hand, der für mich, eine abgebrannte Studentin, das Risiko einer Bürgschaft oder gar einer vorläufigen Kreditübernahme auf sich nehmen würde, und zweitens wäre ich vollkommen verrückt, eine solche Verpflichtung über so viele Jahre hinweg einzugehen. Deshalb nahm ich die mir beim Hinausgehen gestellte und von mir mit einem Ja beantwortete Frage, im Falle des Falles mit einem von der Mission Nymphenburg besorgten Kreditgeber einverstanden zu sein, eigentlich nicht ernst. Ich konnte mir nicht vorstellen, daß man bis Donnerstag, 14 Uhr, – es waren nur noch etwa 15 Stunden bis dahin! – zu einer derart risikofreudigen Person kommen könnte. Ich konnte demnach ganz beruhigt zustimmen. Mein Größenwahn war eindeutig wieder auf dem aufsteigenden Ast. Ich fühlte mich mittlerweile wesentlich besser und im großen und ganzen als Herr der Lage.

Am nächsten Tag war ich erstaunlich gut gelaunt und dachte nur noch hin und wieder an diese beinahe lächerliche Unterredung. Ich wunderte mich über mich selbst und meine unbegreifliche Bereitschaft, mich derart in die Mangel nehmen zu lassen. Irgendwie konnte ich plötzlich nicht mehr nachvollziehen, mit welchen Mitteln man es fertiggebracht hatte, mich in die Ecke zu treiben. Ich nahm mir fest vor, solche Versuche in Zukunft von vornherein im Keim zu ersticken.

Wenige Minuten nach 13 Uhr, die große Pause war gerade vorbei, wurde ich aus dem Kurssaal der Org ans Telefon geholt. Tina flötete durch die Muschel, die Situation »gehandhabt« zu haben.

»Ich konnte einen guten Freund von mir überreden, etwas über 46 000 Mark auf dein Service-Konto einzuzahlen. Na, ist das nicht phantastisch?«

Allerdings! Mir stockte der Atem. Im ersten Moment wußte ich nicht, was ich sagen sollte.

»Bist du noch dran?«

»Wie war das? Ein Freund von dir hat 46… der hat 46 000 Mark auf mein Service-Konto eingezahlt?«

Aus dem Hörer kroch ein triumphales »Jawohl!«. Ich mußte mich erst mal setzen.

»Du solltest so bald wie möglich mit deinem Auditing weitermachen«, sagte Tina sachlich. »Genug Geld steht dir ja nun zur Verfügung.«

»Das gibt's ja nicht!« sagte ich ungläubig. »Das kann ja überhaupt nicht sein!«

»Warum nicht? Was sollte dagegen sprechen?«

»Und … wann … will er es wiederhaben?« Meine Stimme zitterte. Unvermittelt stand mir der Schweiß auf der Stirn. Der Gedanke an eine Schuldsumme dieser Höhe rüttelte ziemlich an meinen Nerven.

»In zwei Monaten«, erwiderte Tina gelassen.

»Und wie soll ich es bis dahin zurückzahlen? Soll ich es mir vielleicht aus den Rippen schneiden? Ich will das Geld nicht! Sag deinem Freund, daß ich das Geld nicht haben will!«

»Das ist dein reaktiver Verstand, der jetzt mit mir spricht! Das bist nicht du! Du bist ein geistiges Wesen und würdest dir eine solche Chance niemals durch die Lappen gehen lassen!«

»Aber ich kann das Geld nie und nimmer zurückzahlen! Wovon denn auch! Und dann schon in zwei Monaten!«

»Hör auf herumzudramatisieren. Wir bekommen die Sache schon in den Griff. Wir kümmern uns um jemanden, der einen Kredit beantragt und die Summe meinem Freund nach Ablauf der Frist zurückzahlt. Und nachdem du ja bald Kursüberwacherin in Augsburg sein wirst, kannst du die Verpflichtung in sechs Monaten übernehmen. Wo soll da das Problem sein? Haben wir gestern doch schon alles lang und breit durchgekaut!«

»Das gefällt mir nicht! Das gefällt mir überhaupt nicht!« Unruhig rutschte ich auf meinem Stuhl hin und her und überlegte krampfhaft, wie ich meinen Kopf aus der Schlinge ziehen könnte.

Tina begann zu fluchen. Sie beschimpfte mich unflätig, nannte mich feige und rückgratlos und warf mir vor, ihre Bemühungen, mir auf meinem geistigen Weg weiterzuhelfen, in keiner Weise zu würdigen. Angesichts der nahenden und nur durch große gemeinsame Anstrengung zu verhindernden globalen Katastrophe könne ich es mir einfach nicht leisten, diese Gelegenheit, die »Brücke« hochzugehen, verstreichen zu lassen. Ich hätte verdammt noch mal der mir obliegenden Verantwortung nachzukommen, alles in meiner Macht Stehende zur Rettung dieser Welt beizutragen!

Nach zwanzig Minuten hatte sie mich soweit, die (laut ihrer Aussage bereits vorgenommene) Einzahlung dieser nicht ganz alltäglichen Summe auf mein Service-Konto

174

zu akzeptieren. Mehr noch: Es war ihr sogar gelungen, mich mit ihrem Enthusiasmus anzustecken, indem sie mir ohne Ende von den sagenhaften Erlebnissen, die ich schon bald als Clear und OT ebenfalls würde genießen können, in den höchsten Tönen berichtete. Bereits in wenigen Monaten würde ich in den Besitz geistiger Fähigkeiten gelangen, die jeder Beschreibung spotteten! Was waren dagegen schon lächerliche 46 000 Mark Schulden! Mit meinen durch Auditing erlangten Fertigkeiten würde ich diese Summe so oder so in Null Komma nichts zum Verschwinden bringen!

Doch damit nicht genug. Ich sollte auch noch am selben Tag – prophylaktisch sozusagen und um der Org eine gute Statistik zu verschaffen – den sogenannten CCRD (Clear Certainty Rundown), den Clear-Gewißheits-Rundown, einzahlen, ein überprüfender Auditing-Schritt, der notwendig wird, wenn der PC der Auffassung ist, den Zustand Clear erreicht zu haben.

Tina überredete mich erfolgreich, für zehn Stunden CCRD 3600 Mark in bar in der Org einzuzahlen. Und um der Statistik Genüge zu tun, vorzugsweise noch vor 14 Uhr.

Ich überlegte, wo ich diese Summe auf die Schnelle hernehmen sollte. Mein Girokonto wies noch etwas über 2000 Mark Guthaben auf, welches ich mir allerdings für Notzeiten aufsparen wollte.

Dann fiel mir mein Postsparbuch wieder ein. Ich hatte es vor Jahren für meine häufigen Frankreichaufenthalte angelegt. Es wies exakt einen Betrag von 3500 Mark zuzüglich Zinsen auf. Ich versprach Tina definitiv, es am nächsten Tag aufzulösen, so daß die Org noch am heutigen Tage einen weiteren Punkt auf ihrer Geldstatistik würde verzeichnen können.

Tina äußerte sich sehr wohlwollend über das mit mir geführte letzte Drittel des Gesprächs, lobte mich nochmals ausführlich für meinen »Konfront«, mir insgesamt zehn zusätzliche Intensive Auditing in der Mission Nymphenburg geleistet zu haben, womit ich den Zustand Clear so gut wie sicher in der Tasche hätte, und verabschiedete sich in bester Stimmung.

Als ich den Hörer aufgelegt hatte und noch eine Minute neben dem Telefon sitzen blieb, um mich wieder zu sammeln, wurde mir allmählich die Tragweite dieser von mir getroffenen Zusage bewußt. Konnte ich mich wirklich auf Tina und Sonja verlassen? Konnte ich mir sicher sein, daß die Sache in jeder Hinsicht in Ordnung ging? Mein Gefühl hatte hierzu seine eigene Meinung. Es sagte mir ausnehmend deutlich, daß ich gerade dabei war, mich mit Vollgas in größte Schwierigkeiten hineinzumanövrieren. Ruf an! dachte ich verzweifelt. Mach einen Rückzieher! Laß nicht einfach über dich verfügen und deine Entscheidungsfreiheit untergraben! Noch hast du Zeit dazu, noch kannst du aus dieser Geschichte aussteigen!

Wie lange ich unbeweglich auf das grüne Telefon starrte, kann ich heute nicht mehr sagen. Es müssen etliche Minuten gewesen sein. Mehrere Male unternahm ich im Geiste den Versuch, Tina anzurufen. Doch meine Gliedmaßen schienen am Tisch oder Boden festzukleben. Ich war wie gelähmt.

Gott, was war mir schlecht! Mein Magen fühlte sich an, als hätte er eine Geröllhalde zu verdauen. Alles in mir zog sich zusammen, selbst das Atmen fiel mir schwer.

Im Kurssaal brütete ich dann über meinen Materialien und nahm all meinen Willen zusammen, mich auf den Stoff zu konzentrieren und nicht schlappzumachen.

Die nächsten zwei Wochen gingen ins Land, ohne daß ich mich bei Tina oder Sonja persönlich hätte blicken lassen oder daß ich etwas von den beiden gehört hätte. Unbewußt hatte ich mich dazu entschlossen, einfach nicht an diese unerfreuliche Angelegenheit zu denken. Ich gab mich der Hoffnung hin, daß schon alles gutgehen würde. Zur Not, so dachte ich blauäugig, könnte ich immer noch sagen, das Geld nun doch nicht für meine »Brücke« verwenden zu wollen, so daß es dem Spender wieder unangetastet zurückgegeben werden könnte. Diese scheinbar praktikable Ausstiegslösung beruhigte mich etwas und gab mir die Möglichkeit, nicht in Panik zu verfallen, eines Tages mit einem unbezahlbaren Berg Schulden dazustehen.

Glücklicherweise – oder sagen wir besser: unglücklicherweise – kam ich kaum noch zum Nachdenken. Meine Tage in München waren von morgens bis spätabends zumeist komplett ausgefüllt. Ohne Unterlaß pendelte ich zwischen der Org und der Mission Nymphenburg hin und her, um einerseits meinen Mini-Kursüberwacher-Kurs weiterzuführen, andererseits Auditing in den Kellergewölben der Mission zu erhalten. Noch verfügte ich über etliche Stunden auf meinem Service-Konto, die ich selbst bezahlt hatte. Nach etlichen Tagen wagte ich mich wieder in Tinas und Sonjas Nähe. Mich empfing eine eiskalte, eine geradezu widerliche Atmosphäre. Über die Kreditangelegenheit und die Suche nach einem entsprechenden Antragssteller wurde zu meiner Verwunderung mit keinem Wort gesprochen – was mich natürlich sehr belastete.

Anhand dieser Begebenheit lernte ich, massiven psychischen Druck auszuhalten. Mein bereits mit Erfolg antrainierter Verdrängungsmechanismus funktionierte im großen und ganzen recht gut. Nur noch gelegentlich dachte ich an mögliche Konsequenzen für den Fall, in absehbarer Zeit keinen netten Menschen, der mir freundlicherweise aus der Patsche helfen würde, aufzutreiben. Manchmal überlegte ich mir auch, selbst nach geeigneten Persönlichkeiten Ausschau zu halten. Alle Scientologen jedoch, die ich bislang näher kennengelernt hatte, waren zum Teil selbst sehr hoch verschuldet. Zu den reicheren hatte ich keine intensive Beziehung, zumal diese Leute in der Regel keine Mitarbeiter, sondern sogenannte »publics« waren, die lediglich am Wochenende und in ihrer Freizeit im Kurssaal oder im Auditing saßen. Und schließlich konnte ich nicht einfach jemanden am Ärmel zupfen und ihn fragen, ob er nicht gewillt wäre, für mich aus reiner, scientologischer Nächstenliebe heraus als vorläufiger Kreditnehmer 46 000 Mark aufzunehmen, um diese Summe Tinas Freund nach Ablauf der vereinbarten zwei Monate zurückzuzahlen.

Blieb mir also nur noch zu hoffen, daß die Mission Nymphenburg wie versprochen ihr Räderwerk bereits in Gang gesetzt hatte und in Bälde mit einem passablen Kandidaten aufwarten würde.

Der Schritt zuviel

Elisabeth aus dem Flag-Büro hatte ich inzwischen eine Absage erteilt. Von meinen Versuchen, die eigentlich für sie vorgesehene Summe für mich zu beschaffen, hatte ich ihr nichts erzählt. Wäre ja auch zu blamabel gewesen!
Elisabeth war erstaunlicherweise nicht sonderlich enttäuscht, sondern glaubte unerschütterlich an sich selbst und ihre Kraft, ihr Ziel unter allen Umständen zu erreichen.
»Komm mal kurz mit«, sagte sie und hakte damit das Thema ein für alle Mal ab, »ich möchte dir jemanden vorstellen.« Wir gingen zwei Stockwerke höher und stießen im Flur auf zwei dunkelblau uniformierte junge Frauen, die sich angeregt mit einem älteren Herrn unterhielten.
»Das sind Mitglieder der Sea-Org«, ließ mich Elisabeth wissen.
Die Sea-Org gilt in Scientology als die höchste Organisation, die Elitetruppe gewissermaßen. Elisabeth gab den beiden ein Zeichen, sie mögen doch bitte nach Beendigung ihres Gesprächs zu ihr ins Büro kommen.
Nach einer knappen halben Stunde, Elisabeth hatte mich derweil mit der Lektüre einiger Hochglanzmagazine über Flag beschäftigt, standen sie vor der Tür. Ich bekam ziemlich rasch mit, daß ich der Grund für ihren Besuch bei Elisabeth war. Sie kamen aus Kopenhagen und waren in München, um neue Mitglieder für die Sea-Org zu

»rekrutieren«. Wir unterhielten uns leidlich gut in Englisch, und ich wurde eingehend über meine Möglichkeiten als Mitglied dieser besonderen Organisation unterrichtet.

Elisabeth klärte die beiden über mein Vorhaben, Auditorin und Kursüberwacherin zu werden, auf und erzählte von meinem starken Wunsch, dieser Erde zu einem besseren Zustand zu verhelfen. Man bot mir an, doch in die Sea-Org zu gehen, um mich dort zur Klasse-XII-Auditorin ausbilden zu lassen, den höchstmöglichen zu erreichenden Ausbildungsstand überhaupt. Kost und Logis wären für mich vollkommen frei, ich wäre eingebettet in eine ordensähnliche Gemeinschaft gleichgesinnter, motivierter und machtvoller Wesen, die allesamt an einem Strang zögen, ohne von den Alltagsgeschäften, die uns normalerweise von der Außenwelt auferlegt würden, belästigt zu werden. Davon abgesehen würde ich, u. a. durch meine Ausbildung zur Klasse-XII-Auditorin, die ganze »Brücke« (!) quasi umsonst bekommen, als kostenlose »Begleiterscheinung« sozusagen. Gehalt im eigentlichen Sinne würde ich nicht erhalten, lediglich einige wenige Dollar Taschengeld in der Woche.

Unbeschreibliche geistige Fähigkeiten zum Nulltarif waren, wie ich meinte, durchaus eine Überlegung wert. Ich gab mich nicht uninteressiert und stellte einige detaillierte Fragen, die offenbar keinen Zweifel an meiner grundsätzlichen Bereitschaft zu lassen schienen, auch andere Wege zu beschreiten. Spaßeshalber setzte mir eine der jungen Frauen ihre Mütze auf, was mir allerdings weniger angenehm war. Denn noch war ich nicht soweit. Eine solche Sache mußte reiflich überlegt sein. Außerdem hatte ich der Mission Augsburg versprochen, dort als Kursüberwacherin zu fungieren. Einen Mitarbeitervertrag hatte ich bereits unterzeichnet.

»Never mind«, meinte die kleine Dunkelhaarige. »We will find a replacement for you!« Man versicherte mir, daß für den Fall meines Eintritts für Ersatz gesorgt werde – denn die Absicht, in die beste und schlagkräftigste Gruppe dieses Planeten einzutreten, habe absoluten Vorrang, der von allen untergeordneten Missionen und Organisationen zu respektieren sei.

Ich war begeistert. Ich schwelgte in der Vorstellung, als künftiges Sea-Org-Mitglied noch höher zu steigen, noch fähiger zu werden, noch mehr erreichen zu können. Ich beschäftigte mich ernsthaft mit dem Gedanken, dort einzutreten. Trotzdem war mir im Augenblick nicht danach, den mir vorgelegten Vertrag zu unterschreiben.

Daß eine Vereinigung dieses Formats ihre Mitarbeiter nicht wie ansonsten üblich für lächerliche zweieinhalb oder fünf, sondern für eine volle Milliarde Jahre verpflichtete, überraschte mich nicht sonderlich. Inzwischen hatte ich einiges aus Hubbards vielfältigem Schriftmaterial »inhaliert« und wußte demnach, daß nach erfolgreichem Abschluß der scientologischen Arbeit auf dieser Welt andere hilfebedürftige Planeten dieses Universums an der Reihe waren.

Nach Unterzeichnen des Vertrags und entsprechenden Schulungen würde ich mich unmittelbar nach jedem zu Ende gegangenen Leben automatisch an meine Verpflichtung gegenüber der Sea-Org erinnern, mir aus diesem Grund entsprechende Umstände für meine Geburt aussuchen (z. B. ein Mitglied der Sea-Org als Mutter auswählen) und wieder dazustoßen. Leben für Leben, Jahrhundert für Jahrhundert.

Und wie jeder Scientologe würde ich meine bisher erworbenen geistig-seelischen Fähigkeiten durch den Tod nicht verlieren, sondern mit in das nächste Leben hinübernehmen, um nach einer Phase des Sich-Erinnerns nahtlos dort anzuknüpfen, wo ich aufgehört hatte ...

In der Mission Nymphenburg, in der ich nach wie vor regelmäßig Auditing auf meine Kosten erhielt, hatte ich nun mit einem Problem ganz besonderer Art zu kämpfen. Obwohl ich wunderbare »Gewinne« auf dem Schritt ARC-Straightwire (dem Schritt, durch den der PC weiß, daß er nicht mehr in schlechtere seelische Zustände zurückrutschen kann) zu verzeichnen hatte und ebenfalls ausgezeichnet auf Grad 0, wo meine Kommunikationsfähigkeit ausgebaut werden sollte, vorankam, wollte ich nicht mehr weitermachen. Natürlich hatte ich mittlerweile eingesehen, daß es Bereiche des menschlichen Daseins gibt, auf die wir empfindlich reagieren. Und selbstverständlich kann es uns manchmal schwerfallen, unbefangen über einige Dinge zu kommunizieren.

Dieses Problem sollte auf Grad 0 gelöst werden. Einen Abschnitt einer solchen Grad-0-Sitzung habe ich noch recht gut in Erinnerung:

Von meinem Auditor wurde neben anderen Maßnahmen eine Liste am E-Meter abgearbeitet, die bestimmte Begriffe enthielt, auf die Menschen im Normalfall gefühlsmäßig ansprechen. Bei einigen dieser Begriffe schien die Nadel nicht auszuschlagen, andere wiederum fragte er zweimal ab, um sicherzugehen, ob ich tatsächlich reagiert hatte. Ganz eindeutig sprang ich wohl auf das Wort »Penis« an, das es nun anzugehen galt.

»Okay«, sagte John. »Das nehmen wir auf. Von wo aus kannst du zu einem Penis kommunizieren?«

»Von der Wand aus.«

»Danke. Von wo aus kannst du noch zu einem Penis kommunizieren?«

»Vom Bild da hinten aus!«

»Gut. Von wo aus kannst du weiterhin zu einem Penis kommunizieren?«

»Von meinem Stuhl aus.«

Usw., usw.

Die Prozedur wurde beendet, als das Wort Penis keine Reaktion mehr auslöste. Die »schwebende Nadel« zeigte schließlich an, daß ich nun frank und frei über Penisse reden konnte.

Ich erhebe keinen Anspruch auf absolute Korrektheit und Vollständigkeit meiner Darstellung, trotzdem dürfte ich in etwa festgehalten haben, in welcher Form Teile dieser Sitzungen ablaufen.

Trotz meiner nun frisch erlangten Fähigkeit, mit jedem, der mir gerade über den Weg lief, über männliche Geschlechtsorgane diskutieren zu können, wollte ich diese Stufe auf alle Fälle abbrechen. Ich ließ meinen Fallüberwacher wissen, an einer Fortsetzung des Auditing nicht interessiert zu sein. John hatte mir daraufhin einige Fragen zu stellen, und bereits am Tag darauf wurden meine Unterlagen in die Org geschickt, um dort den Clear-Gewißheits-Rundown vorzubereiten.

Himmel, was war ich aufgeregt! Denn in dieser ganzen Geschichte lag eine unglaubliche, nicht in Worte zu fassende Schizophrenie! Auf der einen Seite wurde mir von Tina wiederholt vorgeworfen, ich ließe mich zu sehr von meinem reaktiven Verstand beherrschen, auf der anderen Seite könnte gemäß Fallüberwacher die Möglichkeit bestehen, daß ich bereits Clear wäre, ohne es zu wissen!

Bereits vor geraumer Zeit waren meine überzogenen Vorstellungen über den Zustand Clear relativiert und auf ein verhältnismäßig »normales« Maß heruntergeschraubt worden. Im Laufe der Monate hatte ich mehr und mehr Clears kennengelernt. Auf den ersten, zweiten und auch dritten Blick handelte es sich um vollkommen gewöhnliche Menschen, die nichts Besonderes auszeichnete – und dennoch gaben sie mir auf Anfrage alle zu verstehen, daß es ihnen sehr, sehr gutgehe, daß dieser Zustand ein sehr schöner sei und sie ihn keinesfalls missen wollten.

Hundertprozentig zufriedenstellen konnten sie mich mit diesen Aussagen verständlicherweise nicht. Erstaunt war ich dagegen des öfteren über unüberlegte, ja geradezu unvernünftige Reaktionen angeblicher Clears und OTs. Im Normalfall hätten diese kleinen Geschichten keine Bedeutung für mich besessen. Aus dem Munde eines frischgebackenen Clears, eines Wesens *ohne reaktiven Verstand*, allerdings zu erfahren, sich des frühen Morgens *maßlos* über Taubengegurre direkt am Fenster geärgert zu haben, wirkte wie ein Schlag ins Gesicht. *Ich* wäre in einem solchen Fall einfach aufgestanden und hätte die Tiere verscheucht! Wozu meine Energie mit Ärgern vergeuden?

Trotz dieser Ungereimtheiten gab ich mich schließlich mit einer verhältnismäßig neuen Definition eines Clears zufrieden. Jetzt hieß es knapp und prägnant, *ein Clear sei ein Wesen ohne reaktiven Verstand*. Keine langatmigen Ausführungen mehr über phantastische Fähigkeiten und die völlige Abwesenheit jedweder seelischer Störungen, keine weiteren Erläuterungen über die Unmöglichkeit, einen Clear jemals wieder in krankem Zustand zu sehen oder ihn bei einer unvernünftigen Handlung zu ertappen. Die von Hubbard getroffenen Aussagen waren offensichtlich nicht zu halten gewesen, was die Praxis ja jeden Tag aufs neue eindringlich zeigte.

Aufgrund dieser etwas »allgemeineren« Definition konnte es also durchaus möglich sein, daß ich bereits Clear »gegangen« war, wie es im Scientology-Fachjargon heißt – vermutlich jedoch nicht in diesem, sondern schon in meinem letzten Leben, in dem ich dann ebenfalls Scientology-Mitglied gewesen sein mußte (Dianetik und Scientology wurden in den fünfziger Jahren gegründet). Mein junges Alter von 21 Jahren, die Unwirksamkeit der Dianetik-Sitzungen und mein schnelles Vorankommen im Auditing könnten für eine solche Annahme sprechen, zumal in der Mission Nymphenburg ein Mitarbeiter nach dem anderen den Zustand »Past-Life-Clear« »attestierte«, also Clear seit dem letzten Leben! Sämtliche dieser Past-Life-Clears waren noch unter dreißig, und ich würde in diese Reihe reinkarnierter Scientologen mit Sicherheit hervorragend hineinpassen! Und vielleicht – vielleicht hatte ja die Art und Weise, wie ich bislang mit negativen Erfahrungen umgegangen war, nichts mit Empfindungslosigkeit zu tun. Eventuell war ja das genaue Gegenteil der Fall: Möglicherweise war ich so gut und reibungslos mit den Schicksalsschlägen, die meine Familie über Jahre hinweg getroffen hatten, zurechtgekommen, weil – ja genau: gerade weil ich eben Clear war! Verstärkt beschlich mich die Vermutung, ich würde bereits alles in Dianetik und Scientology kennen, würde mich sogar an die Stimme Hubbards, die ich auf Tonbändern und Videos zu hören bekommen hatte, erinnern, sie in irgendeiner Form wiedererkennen! Hatte ich nicht gar beim ersten Blick auf das Foto Hubbards die Empfindung gehabt, ihn schon einmal gesehen zu haben, obwohl ich im Vorfeld noch nie in meinem Leben etwas über Dianetik und Scientology erfahren hatte?

Insgeheim war ich mittlerweile – beinahe – davon überzeugt, wirklich Clear zu sein. Es mußte einfach so sein! Bei den vielen Bildern und Geräuscheindrücken aus meinem früheren Leben, die mehr und mehr mein Denken überschwemmten, mußte an dieser Sache ganz zwangsläufig etwas dran sein. Zu jeder Tages- und Nachtzeit sah ich im Geiste Szenen aus einer Großstadt der USA, vermutlich fünfziger, sechziger Jahre. In diesen Szenen sah ich mich als Mann fortgeschrittenen Alters und glaubte zu erkennen, wie ich wieder und wieder im Dianetik-Auditing saß. Dann meinte ich, meinen damaligen Namen nebst Sterbedatum im Jahre '67 auf meinem Grabstein gelesen zu haben ...!

Phantastisch! Die einzelnen Teile des Puzzles fügten sich allmählich und auf nie geahnte Weise ineinander! Sollte ich tatsächlich in den sechziger Jahren in Amerika gestorben sein, könnte es problemlos mit der Geburt meines neuen Körpers anno '68 zusammenpassen!

Jetzt erinnerte ich mich auch plötzlich wieder an die mit Unverständnis verbundenen Erzählungen meiner Eltern, im Alter von zwei Jahren unerklärlicherweise englische Begriffe verwendet zu haben, ohne daß von seiten meiner Familie Kontakt zu englisch sprechenden Personen bestanden hätte oder ich anderweitig mit dieser Sprache hätte in Berührung kommen können. Ebenso fiel mir mein Englischlehrer wieder ein, der mir in der fünften Klasse meine erste Klassenarbeit zurückgab und mich fragte, wo ich denn bereits Englisch gelernt hätte. Ich war vollkommen perplex und mußte natürlich passen. Er verwies auf einige von mir gebrauchte Wörter, die noch nicht Bestandteil des Unterrichtsstoffes gewesen waren, und trottete schulterzuckend von dannen.

Plötzlich war alles ganz einfach und schlüssig!

In der Org, wo ich den Clear-Gewißheits-Rundown zu absolvieren hatte, mußte nun darüber verhandelt werden, wie die Kosten sowohl hierfür als auch für das vorbereitende Auditing, als »Set-ups« bezeichnet, gedeckt werden sollten. Ich war der Meinung, einen Teil des in die Mission Nymphenburg eingezahlten Geldes auf mein Service-Konto in der Org transferieren zu können.

Dies sei keinesfalls möglich, teilte mir Tina entrüstet mit. Ich müßte eben zusehen, wie ich das Geld, falls ich tatsächlich Clear attestierte, einer anderweitigen Verwendung zuführe. Eine Barrückgabe war sowieso ausgeschlossen.

Verdammt! dachte ich. Nun hatte ich derart viel Geld in der Mission Nymphenburg eingezahlt – und konnte es nicht einmal für meinen nächsten Auditing-Schritt lockermachen!

In der Org schlug man mir mangels flüssiger Mittel vor, vorläufig auf meine Auditoren-Ausbildung zurückzugreifen und die notwendige Summe von meinem Org-Service-Konto abbuchen zu lassen. Ich könnte es ja »bei Gelegenheit« wieder auffüllen. Mein Fall gehe im Augenblick in jeder Hinsicht vor, zumal es sehr wichtig für ein Wesen sei zu wissen, in welchem Zustand es sich befinde. Ungewißheit koste grundsätzlich jede Menge Aufmerksamkeit und Energie, was es davon abhalte, seine ganze »power« auszuschöpfen.

Mit dieser Überlegung konnte ich nur zu gut übereinstimmen. Seit ich dieser fixen Idee verfallen war, bereits Clear zu sein, schüttelte es mich ordentlich durch. Was, wenn ich mich nun doch täuschte und mich daher bis auf die Knochen blamierte? Auf der anderen Seite hatte ich partout keine Lust mehr, mich weiter mit Grad 0 und den darauffolgenden Stufen zu beschäftigen, in denen durchaus nicht uninteressante Ergebnisse erzielt werden sollten wie etwa die »Fähigkeit, die Ursache von Problemen zu erkennen und sie zum Verschwinden zu bringen«, oder »frei zu werden von Verstimmungen der Vergangenheit und fähig, der Zukunft ins Auge zu sehen«.

Auch die Dianetik der neuen Ära konnte mich nicht reizen. In der Org hatte man besänftigende Worte für mich parat und legte mir eine Abbuchungsbestätigung für zwölfeinhalb Stunden vorbereitendes Auditing auf den Tisch. Mir schwanden die Sinne. Ich sah zweimal hin, um mich zu vergewissern, nicht einer visuellen Täuschung erlegen zu sein. Erschreckt nahm ich zur Kenntnis, daß dieses eine Intensiv 7200 Mark kosten würde. Mein an und für sich schwaches Kopfrechnen schnellte zu neuen Höchstleistungen empor und informierte mich, im Falle meiner Einwilligung knappe 600 Mark pro Stunde (!!!) bezahlen zu müssen.

Ich war an einer Grenzsituation angelangt. Dieser Preis sprengte alles bisher Dagewesene. Ich stand kurz davor, den ganzen Kram hinzuschmeißen. Dann erinnerte ich mich jedoch wieder an die neiderweckenden Erzählungen Tinas sowie die in den Scientology-eigenen Zeitschriften und Hochglanzprospekten abgedruckten Erfolgsberichte, die keinen Zweifel daran ließen, daß es sich in jeder Hinsicht auszahle, alles dafür zu tun, um Clear und OT zu werden.

Nun ja. Man mußte eben bereit sein, Opfer zu bringen. Und wurde nicht in Hubbards Schriften wieder und wieder darauf verwiesen, daß dies ein hartes Universum sei und nur die Stärksten überleben würden?

Ich wollte stark sein und in diesem Universum überleben und unterschrieb daher eine Abbuchungsbestätigung über 7200 Mark, was meine Chance, in absehbarer Zeit Auditorin werden zu können, in nicht unerheblichem Maße verkleinerte. Die mir für meine Ausbildung zur Verfügung stehende Summe schrumpfte zusammen, und ich war mir nicht sicher, ob und vor allen Dingen wann ich mein Org-Service-Konto wieder durch eine Bareinzahlung über diese Summe würde auffüllen können.

Aber nein, ich wollte nicht so negativ denken! Sollte ich tatsächlich bereits Clear sein oder es eventuell bald werden, würde ich ausreichend Kraft besitzen, mir das nun fehlende Geld ohne große Schwierigkeiten zu beschaffen. Ich stellte fest, daß meine Probleme eigentlich gar keine waren.

Schnellstens wurde ich ins Auditing geschoben, um in meinem Fall voranzukommen – und natürlich, um die Auditing-Statistik der Org tatkräftig zu unterstützen. Meine mir zugewiesene Auditorin Gabi wühlte mit mir in verschiedenen Bereichen meines Lebens, nach nur vier Tagen waren die zwölfeinhalb Stunden verpufft, und mir wurde eine zweite Abbuchungs-Bestätigung über dieselbe unaussprechliche Summe vorgelegt. Die Set-ups, die vorbereitenden Sitzungen für den Clear-Gewißheits-Rundown, seien noch nicht zur Zufriedenheit des Fallüberwachers abzuschließen, was ein weiteres Intensiv nötig mache, um mich für den entscheidenden, nachfolgenden Schritt überhaupt zuzulassen.

Jetzt war es auch schon egal! Wieder unterschrieb ich ein Papier und vertraute mich für weitere zwölfeinhalb Stunden meiner Auditorin an, in der Hoffnung, nach Beendigung endlich – endlich! – feststellen zu dürfen, was es mit den in meinem Geiste kursierenden Bildern aus der Vergangenheit und meiner Ansicht, diesen bevorzugten Zustand Clear möglicherweise bereits erreicht zu haben, auf sich hatte.

Während dieser für mich doch sehr aufregenden Zeit pflegte ich intensiven Kontakt zu den beiden Sea-Org-Mitgliedern. Mehr und mehr konnte ich mir vorstellen, über kurz oder lang meine Zelte in Augsburg bzw. München abzubrechen und mich dieser Gruppe anzuschließen, zumal man mir ja versprochen hatte, sich um eine Nachfolgerin in der Mission Augsburg zu bemühen.

Schließlich stand mein Entschluß fest. Jawohl! Ich würde in die USA gehen und mich dort zum Profi ausbilden lassen, um effektiv mithelfen zu können, diese Welt wieder in die richtigen Bahnen zu lenken. Ich hatte lediglich mein Apartment aufzulösen, einige behördliche Angelegenheiten zu regeln, meine Koffer zu packen und mich ins Flugzeug zu setzen. Bis Florida würde mein mir verbliebenes Restkapital mit Sicherheit gerade noch reichen.

Frohen Mutes ging ich in die Mission Nymphenburg und tat Tina und Sonja meine Absicht kund. Ich berichtete auch von der Zusage der Sea-Org-Damen, sich um einen Kursüberwacher-Ersatz für die Mission Augsburg zu kümmern. Und nachdem ich den mir gewährten Kredit auf meinem Service-Konto bislang noch nicht angetastet hatte, konnte das Geld Tinas Freund ohne langes Wenn und Aber wieder in die Hand gedrückt werden.

Tina und Sonja sahen mich entgeistert an, und es dauerte eine ganze Weile, bis sie meine Mitteilung verdaut zu haben schienen. Sonja erlangte ihre Fassung als erste zurück und ging in die Offensive: »Ich glaube, du bist dir nicht ganz darüber im klaren, was du dir damit einhandelst! Du wirst den ganzen Tag nichts anderes tun als auditieren, auditieren und nochmals auditieren! Und was meinst du, wie lange es dauert, bis die einen Ersatz für dich gefunden haben! Du hast uns versprochen, für die Mission Augsburg zur Verfügung zu stehen! Wichtig ist jetzt nicht so sehr, was du dir persönlich wünschst, sondern was tatsächlich gebraucht wird! Und die Mission Augsburg braucht eine Kursüberwacherin, und zwar dringend! Du solltest also zusehen, deinen Kurs bald abzuschließen. Und wenn ihr alle gut arbeitet, kann für jeden Mitarbeiter die komplette Brücke eingezahlt werden! Bis OT VIII! Das kommt ganz auf euch und eure Leistung an.«

Mein zaghaftes Aber wurde schlicht und ergreifend ignoriert. Nach einer kurzen Pause zum Luftholen fuhr sie mit ihrem Vortrag fort: »Also, wenn du mich fragst: Ich glaube nicht, daß die Sea-Org wirklich dein Ziel ist. Und wenn du die Mission Augsburg jetzt im Stich läßt, kommst du unter Garantie gewaltig ins Schleudern. Du hast ein Versprechen gebrochen, und das schlägt auf dich zurück. Wart's nur ab!«

»Aber die Absicht, in die Sea-Org zu gehen, steht doch über allen anderen Zielen. Es ist die höchste und ethischste Gruppe, der man sich überhaupt anschließen kann. Das hat man mir gesagt.«

»Nun«, meinte Sonja herablassend, »das muß jeder für sich selbst entscheiden. Du mußt wissen, auf was du dich da einläßt. Mein Leben und meine Ethik, die den Bach runtergehen, sind es schließlich nicht!«

Jetzt schaltete sich Tina ein. »Wie stellst du dir das eigentlich vor, von uns zu verlangen, meinem Freund einfach so mir nichts dir nichts das Geld wieder zurückzugeben? Hast du dir vielleicht schon mal darüber Gedanken gemacht, daß wir es gar nicht mehr haben könnten?«

Hierauf wußte ich nichts zu antworten. Im ersten Augenblick verstand ich nicht, worauf Tina hinauswollte.

»Komm«, sagte sie verärgert, »stell dich nicht dumm! Du weißt doch ganz genau, daß eingenommene Gelder im Prinzip sofort wieder ausgegeben werden. Missionen und Organisationen haben enorme finanzielle Verpflichtungen. Das Geld ist deinem Service-Konto gutgeschrieben worden, du kannst Auditing nehmen bis zum Abwinken, das bleibt dir überlassen. Wir können es nicht mehr zurückgeben, weil es nicht mehr da ist! So einfach ist das! Und du hast gefälligst die Verantwortung dafür zu übernehmen, daß die Sache in Ordnung kommt! Wer wollte denn die Kohle für seine ›Brücke‹ haben? Ich sicherlich nicht!«

»Wenn ich in die Sea-Org will, darf ich keine Schulden haben! Wie soll ich die auch zurückzahlen, wenn ich dort praktisch nichts verdiene?«

»Ist das vielleicht unser Problem?« Tina sah mich mitleidslos an. Mir stiegen Tränen in die Augen. Man hatte mir unmißverständlich zu verstehen gegeben, daß man mich mit dieser Angelegenheit allein zu lassen gedachte. Ich wußte nicht, was ich tun sollte. Einerseits hatte ich es mir in den Kopf gesetzt, Mitglied der Sea-Org zu werden, andererseits forderte man von mir, mich verantwortungsbewußt zu verhalten und eine unerhört hohe Summe, die ich nie zu sehen bekommen hatte, an einen mir unbekannten Herrn bzw. an die Mission zurückzuzahlen. Es war nämlich vereinbart worden, diese 46 000 Mark nach Ablauf von zwei Monaten und der erfolgreich über die

Bühne gegangenen Kreditgewährung durch das österreichische oder in Kiel ansässige Institut *direkt* an die Mission Nymphenburg zu übertragen, welche wiederum mit Tinas Freund abgerechnet hätte.

Ach, du Schreck! Wie sollte das nur funktionieren! Ein Bürge oder Antragsteller, der vorläufig den geforderten Betrag zur Verfügung stellen sollte, war bislang nicht in Sicht, überdies war bereits ein Monat verstrichen, was die etwa achtwöchige Antragsfrist bereits um volle vier Wochen schmälerte! Wie ich zu meiner großen Enttäuschung unzweifelhaft feststellen mußte, kam die Mission Nymphenburg mir nicht zu Hilfe, um, wie versprochen, einen Menschen zu finden, der mich in dieser Sache unterstützen wollte. Es war wirklich zum Verzweifeln. Und meinen Plan, in die Sea-Org zu gehen, konnte ich mir sowieso abschminken!

Aber es sollte noch schlimmer kommen. Ende September, nur wenige Tage nach diesem unglückseligen Gespräch, wurde ich wieder aus dem Kurssaal der Org ans Telefon geholt. Tina war am Apparat und schnaufte vernehmlich in den Hörer. »Ein Monat ist um«, sagte sie eindringlich, »die erste Hälfte des Geldes ist fällig!«

Ich kippte beinahe aus den Schuhen! Was war das? Um welche erste Hälfte handelte es sich? Und wovon?

»Wir hatten vereinbart, daß 25 000 Mark nach dem ersten und der Rest nach dem zweiten Monat zurückgezahlt werden soll! Und jetzt ist der erste Monat um!«

Mir wurde schwindlig. Ich traute meinen Ohren nicht. »Aber das stimmt überhaupt nicht!« schrie ich. »Von 25 000 Mark nach einem Monat war niemals die Rede!«

Glücklicherweise hatte mein Gehirn auf Notversorgung gestellt und schmetterte Tina das Argument entgegen, daß ich nach Ablauf nur eines einzigen Monats mittels Österreicher oder Kieler Kreditinstitut niemals an Geld hätte herankommen können, da acht Wochen für die Auszahlung der Summe obligatorisch seien.

»Es waren zwei Monate für die Rückzahlung angesetzt. Anders wäre es ja gar nicht möglich gewesen«, beharrte ich und versuchte, mich wieder etwas zu beruhigen.

»Komm nach dem Kurs in die Mission. Wir regeln das!« Mangels anderweitiger Alternativen, mit der Situation umzugehen, fuhr ich am Abend tatsächlich in die Mission Nymphenburg und gab mir größte Mühe, nicht die Beherrschung zu verlieren. Eine Mischung aus Wut und Verzweiflung kroch in meinem Körper umher und raubte mir meine letzten, noch einigermaßen vernunftbetonten Gedanken. Ich war fast nicht mehr in der Lage, ganz einfache Überlegungen vom Anfang bis zum Ende durchzuführen.

Hatte Tina tatsächlich recht? Hatte ich diese »Vereinbarung« überhört oder verdrängt? Wie sollte es jetzt nur weitergehen?

Kaum in der Mission Nymphenburg angekommen, hämmerten sowohl Tina als auch Sonja auf mich ein. Jawohl, es wäre auf alle Fälle ausgemacht gewesen, daß ich nach Ablauf von vier Wochen 25 000 Mark zurückzahlen müßte. So und nicht anders sollte es gewesen sein.

»Wenn du deiner eingegangenen Verpflichtung nicht nachkommst«, meinte Sonja kühl, »setzt du die Existenz der ganzen Mission aufs Spiel!«

Ich verstand nicht ganz, was sie mit dieser Aussage andeuten wollte. Was hatten diese 25 000 Mark mit der Existenz der Mission Nymphenburg zu schaffen?

»Wenn die getroffene Vereinbarung nicht eingehalten

wird, riskieren wir, daß uns Tinas Freund niemals wieder über die Runden hilft, wenn Not am Mann ist.«

Ich kapierte noch immer nicht. Was, zum Henker, hatte das mit dieser Geldgeschichte zu tun?

»Manchmal ist es für einen Monat ziemlich knapp«, ließ sich Sonja zu einer Erklärung herab. »Und dann springt er eben ein. Allerdings nur unter der Voraussetzung, daß wir das geliehene Geld auch pünktlich an ihn zurückzahlen. Wenn wir diese Voraussetzung nicht mehr erfüllen können, ist es mit weiteren Leihgaben selbstverständlich Essig. Verstehst du jetzt, worum es hier geht?«

Ich nickte. Ich hatte die Situation verstanden, fragte mich jedoch nach wie vor, wie es denn nur sein konnte, daß ich von einer derartigen Vereinbarung nicht einmal andeutungsweise etwas wußte.

Tina und Sonja versicherten mir mit Vehemenz und Ausdauer, im Unrecht zu sein. Meine mit absoluter Priorität zu behandelnde Aufgabe wäre es nun, schnellstmöglich dafür Sorge zu tragen, das Geld irgendwie aufzutreiben. Vollkommen egal wie. Und wenn ich die Goldkronen meiner Großmutter versetzen müßte.

»Und was ist mit den restlichen 21 000 Mark? Die müssen dann ja auch irgendwie rangeschafft werden!«

Tina winkte großmütig ab. »Darum werden wir uns kümmern, wenn du die 25 000 in der Tasche hast. Das sind jetzt noch ungelegte Eier. Sieh erst mal zu, daß du diese Geschichte handhabst! Und zwar pronto!«

Ich kam mir vor wie jemand, den man mehrere Male um die eigene Achse gedreht hatte und nun ohne Orientierung im Nichts stehenließ. Es war ein grauenvoller Zustand. Ein Zustand, der eigentlich einer Vormundschaft aufgrund fortschreitender Unzurechnungsfähigkeit bedurft hätte.

Bevor ich ging, verlangte ich die Herausgabe des Namens und der Adresse meines Kreditgebers. Ich wollte endlich wissen, wer dieser Mensch war und auf welche Weise diese Kreditgeschichte zustande gekommen war. Ich traute Tina und Sonja nicht über den Weg und wollte mit ihm persönlich ins Gespräch kommen, um die Behauptung der beiden Damen einer eingehenden Überprüfung zu unterziehen.

Ich hatte keinerlei Erfolg. Bis auf den Nachnamen – es handelte sich um einen Herrn Klinger – wollten mir weder Tina und Sonja noch meine »Freundin« Lydia, ihres Zeichens Schatzmeisterin und meiner damaligen Auffassung zufolge mit dieser Angelegenheit in allen Einzelheiten vertraut, etwas verraten. Vergeblich redete ich mindestens eine Stunde auf die Damen ein.

Ganz zerschlagen begab ich mich auf den Nachhauseweg. Noch nie waren meine Zweifel an mir selbst größer gewesen als zu jenem Zeitpunkt. Ich wußte nur noch, daß ich notgedrungen 25 000 Mark aus dem Ärmel schütteln mußte, um nicht den Untergang der Mission Nymphenburg einzuläuten. Tinas Freund mußte sein Geld zurückbekommen, koste es, was es wolle!

Tatkräftig unterstützt werden sollte ich in diesem Bestreben durch die wiederholten Anrufe Tinas – die mir allerdings auch nicht weiterhelfen konnten. An meine Verwandten wagte ich mich nicht mehr heran. Wirkliche Freunde besaß ich bei Scientology ebenfalls keine – außer Klaus, einem der Kursüberwacher in der Org, der ebenso unvermögend war wie ich selbst. Klaus war acht Jahre älter als ich und strahlte eine wundervolle Ruhe und sagenhafte Freundlichkeit aus. Ich vertraute ihm auf Anhieb, wie ich noch nie zuvor einem Menschen vertraut hatte.

Wir schwebten ganz eindeutig auf derselben Wellenlänge und hatten beide das Empfinden, uns bereits seit ewigen Zeiten zu kennen. Vielleicht aus einem früheren Leben – wer weiß?

Mit der ganzen Situation komplett überfordert, beschloß ich, Klaus um Rat zu fragen. Er gab sich sehr verwundert über die in der Mission Nymphenburg an den Tag gelegten Praktiken und riet mir, vorsichtig zu sein. Wie diese Vorsicht nun ganz konkret auszusehen hätte, konnte er mir allerdings nicht schlüssig darlegen.

Parallel zu meinem Auftrag, 25 000 Mark aus den Tiefen des Universums hervorzuzaubern, mußte ich in der Mission Augsburg als Kursüberwacherin antreten – ohne jedoch meinen Kursüberwacher-Kurs zum Abschluß gebracht zu haben. Man hatte bereits erste Studenten angeworben, die ich nun zu betreuen hatte. Bis zum Ende des Kurses fehlte mir noch ein gutes Stück, was jedoch nicht berücksichtigt werden konnte. Eine Mission hatte Auditing und Kurse zu liefern! Ich sollte die Studenten vorerst nach bestem Wissen und Gewissen durch ihre Nachmittage und Abende geleiten und nebenbei meinen eigenen Kurs sowie das vorbereitende Auditing in der Org beenden.

Ab 1. Oktober fand ich mich also bei Herrn Braindl, dem Chef der Mission Augsburg, ein. Sehr unsicher stellte ich mich den wenigen Damen und Herren vor und bemühte mich redlich, gemäß dem auf dem Kursüberwacher-Kurs Gelernten mit den sich ergebenden Situationen zurechtzukommen. Zu meinem großen Erstaunen klappte es ganz gut. Und auch mit den Studentinnen und Studenten kam ich gut aus.

Um so aufdringlicher beschäftigte mich der Gedanke, das

von mir geforderte Geld auftreiben zu müssen. Unentwegt klingelte das Telefon und erinnerte mich an meine einstmals eingegangene Verpflichtung. Und nachdem ich noch keine Ergebnisse vorzuweisen hatte, sollte ich abermals in die Mission Nymphenburg kommen, um nach einer Lösung zu fahnden.

Am nächsten Vormittag saß ich Tina wieder gegenüber. Wir stellten gemeinsam fest, daß eine Kreditaufnahme ohne Arbeitsvertrag so gut wie ausgeschlossen sein dürfte. Also mußte ein Arbeitsvertrag nebst Verdienstbescheinigung her! Lydia als Schatzmeisterin wurde angewiesen, beides aufzusetzen sowie eine zusätzliche Vereinbarung zu verfassen, was der ganzen Sache Stabilität verleihen sollte. Die Verdienstbescheinigung über 2150 Mark sollte auf den 1. Oktober 1989, die Vereinbarung und der Arbeitsvertrag an sich auf den 1. Januar 1989 sowie auf den 28. September 1989 rückdatiert werden. Man beabsichtigte, noch am selben Tag bei der Hausbank der Scientologen ganz in der Nähe der Mission Nymphenburg anzufragen.

»Aber das ist doch überhaupt nicht ehrlich«, wandte ich kraftlos ein.

»Wir müssen dringend an das Geld ran, vergiß das bitte nicht! Oder willst du tatsächlich die Schuld dafür tragen, wenn wir den Laden hier dichtmachen müssen?«

»Und wenn ich jetzt tatsächlich einen Kredit bekomme? Werde ich denn in der Mission Augsburg wirklich das verdienen, was auf diesem Arbeitsvertrag angegeben ist?«

»Himmelherrgottnochmal, ja! Wie oft sollen wir das denn noch sagen!« Tina gab sich äußerst ungehalten.

Im Hintergrund hörte ich Lydia auf ihrer Schreibmaschine hacken. Sie stand unter ziemlichem Druck und schrecklicher Zeitnot und vertippte sich am laufenden Band. Sie könne das im Augenblick nicht fertigmachen, ließ sie uns wissen, da sie zuerst einen anderen, hochwichtigen »Zyklus« zu Ende bringen müsse. Nachdem ich mittlerweile ebenfalls unter enormem Druck stand – dem Druck, dafür zu sorgen, daß möglichst noch am selben Tag das Geld zur Verfügung stand –, tippte ich gemäß Tinas Angaben weiter. Es wurden Blätter mit dem Briefkopf: Scientology Nymphenburg, Mission der Scientology Kirche e. V., verwendet – vermutlich aus Zeitgründen und weil die Mission Augsburg aller Wahrscheinlichkeit nach noch nicht über eigenes Briefpapier verfügte.

Nachdem Lydia ihren »hochwichtigen Zyklus« vollendet hatte, zog sie mir den Stuhl weg und kümmerte sich wieder selbst um die Fertigstellung dieser dringend benötigten Papiere. Vor lauter Aufregung hatte ich nur herumgezittert und es nicht geschafft, einen einzigen fehlerfreien Satz aufs Blatt zu bringen.

Sofort nach dem letzten gesetzten Punkt ging ich mit Lydia zur Bank der Mission Nymphenburg. Forsch verlangte Lydia, einen gewissen Herrn S. zu sprechen, der sich auch umgehend um uns bemühte. Allerdings konnte ich mich im Laufe des Gesprächs des Eindruckes nicht erwehren, daß er von unserem in aller Eile gebastelten Arbeitsvertrag sowie Lydias Ausführungen keineswegs überzeugt schien. Hätte ich mehr über Arbeitsverträge im allgemeinen und Verdienstbescheinigungen im besonderen gewußt, wäre mir u. a. sicherlich ebenfalls aufgefallen, daß Gehaltsangaben niemals netto, sondern grundsätzlich nur brutto erfolgen.

Als sich Herr S. kurz mit den ihm überreichten Unterlagen in eine dunkle Ecke verzog, um sich ganz offensichtlich mit seinen Kollegen zu besprechen, gab ich Lydia einen Rüffel: »Du spinnst wohl! Was erzählst du denn für Märchen! Ich will mir doch überhaupt kein Auto und keine neue Wohnungseinrichtung zulegen! Das ist doch alles erfunden!«

»Und wie sollen wir bitte schön an die Kohle herankommen? Bislang hat es auf diese Weise noch immer ganz gut geklappt! Außerdem geht es hier um das Überleben der Menschheit! Ich habe damals auch gelogen, um das Geld für meinen Kredit zu bekommen. Und was meinst du, in welchem Ausmaß diese Typen selbst lügen und betrügen, nur um ihre eigenen windigen Geschäfte durchzuziehen! In unserem Fall handelt es sich um lebenswichtige Dinge. Da darf man schon mal ein wenig flunkern.«

Auch wenn mir Lydia auf diese eindringliche Weise ins Gewissen redete, konnte ich mit der Vorstellung, mit der Unwahrheit hausieren zu gehen, nicht so recht konform gehen – was auch überhaupt nicht mehr nötig war. Herr S. kam mit einem bedauernden Kopfschütteln zu unserem Tisch zurück, drückte Lydia die Papiere in die Hand und gab uns zu verstehen, kein Geld an mich auszahlen zu wollen.

Tina tobte, als sie von unserem Mißerfolg erfuhr. Lydia stammelte einige Erklärungen und Rechtfertigungen, die Tina jedoch nicht gelten ließ. Ich war heilfroh, als man mir die drei Schriftstücke einpackte und mich auf den Nachhauseweg schickte. Ich sollte selbst versuchen, mit Hilfe von Arbeitsvertrag und Verdienstbescheinigung zu einem ansehnlichen Ergebnis zu kommen.

Mit den Nerven am Ende kam ich in Augsburg an. Trotzdem wagte ich es nicht, mich in meine Wohnung zurückzuziehen, um mir etwas zu gönnen, was mir seit langer

Zeit massiv abging: ein klein wenig Erholung! Ich kam überhaupt nicht mehr zur Ruhe! Mein Leben bestand nur noch aus dem Umherhetzen zwischen der Mission Augsburg, der Mission Nymphenburg und der Org in München-Schwabing. Meine freien Tage der letzten Wochen konnte ich an einem Finger abzählen. Werktags wie auch am Wochenende saß ich entweder im Auditing, im Kurssaal oder Tina gegenüber, die mich unerbittlich bearbeitete und die Einhaltung einer Vereinbarung von mir verlangte, von der ich beim besten Willen nichts wußte. Und dann auch noch mein Posten als Kursüberwacherin in der Mission Augsburg!

Ich stand kurz vor einem psychischen und physischen Zusammenbruch. Meine einstmals so abwechslungsreiche und im großen und ganzen gesunde Ernährung war dem Schnellimbiß am Bahnhof zum Opfer gefallen. Mein Schlafpensum hangelte sich an der untersten Grenze des gerade noch Vertretbaren entlang. Wo ich auch hinsah, starrte mich ein Berg unerledigter Dinge an. Ich kam nicht einmal mehr dazu, meine Post zu öffnen. Wie noch vor Wochen die Lastschriftdurchschläge der Mission Nymphenburg für Auditing und Bücher, landeten nun auch sämtliche Schreiben und Briefe zumeist unangetastet in der nächstbesten Schublade – oder auf irgendeinem Haufen zusammen mit Werbeprospekten und Stadtzeitungen. Anstatt mir also einige wenige Stunden Ruhe zuzugestehen, nahm ich meinen ganzen Mut zusammen und betrat die Filiale einer Sparkasse. Die Kreditsachbearbeiterin prüfte meine Unterlagen eingehend und schwatzte mir sogleich einen Bausparvertrag auf, wozu mir mein Arbeitgeber eine Arbeitgebersparzulage zahlen sollte. Aus Verlegenheit wagte ich nicht zu widersprechen, verließ das

Haus jedoch trotzdem ohne gewährten Kredit. Die Gründe für eine Ablehnung wurden nicht verständlich dargelegt, allerdings spürte ich sehr schnell, daß ich bei der flotten Dame an die Falsche geraten war. Daß es an der Formulierung von Arbeitsvertrag und Verdienstbescheinigung bzw. an der Bezeichnung Scientology gelegen haben könnte, kam mir nicht in den Sinn. Viel eher glaubte ich, Lydias Argumente – oder sagen wir besser Lügen! – nicht ansprechend genug vorgetragen zu haben. Peinlichst berührt sah ich zu, die Sparkasse so rasch wie möglich hinter mir zu lassen.

In der Mission Augsburg kauerte ich einige Stunden später an meinem Schreibtisch und wußte nicht, wie mir geschah. Unentwegt liefen mir die Tränen über die Wangen, ich konnte die Sturzflut aus Verzweiflung und Beschämung nicht mehr halten. Olga, eine Frau Mitte Vierzig und keineswegs überzeugte Scientologin – sie war nur hin und wieder ihrem Mann zuliebe in der Mission Augsburg anzutreffen –, kümmerte sich um mich. Ihr Gatte war in der Hauptsache PC und Student in der Mission Nymphenburg, hielt jedoch nach wie vor guten Kontakt zur Mission Augsburg. Olga beugte sich zu mir herunter und fragte mich, ob sie mir irgendwie behilflich sein könne. Dankbar, endlich einmal über die Sache reden zu dürfen, schüttete ich ihr mein Herz aus.

Erich, mein ehemaliger Dianetik-Auditor, warnte Olga und legte ihr die Verpflichtung auf, infolge dieses persönlichen Gesprächs einen Wissensbericht über mich zu schreiben, anderenfalls würde er diese Aufgabe übernehmen. Zusätzlich müsse er einen Wissensbericht über sie verfassen, sofern sie dieser Notwendigkeit nicht nachkäme.

Diese sogenannten Wissensberichte dienen gemäß Hubbards Verlautbarung in der Scientology ausschließlich dazu, problematische Situationen, Fehler, Pannen, Verhaltensentgleisungen, etc. wieder in den Griff zu bekommen. Sie sollten so sachlich wie möglich abgefaßt sein und keinesfalls als Denunziationsschriften angesehen werden. Das Schreiben von Wissensberichten unterliege, so die gängige Version, im Grunde dem guten Willen aller Beteiligten, eine Sache schnell in Ordnung zu bringen. Blieben nämlich technische Fehler, z. B. der Auditoren, oder Mißgeschicke innerhalb eines Verwaltungsvorganges unkorrigiert, wäre das gesamte System gefährdet, da Fehler das Potential in sich tragen, nicht nur weitergegeben zu werden, sondern sich sogar zu vermehren. Unter anderem aus diesem Grund heraus sei es von immenser Wichtigkeit, Wissensberichte über eine zur Kenntnis gelangte problematische Situation zu schreiben, um weiterhin die Funktionsfähigkeit der Scientology zu erhalten.

In der Regel werden diese Wissensberichte vorerst an die Ethikabteilung der betroffenen Organisation bzw. Mission geschickt. Wird im vorliegenden Fall nichts unternommen, wende man sich an die nächsthöhere Stelle mit der erneuten Bitte, die Angelegenheit zu prüfen. Sollte sich wiederum kein Erfolg einstellen und der Mißstand nicht behoben werden, schicke man seinen Bericht an die nächsthöhere Ebene, usw.

Schwierigkeiten persönlicher Natur eines Scientology-Mitglieds sind ebenfalls in der jeweiligen für die Person zuständigen Ethikabteilung zu behandeln. Ein Gespräch unter vier Augen mit einem Scientology-Kollegen seines Vertrauens ist nicht statthaft. Zuwiderhandlungen müssen mittels Wissensbericht an die Ethikabteilung »reportet« werden. Einzig und allein der Ethics Officer ist als Ansprechpartner zugelassen, um zu verhindern, daß irgendwelche Geschichten nach außen getragen werden und Staub in der Szene aufwirbeln, was sich unter Umständen äußerst ungünstig auf das Klima in Scientology-Organisationen auswirken könnte. Ebenso wie sich PCs untereinander nicht über die Details ihres Falles unterhalten dürfen (um sich nicht gegenseitig zu restimulieren, wie es immer heißt – wohingegen »Gewinne« allgemeiner Natur als Gesprächs- und Erfolgsberichtthema jederzeit gern gesehen sind), ist es auch nicht erlaubt, sich über private und mit Scientology in Verbindung stehende »Problemzyklen« zu beraten.

Olga dachte jedoch nicht im Traum daran, sich dem scientologischen Reglement zu unterwerfen, und zeigte Erich einen Vogel. Ob dieser dann tatsächlich einen Wissensbericht über uns beide verfaßte, kann ich nicht mit Sicherheit sagen. In meinen Unterlagen findet sich hiervon jedenfalls keine Kopie.

Ich fühlte mich durch Olgas Bereitschaft, mir zuzuhören und mir auf diese Weise meinen Kummer von der Seele reden zu können ein wenig erleichtert.

Am darauffolgenden Vormittag ging ich nochmals in mich und griff endlich zum Hörer, um Karin anzurufen. Ich stand unter einem Druck, der für Außenstehende weder zu beschreiben noch zu begreifen ist und den ich mir heute in seinem ganzen emotionalen Ausmaß nur noch bruchstückhaft in Erinnerung rufen kann. Als ob ich auf der Streckbank läge, bettelte ich sie erneut um eine Leihgabe an. Karin und Jürgen ließen sich jedoch nicht überzeugen und brachten unmißverständlich zum Ausdruck, mit einer derartigen Geschichte nichts am Hut zu haben.

Es verstrichen einige Tage ohne weitere Aktivitäten meinerseits, bis ich am Freitag, den 6. Oktober, meinen besten Pulli und meinen artigsten Rock überzog, mich dezent schminkte und mich auf den Weg zu meiner Hausbank machte. Bewußt wählte ich nicht die Filiale, bei der einstmals mein Sparguthaben deponiert gewesen war. Ich hätte es einfach nicht ertragen, wie ein Bittsteller um einen Kredit ersuchen zu müssen. Wenigstens diese Peinlichkeit wollte ich mir ersparen.

In der Filiale in der Augsburger Straße fand ich mit meinem Anliegen sogleich Gehör. Nebenbei erwähnte ich, eigentlich bei einer Filiale in einem anderen Stadtteil Kunde zu sein, aber aus Zeitgründen ... Ich schaltete auf selbstsicheres Auftreten und hegte bis in die Spitze meiner Zehen die Absicht, das Gebäude nicht ohne Geld zu verlassen. Wieder wurde die Lüge von einer neuen Wohnungseinrichtung und einem fahrbaren Untersatz ausgepackt – und allem Anschein nach auch geschluckt!

Nach einer Weile, während derer ich mich in meiner Ungewißheit mit mir selbst zu beschäftigen hatte, kam der junge Herr Kreditsachbearbeiter wieder in sein Büro, gab mir meine eben kopierten Unterlagen zurück und teilte mir erfreut mit, daß er der Gewährung eines Kredits zustimme.

Wie aus einer anderen Welt hörte ich, wie ich ihm auf seine Bitte hin zusagte, bei nächster Gelegenheit den Fahrzeugbrief als Sicherheit zu hinterlegen. Ebenso unwirklich erschien mir die Unterschrift, die ich unter eine Lebensversicherung setzte, die mich monatlich vierzig Mark kosten sollte.

Egal! Vollkommen egal! Hauptsache, ich bekam das Geld! Der Kreditvertrag über viereinhalb Jahre war schnell unterzeichnet. Eine monatliche Rate von 583 Mark war gut zu verkraften, wie ich damals meinte. Schließlich hatte ich es sogar schriftlich! Bereits am Monatsende würde ich mit 2150 Mark netto in der Tasche nach Hause gehen! Daß meine Ausbildung zur Kursüberwacherin noch nicht abgeschlossen war, sollte hierbei keine Rolle spielen.

An der Kasse ließ ich mir den Betrag auszahlen, zusätzlich meine letzten 2000 Mark von meinem Girokonto, um die man mich in der Mission Nymphenburg eindringlich gebeten hatte. Ich sollte auf diese Weise einem erkrankten Mitarbeiter, »der dringendst Auditing benötigte«, wieder auf die Beine helfen. Er würde es mir in absehbarer Zeit zurückzahlen. (Und ich mußte meinem Geld jahrelang hinterherlaufen!)

Die Dame an der Kasse gab die Scheine in einen Briefumschlag und ließ mich den Empfang quittieren. Ich wiederum ließ das dicke Kuvert in eine Plastiktüte gleiten, da das Fassungsvermögen meines Handtäschchens nicht ausreichte. Wie benebelt trottete ich zur gegenüberliegenden Telefonzelle und wählte sofort die Nummer der Mission Nymphenburg. Auch wenn Freitag war, der einzige Ruhetag in der Mission Nymphenburg, würde ich doch mit Sicherheit Lydia erreichen, die wie üblich den aussichtslosen Versuch unternehmen würde, ihrer vielen Arbeit Herr zu werden.

Ich ließ es einige Male läuten, dann ging sie ran.

»Ich hab das Geld«, triumphierte ich in die Muschel. Stille.

»Das gibt's nicht! Das gibt's einfach nicht! Wie hast du denn das fertiggebracht?«

Kurz und bündig erzählte ich ihr von der erfolgreichen Verhandlung mit meiner Hausbank.

»Komm bitte gleich in die Mission«, flötete sie. »Wir

brauchen das Geld dringend, um es Herrn Klinger noch heute zu überweisen.«

Es war bereits später Vormittag, und ich mußte mich sehr beeilen, den nächsten Zug nach München noch zu erreichen, da die Banken freitags früher schlossen als an den anderen Tagen der Woche. Nach knappen eineinhalb Stunden drückte ich auf den Klingelknopf der Mission und wurde freudigst von Lydia und Sonja, die sich eigens aus Anlaß dieses außergewöhnlichen Ereignisses in die Mission Nymphenburg bemüht hatte, willkommen geheißen. Lydia erzählte mir von Tinas ungläubiger Reaktion am Telefon, als man sie von dieser erfolgreichen Aktion unterrichtete. Man gab mir zu verstehen, mächtig stolz auf mich zu sein …

Lydia bat mich in ihr Zimmer und schenkte mir einen Kaffee ein. Ohne Umschweife nahm sie mir den Geldumschlag ab und steckte ihn in ihre Schreibtischschublade. Wir saßen noch über drei Stunden zusammen und plauderten, ohne daß Lydia Anstalten getroffen hätte, die nächstgelegene Bank aufzusuchen und die dringend erforderliche Überweisung zu tätigen. Als ich schließlich ging, war es schon nach 16 Uhr.

Ich war derart erleichtert über die Tatsache, die Mission Nymphenburg vor dem sicheren Untergang bewahrt zu haben, daß mir dieser Umstand – das Verschwinden des Kuverts in Lydias Schublade – überhaupt nicht ins Bewußtsein drang. Ich hatte diesen Vorgang zwar rein visuell wahrgenommen, allerdings schien mir das logische Hinterfragen dieser Handlung nicht möglich gewesen zu sein. Lydias Vorgehensweise fiel mir damals schlicht und ergreifend nicht bewußt auf.

Erst viel später, als ich mich bemühte, diese Geschichte zu

rekonstruieren, fiel es mir plötzlich wie Schuppen von den Augen. Warum hatte Lydia damals nicht ohne Umschweife die Überweisung vorgenommen, die doch angeblich nicht mehr länger auf sich warten lassen konnte?

Des Rätsels Lösung war einfach: Mehrere Jahre später, nach meinem eigenen und Lydias Ausstieg aus Scientology, offenbarte sie mir auf meine Frage hin die ganze Wahrheit. Die Vereinbarung mit Herrn Klinger, 25 000 Mark nach einem Monat, den Rest nach Ablauf des zweiten zurückzuzahlen, hatte niemals existiert! Die Mission Nymphenburg befand sich Ende September lediglich in einer ausgesprochen prekären finanziellen Situation und war zum damaligen Zeitpunkt in Millionenhöhe verschuldet. Um an Geld gleich welcher Summe heranzukommen, waren seinerzeit *alle* Hebel in Bewegung gesetzt worden. Unter anderem gab man sich der Hoffnung hin, mich und andere Opfer durch entsprechende »Motivation« zum Goldesel machen zu können.

Am Abgrund

Entgegen meiner ursprünglichen Absicht, lediglich in Teilzeitbeschäftigung meine Kursüberwachertätigkeit in der Mission Augsburg auszuüben, war ich am 16. August durch Unterzeichnung eines »Staff-Vertrags« (Mitarbeitervertrags) trotz weniger Interessenten als Vollzeitmitarbeiterin verpflichtet worden. Mein Studium hatte ich seit Wochen vernachlässigt und schließlich gänzlich eingestellt. Ich glaubte, Wichtigeres zu tun zu haben.

Mein Missionsalltag begann um 13 Uhr und endete in der Regel zwischen 22 und 24 Uhr. Einziger freier Tag war der Freitag. Zwischen 15.15 und 15.30 Uhr sowie von 18 bis 19 Uhr wurde pausiert. Kursschluß war um 22 Uhr (an den Wochenenden wurde um 9.30 Uhr begonnen, als Ausgleich hierfür die Mission um 18 Uhr geschlossen). Danach erfolgte noch die Auswertung der Statistik und die leidigen Gespräche mit Herrn Braindl und Erich, in denen es vornehmlich um die Frage ging, wie man der Mission Augsburg zu mehr PCs und Studenten verhelfen könne. Neben der Verteilung von Handzetteln in der Fußgängerzone und in Briefkästen (Einladungen zu Vorträgen, Oxford-Persönlichkeitstest) sowie Erichs engagiertem Bücherverkauf mußten noch andere Maßnahmen ersonnen werden, um das Haus mit Leben zu füllen.

Die Vorträge, die von Herrn Braindl in einer angemieteten Räumlichkeit eines Augsburger Hotels gehalten wurden, waren nicht sonderlich erfolgreich. Als ich ein einziges Mal an einem solchen Vortrag teilnahm, sah ich beim Vorbereiten der Unterlagen meinen Onkel und seinen Sohn den Saal betreten. Ich war überaus überrascht, die beiden bei einem Dianetik- bzw. Scientology-Vortrag zu Gesicht zu bekommen. Vermutlich wollten sie sich näher über meine Arbeit und die dahinterstehende »Philosophie« informieren. Weiter schlimm wäre der Besuch meiner Verwandtschaft nicht gewesen, hätte nicht Herr Braindl einen Film aus den USA gezeigt, den ich bislang selbst noch nicht gesehen hatte. In diesem »Werbespot« schrieb sich die halbe Weltbevölkerung begeistert an der Rezeption einer Scientology-Organisation für Kurse und Auditing ein, der Sprecher versprach den Zuhörern Frieden, Gesundheit und mentale Freiheit von schädlichen vergangenen Ereignissen.

Nachdem das Licht wieder angegangen war, sah ich meinen Onkel und seinen Sohn grinsen. Es war ein bitteres Grinsen, und der Gedanke, mich nun eventuell gleich mit ihnen unterhalten zu müssen, war mir unerträglich. Glücklicherweise schnappten sie sich Herrn Braindl, der etwas betreten vor den wenigen Zuhörern stand, die sich bereits wieder zum Gehen fertigmachten, und verwickelten ihn in ein längeres Gespräch.

In den letzten Wochen hatte sich mein Verhältnis zu meinem Onkel vehement verschlechtert. Je intensiver er sich bemüht hatte, mich den Klauen dieser Organisation zu entreißen, wie er sich ausdrückte, desto mehr kapselte ich mich von ihm und seinen Argumenten ab und richtete mich darauf ein, den Kontakt auf das Notwendigste zu beschränken. In der Org hatte man zwar versucht, mich zum Abbruch der Beziehung zu bewegen, da mich eine Fortführung unter diesen Umständen an meinem Fallgewinn hindern würde – unter Anleitung hatte ich im Auditing einen »Abschiedsbrief« aufzusetzen, den ich allerdings niemals abgeschickt habe –, trotzdem telefonierte ich nach wie vor regelmäßig mit ihm. Etwa einmal pro Woche ging ich ihn besuchen. Von Mal zu Mal hatte er mehr Material über Scientology auf seinem Wohnzimmertisch liegen, dessen Lektüre er mir eindringlich ans Herz legte. Seine Tage bestanden zu einem nicht unwesentlichen Teil aus Recherchen, Terminen bei Sektenberatungsstellen und dem Aufsetzen von Schreiben an Behörden und Ministerien, um an weitere Informationsbroschüren sowie Gerichtsurteile zum Thema heranzukommen.

Oft endeten meine Besuche bei ihm in einem Fiasko. Wir schrien uns an, warfen uns viele unschöne Worte an den Kopf und trennten uns in der Stimmung, daß keiner den anderen verstand – oder nicht verstehen wollte.

»Du bist ja schon vollkommen gehirngewaschen!« diagnostizierte er jedes Mal, wenn ich seine Beweisführung contra Scientology als an den Haaren herbeigezogen bezeichnete und mich nicht gewillt zeigte, mit ihm über Prozeßschriften, die er mir selbst noch durch die geschlossene Klotür hindurch vorlas, zu diskutieren.

Im Anschluß an den Scientology-Film bearbeitete Erich die drei oder vier Herrschaften, die noch im Saal saßen, und gab sich alle Mühe, ihnen ein Dianetik-Buch oder gar einen Kurs zu verkaufen. Zu meinem Entsetzen kam ein älterer Herr auf mich zu und stellte mir einige interessierte Fragen, die ich allerdings nur mit Platitüden beantwortete. Mir war ganz und gar nicht wohl in meiner Haut. Für eine winzige Sekunde hatte ich den Eindruck, nicht mehr zu hundert Prozent hinter der ganzen Sache zu stehen. Mehr oder minder große Zweifel beim Gedanken an Tina und Sonja sowie die horrenden Summen hatten mich schon früher gepeinigt. Doch jetzt fühlte ich einen deutlichen Stachel in meiner Seele, der es mir äußerst schwermachte, mit Enthusiasmus von den ach so großartigen Erfolgen der Dianetik und Scientology zu berichten.

Als unterstützende Werbemaßnahmen neben dem Verteilen von Handzetteln sowie den zumeist ergebnislosen Vorträgen sollten nun auch Briefe geschrieben werden. Jeder, der irgendwie Kontakt mit der Mission gehabt hatte und dessen Adresse bekannt war, sollte mit einem persönlichen, selbstverständlich handverfaßten Schreiben bedacht werden, um ihn für weiterführende Aktionen zu gewinnen. Herr Braindl, Erich und ich schrieben uns tagelang die Finger wund. Und tatsächlich: Wie in Hubbards Schriften versprochen, sollte diese Form des »Outflows« Ergebnisse zeigen.

Auf diese Weise krochen die Wochen dahin, und endlich war das Ende des Monats erreicht. Erwartungsvoll ging ich auf Herrn Braindl zu, um ihn zu fragen, ob er mir mein Gehalt vorzugsweise auf mein Bankkonto überweisen oder per Scheck ausbezahlen wollte.

Ich glaube, daß ich noch nie in meinem Leben einen Menschen gesehen habe, der so völlig erstaunt war. Seine Augen und seine Mimik verrieten mir auf Anhieb, daß er vollkommen ahnungslos war. Also klärte ich ihn über die Vereinbarung auf, die mit Tina und Sonja getroffen worden war, meine Tätigkeit mit 2150 Mark netto monatlich zu vergüten. Ich war mir meiner Sache ganz sicher. Außerdem hatte ich alles schriftlich, hieb- und stichfest sozusagen.

»Wir haben nicht mal genug Geld für die nächste Monatsmiete! Die meisten Unkosten werden sowieso durch mein Gehalt getragen! Ich glaub, ich bin im falschen Film!«

Herr Braindl befand sich noch in einem festen Angestelltenverhältnis und war aus diesem Grund zumeist erst am späten Nachmittag oder Abend zugegen. Ich erfuhr, daß er, um die Mission überhaupt halten zu können, einen ordentlichen Teil seines Einkommens zusteuern mußte. Er war der Annahme, ich würde vormittags mein Studium fortführen, weiterhin von meiner Waisenrente leben und ab 13 Uhr der Mission Augsburg zur Verfügung stehen. Gezahlt würde gemäß Scientology-Richtlinien (eine Mission oder Organisation kann nicht mit wöchentlich gleichbleibenden Einnahmen rechnen, sondern muß sich auf schwankende Umsätze einstellen. Der einzelne, vertraglich verpflichtete Mitarbeiter erhält entsprechend seinem Ausbildungsstand bzw. seiner Tätigkeit, seiner Arbeitszeit, seiner Posten-Statistik sowie seiner erreichten geistigen Stufe (!) *anteilige* Zahlungen abzüglich der Sozialversicherungsbeiträge für Arbeitnehmer *und* Arbeitgeber und der Steuern. Diese Form der Entlohnung hat zur Folge, daß bei wöchentlich sehr geringen Einnahmen auch der einzelne Mitarbeiter unter einem Umsatzeinbruch zu leiden hat – was in aller Regel ein äußerst anspornender Faktor ist, möglichst viele Leute in die Missionen und Organisationen zu bekommen. Erbringt der Mitarbeiter darüber hinaus keine ausreichende Leistung, bewegt sich also seine Posten-Statistik nicht im positiven Bereich, muß er gar Abzüge hinnehmen, bis die Kurve wieder nach oben geht!).

Das konnte doch nicht sein! Nein, das durfte ganz ein-

fach nicht sein! Ich traute meinen Ohren nicht. Hatte ich
doch tatsächlich felsenfest geglaubt, ich würde aufgrund
Tinas und Sonjas Versprechen eine Ausnahme darstellen
und nicht unter diese Regelung fallen. Man hatte mir
2150 Mark netto pro Monat versprochen, komme, was
da wolle!

Meine sorgsam konstruierte und immer wieder mit mor-
schen, rechtfertigenden Stützbalken abgesicherte Schein-
welt brach in sich zusammen. Und nicht nur die meine!
Wie von Furien gehetzt griff Herr Braindl zum Hörer und
rief in München an. Über eine Viertelstunde hörte ich ihn
am Telefon brüllen, derweil ich mich auf seinen Stuhl gesetzt hatte, um mich von dem Schrecken zu erholen. Un-
aufhörlich hämmerten die Gedanken in meinem Kopf,
immer und immer wieder stellte ich mir die Frage, was da
nur vor sich ging. Wie war bloß zu erklären, daß man mir
ein festes Einkommen als Kursüberwacherin zugesichert
und meinen Chef über diese Vereinbarung im unklaren
gelassen hatte! Ich konnte mir aufgrund meiner Art, immer das Gute im Menschen zu sehen, keinen Reim darauf
machen. Ich wußte lediglich, daß man mich ganz offensichtlich belogen hatte.

Mit was für einer Organisation hatte ich es da zu tun?
Mit welchen Menschen war ich da eine vertrauliche Verbindung eingegangen?

Ich zweifelte. Und war über alle Maßen *verzweifelt!*

Das konnte doch nicht Scientology sein! Nein, ganz un-
möglich, diese Verhaltensweise konnte mit dieser Philosophie nicht das Geringste zu tun haben! Denn in Scientology, wo zu jeder Sekunde soviel Wert auf Ethik und
ethisches Verhalten gelegt wurde, konnte und durfte dergleichen niemals geschehen. Es mußte also einzig und al-

lein an den beiden Frauen liegen, die den allgemeingültigen scientologischen Grundsätzen zuwiderhandelten.

Ich war komplett durcheinander. Ich erlebte eine Form des Widerspruchs, mit der ich kaum umgehen konnte. Einerseits hatte ich vor geraumer Zeit erfahren, daß die geistige Höherentwicklung ganz zwangsläufig ein ethischeres Leben nach sich ziehe, da sich Wesen auf einer hohen seelischen Stufe im Falle einer unethischen Handlung unglaublich schnell in schlimmste Schwierigkeiten bringen würden; denn je weiter ein Mensch in seinen Bemühungen, die »Brücke« hochzugehen, gekommen sei, desto offensichtlicher seien für ihn die Dinge, die nicht in Ordnung waren. Begehe er daher ein Unrecht, ohne es unverzüglich wiedergutzumachen, schlage es mit voller Wucht auf ihn zurück.

Andererseits erlebte ich gerade am eigenen Leib, wie Sonja (mittlerweile Clear) sowie Tina, nichts Geringeres als ein OT VIII (!), diese hehre Vorstellung im wahrsten Sinne des Wortes Lügen straften – und zwar auf verwerflichste Art und Weise.

Peinlich berührt, erinnerte ich mich an Lydias Märchenstunde in der Münchner Bank und meine eigene unwahre Geschichte über Auto- und Möbelkauf, die ich in der Bank in Augsburg aufgetischt hatte. Ich dachte an Lydia, die mir vor Tagen in diesem Zusammenhang beigebracht hatte, daß es schlicht und ergreifend ums Überleben gehe und dieser Grund auch eine Lüge rechtfertige. Dem Ziel zu überleben müßten jegliche andere Absichten untergeordnet werden. Denn letztlich komme es darauf an, daß das Individuum an sich sowie die Scientology als Organisation fortbestehe – und ohne Scientology und ihre befreiende Technologie gebe es keine Chance, Planet Erde wieder in die richtigen Bahnen zu lenken. Wenn es also partout sein mußte zu lügen …

Nach Beendigung des Telefonats kam Herr Braindl hochroten Kopfes auf mich zu. Er war so erregt, daß es ihm nicht gelang, mit mir in Ruhe über sein eben geführtes »Gespräch« mit der Mission Nymphenburg zu reden. Er ging nur unentwegt auf und ab und fluchte. Ich dagegen saß nur da und überlegte krampfhaft, wie ich mit dieser verfahrenen Situation zurechtkommen sollte. Wir hatten Monatsende, und in wenigen Tagen würde ich Miete, Nebenkosten *und* eine Kreditrate in Höhe von 583 Mark zu zahlen haben! Glücklicherweise erhielt ich nach wie vor Waisenrente, die mir jedoch bald nicht mehr zustehen würde, da mir eine Fortsetzung meines Studiums allein schon aus Zeitgründen nicht mehr möglich war. Um die Waisenrente weiter zu erhalten, wäre ein erneuter Ausbildungsnachweis erforderlich, welchen ich aber nicht würde beibringen können.

Ich geriet in Panik. Ich sah bereits massivste Probleme auf mich zukommen für den sehr wahrscheinlichen Fall, keine entsprechende Gehaltszahlung auf meinem Konto vorweisen zu können. Ich mußte damit rechnen, daß es im Falle des Falles nicht nur Scientology, sondern auch mir an den Kragen gehen würde. Inzwischen war mir klargeworden, daß zumindest in den Augen der Behörden der Tatbestand des Betrugs erfüllt wäre. Außerdem konnte ich es nicht verantworten, daß – selbst wenn zwei Mitglieder auf übelste Weise ausscherten – Scientology in Verruf käme. Überall auf der Welt, in jedem Unternehmen, in jeder Institution gab es schließlich die berühmt-berüchtigten schwarzen Schafe, die aus dem großen Verband der Ehrlichen ausbrachen und die jeweilige Firma, Organisation oder Vereinigung in Mißkredit brachten. Und vermutlich würde es sich auch in und mit Scientology nicht anders verhalten. In jedem Land, in jedem Staat gab es schlechte, unaufrichtige Menschen. Warum also nicht auch bei uns?

Unglaublich enttäuscht – für Wut oder gar Haß fehlte mir im Augenblick die Kraft – rief ich in der Mission Nymphenburg an. Ich wollte mit eigenen Ohren hören, was Tina und Sonja dazu bewogen hatte, mir den Erhalt von 2150 Mark verbindlich zu bestätigen, wo doch die Mission Augsburg bereits seit Monaten ums nackte Überleben kämpfte, wie mir Herr Braindl glaubhaft versichert hatte. Man stellte mich nicht zu ihnen durch. Die beiden Damen befänden sich gerade im Gespräch, wurde mir mitgeteilt. Wieder und wieder versuchte ich im Laufe des Tages mein Glück, nur um erneut abgewimmelt zu werden.

Notgedrungen beschloß ich, mich bei nächster Gelegenheit mit der Ethikabteilung der Münchner Org in Verbindung zu setzen und mich beraten zu lassen. Vorerst jedoch mußte die augenblickliche Situation in aller Eile gehandhabt werden. In meinem Bemühen, eine Lösung zu finden, da die Mission Nymphenburg ganz offensichtlich nicht gewillt und die Mission Augsburg nicht in der Lage war, mir 2150 Mark zu zahlen, mußte ich diesen Betrag anderweitig auftreiben.

Meinen Onkel wollte ich diesbezüglich keinesfalls fragen. Es wäre eine glatte Bankrotterklärung gewesen, und ich wollte mir diese Schmach unter allen Umständen ersparen. Mir blieb nur noch die Möglichkeit, Klaus um eine Leihgabe in dieser Höhe zu ersuchen.

Unsere im Vorfeld nur freundschaftliche Verbindung hatte sich in der letzten Zeit zu einer Liebesbeziehung entwickelt. Wir hatten uns entschieden, zusammenzubleiben und unseren Weg gemeinsam zu gehen.

Ich erreichte ihn erst nach 23 Uhr bei sich zu Hause. Klaus erklärte sich zum Glück bereit, seinen Abrufkredit ein wenig aufzustocken. Er war nur am Abend in Teilzeit als Kursüberwacher tätig und tagsüber in einem Münchner Unternehmen als Elektrotechniker beschäftigt, große Sprünge konnte er allerdings nicht machen. Eine Kreditrate von 600 Mark pro Monat (ausschließlich Tilgung), die vierteljährlich abgerechneten schwankenden Zinsbeträge von bis zu 1000 Mark und die hohen Mietpreise und Lebenshaltungskosten in München ließen keinen sonderlich großen finanziellen Spielraum zu.

Eiligst fuhr ich am nächsten Tag nach München und ließ mir von Klaus 2150 Mark überreichen, die er sich tagsüber von seiner Bank besorgt hatte. Anstandslos gab er mir das Geld, meinte jedoch, daß in und mit der Mission Nymphenburg etwas nicht stimmen könne.

Noch am selben Abend drückte ich Herrn Braindl das Geld in die Hand und bat ihn, es auf mein Girokonto zu überweisen. Als Auftraggeber sollte er die Mission Nymphenburg angeben, damit die Bank keinen Verdacht schöpfte. Sicherlich würde sie kontrollieren, ob Zahlungen eingingen.

Herr Braindl führte meine Bitte nur widerwillig aus, wußte allerdings im Augenblick keine Alternative anzubieten. Er machte einen sehr geknickten Eindruck. Mittlerweile hatte er sich völlig mit der Mission Nymphenburg, die sich die Mission Augsburg als eine Art Filiale hielt, um zusätzlich an neue PCs und Studenten heranzukommen, zerstritten. Sonja galt als Herrn Braindls direkte Vorgesetzte und machte ihm zusammen mit Tina das Leben schwer. Worüber im Detail am Telefon gesprochen wurde, ist mir auch bis heute nur in Bruchstücken bekannt. Ich bekam lediglich des öfteren mit, wie Herr Braindl die beiden als »money-motivated« bezeichnete und anklingen ließ, in Zukunft unabhängig zu arbeiten. Er lehnte es kategorisch ab, den Anweisungen der beiden weiter Folge zu leisten.

Fest steht für mich aufgrund dieser zahlreichen Querelen, daß Herr Braindl tatsächlich nichts von der über seinen Kopf hinweg getroffenen Vereinbarung, mir ein regelmäßiges Gehalt zu zahlen, gewußt hatte.

Für mich persönlich stellte sich jetzt vorrangig die ungewisse Frage, wie sich das Ende des kommenden Monats gestalten sollte. Würde ich wiederum mit leeren Händen nach Hause gehen, oder könnte ich dieses Mal meinen Verpflichtungen nachkommen, ohne mir die versprochene Summe von einer anderen Person erbetteln zu müssen?

Ich hatte große Lust, meine Sachen zusammenzupacken und die Mission Augsburg sang- und klanglos zu verlassen. Wie aber würde ich infolge dieser Entscheidung zu Geld kommen? Wie würde ich es schaffen, meinen Kredit, an dem nichts mehr zu rütteln war, abzutragen, und dabei weiterhin einer sinnvollen Tätigkeiten nachzugehen? Und wie würde ich vor allen Dingen innerhalb der Scientology dastehen? Sicherlich würde ich als eine Person gelten, die unfähig war, mit schwierigen Situationen fertigzuwerden. Ich wußte, daß in Scientology die Fähigkeit eines Wesens, Widerstände zu beseitigen und sein Ziel zu erreichen, quasi als Meßlatte für die eigene Wertigkeit angesehen wurde. Man würde nicht verstehen, daß ich »nur« wegen einer augenblicklichen finanziellen Schwie-

rigkeit das Handtuch werfen, alle meine eingegangenen Verpflichtungen von mir schütteln und meine Mitkollegen im Stich lassen wollte – wo doch beinahe jeder aktive, mitarbeitende Scientologe im Laufe der Zeit lernen mußte, daß selbst nicht mehr zu bezahlende Schulden in diesem materiellen Universum in keinem Vergleich standen zu dem Ziel, die Erde vor dem Untergang zu bewahren …
Nein, ich konnte nicht einfach die Tür hinter mir schließen! Ich würde nicht nur mit mir selbst und meinem Gewissen, sondern auch mit der Ethikabteilung in enorme Schwierigkeiten geraten, da ein Verlassen des Postens nicht von heute auf morgen möglich war. Darüber hinaus trug ich eine nicht unwesentliche Verantwortung gegenüber der Mission Augsburg und all ihren Mitarbeitern. Wir bildeten ein Team, das durch mein Weggehen auseinanderfallen und daher an Schlagkraft einbüßen würde.

Ich mußte unbedingt an die Verantwortlichen der Mission Nymphenburg herankommen, um zu erfahren, wie sie sich eine weitere Zusammenarbeit mit mir vorstellten. Doch es war wie verhext! Tina und Sonja schienen seit Tagen entweder beständig zu telefonieren, gerade zu speisen, sich im Gespräch zu befinden oder schlicht außer Haus zu sein. Mehrmals am Tag griff ich zum Hörer, um jedes Mal aufs neue mein Sprüchlein aufzusagen – vergeblich. Schließlich fuhr ich persönlich nach München. Man öffnete mir zwar die Tür, fing mich jedoch vor dem »Königinnenzimmer« ab. Tina und Sonja dürften im Augenblick keinesfalls gestört werden.
Ich weiß nicht, weshalb ich mich nicht über alle Hindernisse hinwegsetzte und zu ihnen ins Zimmer stürmte. Ich hatte offensichtlich noch immer zuviel Respekt.

Unverrichteter Dinge ging ich wieder und fuhr zurück nach Augsburg. Das Leben in der Mission mußte schließlich weitergehen. Rücksicht auf persönliche Probleme konnte nicht genommen werden.

In meinem geistig vollkommen umnachteten Zustand vertraute ich letztlich darauf, daß doch bitte ein Wunder geschehen und sich die ganze Angelegenheit als Mißverständnis herausstellen möge. Um überhaupt des Morgens aus den Federn zu kommen, redete ich mir ein, daß am Monatsende mit Sicherheit das mir zugesagte Gehalt ausgezahlt würde. Mit Sicherheit! Wie sollte es denn auch anders sein! Ich konnte ja nicht von Luft und gutem Willen allein leben!

Trotz meiner »Zuversicht« wendete ich mich alsbald an die Ethikabteilung der Org – vorbeugend sozusagen. Natürlich ließ ich mich ordentlich über Tina und Sonja sowie die mir aufgetischte Lüge aus und brachte mein Unverständnis über eine derartige Verhaltensweise zum Ausdruck. Und selbstverständlich hoffte ich auf Unterstützung.

In der Org stand man dieser Geschichte lediglich mit einem Schulterzucken gegenüber. Im Gegenteil: Offenbar nach Rücksprache mit Tina und Sonja sollte ich ab sofort in der Mission Nymphenburg Daten zum Thema Ethik und Integrität studieren. Ich hätte es dringend nötig, ließ man mich wissen, da ich mich ganz eindeutig entgegen meiner Überzeugung auf diese Kreditsache eingelassen hätte. Es handelte sich hierbei um eine sogenannte Ethik-Order, der nicht zu widersprechen war.

Dieser Schuß ging also nach hinten los! Und, wollte ich mir nicht noch mehr Probleme einhandeln, war ich tatsächlich gezwungen, in die mir mittlerweile verhaßte

Mission Nymphenburg zu gehen, um mich mit meiner eigenen verletzten Integrität auseinanderzusetzen.

Ha! Ich sollte Hubbards Erkenntnisse inhalieren, um mir u. a. darüber klarzuwerden, warum mir diese Geschichte überhaupt passiert war, warum – jawohl: warum ausgerechnet ich belogen worden war (in Scientology steht das geistige Ursache-Wirkung-Prinzip an allererster Stelle. Jede Ursache zieht eine bestimmte Wirkung nach sich, und alles, was einem Menschen geschieht, widerfährt ihm nicht ohne Grund. Wurde ich also belogen und betrogen, mußte es einen plausiblen Anlaß hierfür geben, der in mir selbst zu suchen und zu finden war). Man hatte sich jedoch augenscheinlich nur um mich, um den Belogenen gekümmert, jedoch nicht um die Lügner! Zumindest wurden keinerlei Anstalten getroffen, mir in irgendeiner Weise zu Hilfe zu kommen …

Ich empfand die Anweisung, Material über Ethik und Integrität studieren zu müssen, als glatte Farce, hatte jedoch schon seit langem nicht mehr die Kraft, mich vernünftig zur Wehr zu setzen. Schließlich durfte ich es nicht riskieren, mein Auditing für längere Zeit aufs Spiel zu setzen (es bestand die Möglichkeit, daß man mich im Falle meiner Weigerung zur potentiellen Schwierigkeitsquelle erklärt hätte!). Ich wollte doch so gerne endlich Clear sein! Nur einmal versuchte ich aus dem mir auferlegten Zwang für kurze Zeit auszubrechen. Anstatt bereits morgens bei Elena im Kursraum zu sitzen, ging ich zum Augsburger Arbeitsamt und sah mich prophylaktisch auf dem Arbeitsmarkt um. Es gelang mir immer seltener, mich mit der Hoffnung zu trösten, Ende November in den Genuß des mir versprochenen Entgelts zu kommen.

Als ich um 13 Uhr in der Mission Nymphenburg eintraf,

fragte mich Elena selbstverständlich nach meinem Verbleib. Ich erzählte es ihr brühwarm. Sie und alle Beteiligten sollten ruhig wissen, daß man von mir nicht erwarten konnte, ewig stillzuhalten. Im Wissensbericht vom 13. November 1989 wurde dieses Gespräch von ihr dokumentiert und den maßgeblichen Personen zur Kenntnis gebracht.

Leider sah es für mich als Ungelernte hinsichtlich einer geeigneten Vollzeitbeschäftigung weder in Augsburg noch in München allzu rosig aus. Es waren keine entsprechenden Angebote vorhanden, und so mußte ich auf Biegen und Brechen versuchen, meine Angst, finanziell endgültig baden zu gehen, in den Griff zu bekommen.

Mit rabenschwarzen Scheuklappen vor den Augen mogelte ich mich durch meine Tage, verkroch mich mit meinen Studenten im Kursraum und versorgte meine Wehwehchen, die sich immer zahlreicher einstellten. Beständig mußte ich packenweise Papiertaschentücher mit mir herumtragen, da ich unter vereiterten Stirn- und Nebenhöhlen litt. Durchfälle, Übelkeit, Ekzeme, Schmerzen in der Nierengegend und eine Pilzinfektion wurden zu meinen hartnäckigen Begleitern, die ich nicht mehr loswurde. Ich fühlte mich krank, ausgelaugt und unsagbar müde. Trotz meiner mittlerweile sehr ungesunden und fettreichen Ernährung nahm ich einige Kilo ab, bis ich schließlich am letzten Loch des Gürtels angelangt war.

Besonders ungelegen kam mir während dieser Zeit die Forderung der Mission Nymphenburg, die restlichen 21 000 Mark aufzutreiben, damit sie Herrn Klinger zurückgezahlt werden konnten. Der Rückgabetermin war bereits seit etwa zwei Wochen überschritten.

Ich muß zugeben, mittlerweile vollkommen vergessen zu

haben, noch eine offene Rechnung begleichen zu müssen. Vermutlich hatte ich es einfach verdrängt.

Zunächst ließ ich mich von Lydias eindringlichen Worten gefangennehmen. Ich sollte versuchen, nochmals privat an das Geld heranzukommen, da die Gewährung eines weiteren Bankkredits ja wohl kaum zu erwarten sei.

O Gott, o Gott, o Gott! Wollte denn das niemals ein Ende nehmen? Aus welchem Ärmel sollte ich diese 21 000 Mark nur dieses Mal schütteln?

Glücklicherweise, ich hatte es schon nicht mehr zu hoffen gewagt, fand sich in meinem bereits vollkommen benebelten Gehirn doch noch ein Fünkchen Verstand. Wie ein Blitz aus heiterem Himmel traf mich eine Erkenntnis: Ich mußte verrückt sein! Ich war ja nicht mehr ganz bei Trost! Ich ließ mich belügen und betrügen, hatte nun diese ekelhafte Kreditgeschichte auszubaden, erhielt keinen Pfennig Geld und zog es ernsthaft in Erwägung, nun auch noch für die Restsumme aufzukommen!

Als Konsequenz dieser Erkenntnis weigerte ich mich strikt, auch nur einen Finger in dieser Angelegenheit zu rühren. Weder der Gedanke an die Ethikabteilung noch an Tod und Teufel konnte mich schrecken. Ich war auf alles gefaßt. Sämtliche mir unterbreiteten Vorschläge, diesen »Zyklus irgendwie anderweitig zu handhaben«, lehnte ich kategorisch ab. Ich hatte dieses Geld nicht angetastet und fühlte mich aufgrund der Art und Weise, wie man mit mir umsprang, auch nicht für dessen Rückgabe verantwortlich.

Zu meinem großen Erstaunen landete ich weder in der Ethikabteilung der Mission Nymphenburg bzw. der Org, noch wurde dieses Thema mir gegenüber jemals wieder angeschnitten. Diese 21 000 Mark schienen sich für mich einfach in Luft aufgelöst zu haben. (Um der Wahrheit die Ehre zu geben: natürlich gestaltete sich diese Situation etwas komplizierter, als ich sie dargestellt habe; trotzdem fiel mit meiner Entscheidung, das Spiel nicht mehr mitzuspielen, endgültig der Vorhang!)

Der November schlich trübe dahin, im Kursraum und Auditing-Zimmer blieb der dringend benötigte Ansturm aus. Große Unterschiede zum vorangegangenen Monat waren nicht auszumachen.

Dann, von einem Tag auf den anderen, drehte sich in der Mission Augsburg der Wind. Kurzerhand wurde von seiten der Mission Nymphenburg Herr Braindl abgesetzt und Detlev, seines Zeichens Ethics Officer und erfolgreicher Buchverkäufer, der sich vor Monaten an mir eine goldene Nase verdient haben dürfte, in seiner Funktion als unser neuer Vorgesetzter eingeführt. Herrn Braindl hatte man beschuldigt, die Mission Augsburg nicht zum Laufen zu bringen, außerdem widersetze er sich den Befehlen seiner »Seniors« (Vorgesetzten) Sonja und Tina, was gemäß Scientology-Richtlinien einer Meuterei gleichkam.

Detlev oblag nun vorübergehend die Aufgabe, die Mission Augsburg aus der Krise zu führen. Unter seiner eifrigen Hand sollte sie wachsen und gedeihen und viele neue Leute die »Brücke« emporsteigen lassen. Als Maßnahme zur Lösung des Problems etablierte er ein verschärftes Programm, welches im wesentlichen aus dem vermehrten Schreiben von Briefen, wiederholten Telefonanrufen bei möglicherweise an Kursen und Auditing interessierten Leuten, dem Überschwemmen der Fußgängerzone mit Handzetteln sowie einem gesteigerten Bücherverkauf bestehen sollte.

Mir wurde die Aufgabe übertragen, in jeder freien Minute Briefe zu verfassen und Telefonate zu tätigen.

Über jede einzelne Aktion war genauestens Buch zu führen. Jeder geschriebene Brief, jedes verkaufte Heftchen, jede noch so kleine Kleinigkeit wurde in einer Statistik festgehalten und mit jener der letzten Woche verglichen. Das Ergebnis der Vorwochenstatistik mußte zumindest erreicht worden sein.

Was haßte ich diese Punktefeilscherei! Statistik, Statistik und nochmals Statistik! Als ob es sich nicht um Menschen, sondern lediglich um Striche auf einem Blatt Papier handelte! Hin und wieder zog ich Detlevs Unmut auf mich, weil ich nicht, wie gefordert, meine Statistiken rechtzeitig bei ihm ablieferte, was meine Ethikakte um einen sogenannten »Nichtbefolgungsbericht« bereicherte. Darüber hinaus wurde mir am 26. November 1989 der Ethik-Zustand *Verrat* (gegenüber der Gruppe) zugewiesen, da ich, wie er sich in seiner Ethik-Order schriftlich ausdrückte, »zum wiederholten Male die Stats habe crashen (abstürzen) lassen«, also es nicht geschafft hatte, meine Statistiken nach oben zu schrauben. »Seit vier Wochen ist ihre Posten-Stat(istik) heftig gecrashed, und bis heute hat sie nichts unternommen, um es zu handhaben.«

Man ließ mich also in finanzieller Hinsicht eiskalt und ohne jegliche Skrupel im Regen stehen – und verlangte von mir gleichzeitig, daß ich Leute von der Straße auflas, um sie in meinen Kursraum zu stecken!

Anstatt nun endgültig meinen Mantel zu nehmen und der Mission Augsburg – und vielleicht auch der Scientology ganz allgemein – den Rücken zu kehren, tat ich, wie mir geheißen, und arbeitete mich die Ethik-Zustände hoch, um wieder von der Gruppe, sprich meinen Teamkollegen, angenommen zu werden.

Ich möchte mich jetzt nicht allzu ausführlich mit dieser Thematik beschäftigen. Nur soviel: Um als Scientology-Mitglied nach der Zuweisung eines »niedrigen« Ethik-Zustands wie etwa *Verrat, Feind, Zweifel, Belastung* wieder in einen akzeptablen höheren Zustand zu gelangen, müssen etliche Aktionen und Anstrengungen unternommen werden. Als Beispiel möchte ich Anweisung Nr. 2 und 3 des Ethik-Zustands *Belastung* anführen: »Führen Sie, ungeachtet einer persönlichen Gefahr, einen effektiven Schlag gegen die Feinde der Gruppe aus, der anzugehören Sie vorgegeben haben.« (Hierunter könnte z. B. das Schreiben eines Leserbriefes gegen Scientology-Gegner fallen.)

»Machen Sie den Schaden, den Sie angerichtet haben, durch einen persönlichen Beitrag wieder gut, der weit über das hinausgeht, was gewöhnlich von einem Gruppenmitglied verlangt wird.« (»Einführung in die Ethik der Scientology.«)

Zum Verbessern seines Ethik-Zustandes gehört es aber auch, sich schriftlich über seine augenblickliche Situation Gedanken zu machen. Dies kann unter Umständen auch dazu führen, daß man, seine eigene Integrität wahrend (sofern man überhaupt noch weiß, was man darunter versteht), eine Entscheidung trifft, die dem eigentlich erwünschten Ergebnis entgegensteht. In meinem Fall wäre es also durchaus möglich gewesen, mich, sofern ich es für richtig befunden hätte, von der Mission Augsburg zu trennen. Natürlich hätte ich auf diese Weise nur eine Willenserklärung abgegeben, die in der Ethikabteilung eingehend auf ihre »Haltbarkeit« überprüft worden wäre.

Damals war ich jedoch noch nicht soweit. Noch war mein Verantwortungsgefühl größer als meine Angst und meine Enttäuschung, die unablässig an mir nagten und mir das Leben zur Hölle machten.

Als einziger Lichtblick meiner dunklen Tage stellte sich die von mir über so lange Zeit ersehnte Zulassung zum Clear-Gewißheits-Rundown heraus. Nun endlich – endlich! – sollte ich feststellen dürfen, ob ich ... ob ich vielleicht – nein, ich wagte gar nicht zu Ende zu denken!

Am 29. November ließ man mich in der Org eine Abbuchungs-Bestätigung für diesen bereits von mir im August bezahlten Auditing-Schritt unterschreiben. Ich war derart aufgeregt, daß ich alles andere um mich herum vergaß. Ich schwebte auf sämtlichen Münchner Wolken, spürte nicht einmal die Blechzylinder in meiner Hand und wartete ungeduldig auf die nächste Frage des Auditors, um bei der Suche nach einer Antwort von einem Glücksrausch in den nächsten zu fallen.

Mich auf solchermaßen höheren Gefühlsebenen bewegend, ging ich am letzten Tag des Monats November zu Detlev und fragte ihn: »Und, wie sieht's aus? Klappt es dieses Mal mit meinen 2150 Mark?«

Unser neuer Vorgesetzter streckte mir lediglich eine Gegenüberstellung von Einnahmen und Ausgaben entgegen, die er dahingehend kommentierte, daß eine Auszahlung dieser Summe keinesfalls in Frage kommen könne.

Bevor ich in Versuchung kam, Detlev an den Hals zu springen, verzog ich mich in den Kursraum und überlegte. Kurz bevor mir die Kopfschlagader platzte, entschloß ich mich, in den sauren Apfel zu beißen und mir umgehend eine Arbeit zu suchen. Als Folge hiervon würde ich nur noch die Abende in der Mission Augsburg verbringen, womit meinem ausgeprägten Verantwortungsgefühl durchaus Genüge getan wäre. Zumal die meisten Leute sowieso erst zu einer späteren Stunde im Kursraum saßen.

Klaus wollte ich nicht noch einmal zumuten, seinen ohnehin sehr gespannten Kreditrahmen weiter auszureizen, und so steckte ich erneut den Kopf in den Sand in der Annahme, infolge meiner eigenen Blindheit ebenfalls nicht gesehen zu werden. Ich hoffte, meine Bank würde meine finanzielle Durststrecke nicht sofort monieren, sondern geduldig auf einen Ausgleich des sich schon sehr bald im Minus befindlichen Kontos warten. Ich rechnete fest damit, in Bälde irgendeine Beschäftigung zu finden.

Doch weder der Augsburger noch der Münchner Arbeitsmarkt wollte mich Anfang Dezember aufnehmen. Schließlich führte mich mein Weg am 5. Dezember zu einer Münchner Zeitarbeitsfirma, die mich dankenswerterweise für zehn Mark brutto pro Stunde einstellte. Bereits am nächsten Tag um sieben Uhr sollte ich als Kantinenhilfe in einem Werk für Kipper im Münchner Norden antreten. Aus zeitlichen Gründen übernachtete ich fortan in Klaus' Zwanzig-Quadratmeter-Apartment und machte mich um kurz nach sechs auf den Weg.

Freundlich wies man mich im Küchenbereich des Betriebes in mein zukünftiges Aufgabengebiet ein: Gemüse putzen, Essen ausgeben, Boden und Gerätschaften schrubben. Es wurde ein überaus harter Arbeitstag. Völlig geschafft fiel ich um kurz nach vier in die S-Bahn, ließ mich zum Münchner Hauptbahnhof fahren und bestieg den nächsten Zug nach Augsburg, um der Mission Augsburg weiterhin als Kursüberwacherin zu Diensten zu sein.

In den folgenden Wochen wurde mir langsam klar, daß es

auf lange Sicht so nicht weitergehen konnte. Mittlerweile hatte sich die Verbindung zu meinem Onkel wieder etwas gefestigt (er hatte jegliche Versuche, mich umzustimmen, aufgegeben), und ich verbrachte die Zeit nach meiner Ankunft in Augsburg damit, mir bei ihm den Bauch vollzuschlagen. Um 19 Uhr dann mußte ich in der Mission sein, um meine Studenten zu betreuen. Das Wochenende verbrachte ich zumeist vollständig im Kursraum, entweder in Augsburg oder in München. Ich fand kaum eine Stunde, in der ich mich einigermaßen erholen konnte. Des Nachts fuhr ich nach Kursschluß bzw. nach Beendigung »wichtiger« Besprechungen zwischen 22 und drei (!) Uhr nach München zurück (wehe, wenn ich den letzten Zug vor Mitternacht verpaßt hatte!). Nicht selten mußte ich mir dann mangels anderweitiger Fahrgelegenheiten in München ein Taxi nehmen, um überhaupt noch einen Zipfel Bettdecke zu erwischen.

Aufstehen war um halb sechs angesagt. Klaus schlief in der Regel noch, wenn ich sein Apartment verließ, und er schlief wieder, wenn ich es aufschloß. Wenn einer den anderen zu Gesicht bekam, dann zumeist nur am Wochenende.

Das Übernachten in meiner Augsburger Wohnung versuchte ich nach Möglichkeit zu vermeiden. Ich konnte es einfach nicht mehr ertragen, allein zu sein. Zu groß wäre meine Verzweiflung gewesen, auf meiner Schlafcouch zu liegen, die Bilder meiner Eltern an der Wand zu sehen und das Gefühl zu haben, an einem Abgrund zu stehen. Mit Klaus an meiner Seite fiel es mir leichter, diese bohrende Ungewißheit über meine Zukunft zu verkraften.

Nur noch zum Fischefüttern, Aquariumsäubern und Pflanzengießen huschte ich die hundert Meter durch die

Wohnanlage, wenn ich bei meinem Onkel zu Gast war. Schon seit Wochen hatten meine Möbel keinen Staublappen mehr gesehen, mein einstmals so gepflegter Parkettboden starrte vor Dreck. Meine Wäsche wurde in der Hauptsache von Klaus in Ordnung gehalten, der übrigens auch die Kosten in Höhe von 250 Mark für meine Bahnmonatskarte übernahm ... weder die Mission Augsburg noch die Mission Nymphenburg wollten für diesen Betrag aufkommen. Von dem vielen »Kleingeld«, das er mir regelmäßig zustecken mußte, ganz zu schweigen.

»Mädchen!« redete er mir immer wieder ins Gewissen, »laß dich doch nicht derart ausnutzen! Du arbeitest nur deshalb von sieben bis vier als Küchenhilfe, weil man dich aufs übelste über den Tisch gezogen hat – und glaubst auch noch, hierfür die Verantwortung übernehmen zu müssen. Jeder andere wäre schon längst gegangen! Sieh dich doch mal an! Du bist ja überhaupt kein Mensch mehr!«

»Bitte, Klaus«, bettelte ich. »Ich kann die Mission wirklich nicht im Stich lassen. Man zählt doch dort auf mich. Es gibt ja auch einige Leute, die nichts mit der Sache zu tun haben!«

Klaus' Art, mir wiederholt die Widersinnigkeit dieser Situation zu verdeutlichen, trug schließlich Früchte. Ich versprach ihm, in der Mission Augsburg meinen baldigen Abschied als Kursüberwacherin anzukündigen, um überhaupt wieder ein Bein auf die Erde zu bekommen. Und kurz darauf erpreßte ich Detlev, mir meine Arbeit bis zu meinem Ausscheiden wenigstens auf lohnsteuerfreier Basis zu vergüten, anderenfalls würde ich von einem Tag auf den anderen komplett aussteigen. Ich benötigte dieses Geld tatsächlich allerdringendst!

Zu meiner eigenen Verwunderung legte er anstandslos am Ende einer Woche 112,50 Mark auf den Tisch und ließ mich den Empfang quittieren.

Im Januar des darauffolgenden Jahres wurde von der mich beschäftigenden Zeitarbeitsfirma zum ersten Mal mein Gehalt in Höhe von rund 925 Mark auf mein Konto überwiesen. Ich war heilfroh, daß sich meine Bank bislang nicht gerührt hatte. Nun befand sich das Konto wieder für kurze Zeit zwar nicht gerade im grünen, jedoch auch nicht mehr im absolut dunkelroten Bereich.

Wie bereits Wochen im voraus angekündigt, verließ ich schließlich die Mission Augsburg – ich hatte diese Tortur fast zwanzig Tage länger ertragen als ursprünglich beabsichtigt. Am 19. Januar 1990 schloß ich endgültig die Tür hinter mir. Probleme erwartete ich keine. Gemäß den mir bekannten Hubbardschen Schriften war ich aus verschiedenen Gründen noch nicht als vollwertige Mitarbeiterin anzusehen. Ich konnte demnach mein Bündel schnüren und dieser quälenden Situation endlich den Rücken kehren. Erleichtert atmete ich auf.

In der Org dagegen blieb mir zwei Tage später, nach einem Gespräch mit dem D of P, dem Director of Processing (Leiter der Auditing-Abteilung), die Luft weg. Ich erfuhr, meinen Clear-Gewißheits-Rundown unterbrechen zu müssen. Aufgrund meiner Absicht, die Mission Augsburg als Kursüberwacherin zu verlassen, müßte ich nun ein sogenanntes »Confessional« (= engl.: Beichtstuhl ...) über mich ergehen lassen, eine auditing-ähnliche Prozedur zur Erforschung der Gründe für mein Vorhaben, in Augsburg für immer auszusteigen.

»Aber«, protestierte ich, »ich war doch überhaupt noch keine richtige Mitarbeiterin! Ich habe weder meinen

Kursüberwacher-Kurs abgeschlossen noch die Staff-Staten erhalten!« Als Staff-Staten wurden drei verschieden lange Einweisungs-Stufen bezeichnet, die letztlich zum voll verpflichteten Mitarbeiter führen. Bis zum endgültigen Abschluß dieser Einweisungs-Stufen galt das Mitarbeiterverhältnis als nicht (hundertprozentig) verbindlich. Im Normalfall wäre also für mich lediglich ein Termin in der Ethikabteilung in Frage gekommen. Die Gründe für mein Ausscheiden dürften mit ein wenig gesundem Menschenverstand ohnehin nicht schwer zu erkennen gewesen sein.

»Das mag schon sein«, bekam ich daraufhin zur Antwort. »Es wurde aber für dich bestimmt, daß du trotzdem ein Confessional machen mußt.«

Als ich dann schließlich noch erfuhr, dieses Confessional auf eigene Kosten durchführen lassen zu müssen, da man mich anderenfalls in der Mission Augsburg nicht entlassen könnte, brach ich innerlich zusammen. Ich hatte noch etwa sieben Stunden meines Clear-Gewißheits-Rundowns zu meiner Verfügung, die nun für diese Aktion verwendet werden sollten. Nach Abschluß des Confessionals wäre ich dann zwar von meinen Verpflichtungen in der Mission Augsburg entbunden, allerdings auch nicht mehr in der Lage, endlich feststellen zu können, was es mit meinem ungewissen Fallzustand auf sich hatte. Denn wie um alles in der Welt sollte ich nochmals etwa 4000 Mark auftreiben, um weitere zehn Stunden Clear-Gewißheits-Rundown einzuzahlen?

Nachdem ich meinen Weinkrampf überwunden hatte, ließ ich mich willenlos ins Auditing führen. Ich hatte keine andere Wahl. Hätte ich mich geweigert, mich auditieren zu lassen, wäre diese grausame Pendlerei von München nach Augsburg auf ewig weitergegangen. Und hätte ich die Mission Augsburg einfach verlassen, ohne dieses Confessional hinter mich gebracht zu haben, wäre ein generelles Auditing- und Kursverbot in Scientology über mich verhängt worden.

Im Confessional wurden die verschiedensten Fragen an mich herangetragen. Unter anderem wollte man von mir wissen, ob ich Overts (schädliche Handlungen) gegen die Mission Augsburg, die Mission Nymphenburg und die Scientology ganz allgemein begangen hätte (welche dazu führen könnten, selbige aus einem schlechten Gewissen heraus verlassen zu wollen), ob meine Absichten in und mit Scientology ernsthafter und aufrichtiger Natur seien, ob ich mich unkeusch verhalten hätte (was auch immer man sich hierunter vorstellen mag), usw. Ich dachte mir meinen Teil zu den mir zur Beantwortung auferlegten Fragen, hielt mich jedoch mit meiner Meinung zurück – ich hätte auf diese Weise nur Zeit verloren. Ein Auditor hat »Meckern« grundsätzlich zu ignorieren …

Nach den ersten Stunden des Confessionals wurde ich dem Examiner (Prüfer) vorgeführt. Wie nach jeder Sitzung üblich, wurde von einer unabhängigen Person an einem E-Meter überprüft, ob die Nadel schwebte. Falls nicht, galt die Sitzung als nicht (erfolgreich) abgeschlossen, was dazu führte, sich abermals mit dem Auditor in ein stilles Kämmerlein zurückziehen zu müssen.

Die Blechdosen in der Hand, gab ich mir alle Mühe, meine Nadel schweben zu lassen. Bewußt rief ich mir meine tollen Urlaubserlebnisse auf Korsika ins Gedächtnis, dachte an herzerwärmende Ereignisse in meiner Kindheit – und sogar an Klaus, den ich als Freund und Lebenspartner nicht mehr missen wollte.

Vergeblich. All meine Versuche, in meinem Inneren einen vor Glück triefenden Gefühlszustand zu errichten, konnten der Nadel nicht die gewünschte Bewegung entlocken. Ich war einfach zu verärgert über die Art und Weise, wie man mich behandelte.

Also wurde ich erneut für weitere Stunden in Sitzung gesteckt. Schließlich hatte ich die Nase gestrichen voll und beschloß, die Nadel nach Beendigung der Sitzung von der Skala zu fegen. Und tatsächlich eröffnete mir der Examiner beim nächsten Mal feierlich: »Danke, deine Nadel schwebt!«

Mit dem Examiner-Bericht über »meine schwebende Nadel« hatte ich gewissermaßen meine Entlassungspapiere in der Tasche. Jetzt durfte ich mit dem Segen der »Kirche« meinen Griffel in der Mission Augsburg endgültig fallen lassen …

Kopfschüttelnd blickte ich auf meine steile Scientology-Karriere, auf meine bisherigen »Erfolge« zurück. Weder war ich, wie vorgesehen, zur Kursüberwacherin nebst passablem Einkommen avanciert, noch konnte ich mich aufgrund des sehr in Mitleidenschaft gezogenen Org-Service-Kontos zur Auditorin ausbilden lassen. Mein gesamtes Vermögen war in den Tiefen des Universums verschwunden, und trotzdem überkam mich allmählich das dumpfe Gefühl, in meiner geistig-seelischen Weiterentwicklung im Grunde keinen Schritt vorangekommen zu sein.

Zu meiner großen Begeisterung hatte ich zusätzliche 25 000 Mark in der Mission Nymphenburg zu meiner Verfügung, mit denen ich aber nicht viel anfangen konnte, da diese angeblich nicht in eine höhere Organisation transferiert werden konnten. Dafür durfte ich viereinhalb lange Jahre für eine monatliche Kreditrate in Höhe von 583 Mark geradestehen, die mich nur deshalb belastete, weil ich an eine Vereinbarung geglaubt hatte, die nicht eingehalten worden war. Und anstatt wieder ins Studium einzusteigen oder einen anständigen Beruf zu erlernen, schrappte ich tagsüber Möhren und polierte Edelstahltöpfe, um mit meinem mickrigen Verdienst nicht einmal all meine Verpflichtungen abdecken zu können.

Ob ich den Zustand Clear bereits erreicht hatte oder nicht, stand natürlich nach wie vor in den Sternen. Sicher war dagegen, daß ich nur noch ein psychisches und physisches Wrack war, das kraftlos durchs Dasein kroch.

Wirklich beeindruckend! Eine wahre Meisterleistung! Ich fand es äußerst bemerkenswert, bereits nach weniger als einem Jahr Scientology-Zugehörigkeit am Abgrund meines eigenen Lebens zu stehen!

Der Kampf ums Überleben

Im Februar, ich verbrachte die meiste Zeit bei Klaus in München, klingelte das Telefon. Ich solle doch bitte in die Org kommen, man habe dort etwas Wichtiges mit mir zu besprechen. Es handele sich um eine Mitarbeiterangelegenheit. Natürlich – wie sollte es auch anders sein – leistete ich dieser freundlichen Bitte umgehend Folge.

In diese Org ging ein Mensch, den ich schon lange nicht mehr kannte. Es war eine junge Frau, die bereits seit Monaten nicht mehr in der Lage war, auch nur einen vernünftigen Gedanken zu fassen. Eine Frau, die verzweifelt in den Trümmern ihres Daseins wühlte, ohne ihr bisheriges Leben auch nur bruchstückhaft wiederzufinden.

Wohl auch aus diesem Grund griff ich nach dem vermeintlichen Strohhalm, der sich mir für eine Umgestaltung meiner augenblicklich frustrierenden Situation so verheißungsvoll anbot. Die sympathische Dame, die für Personalfragen zuständig war, machte mir ein Vollzeitmitarbeiterverhältnis in der Org schmackhaft. Bezüglich meiner Vergütung wurde mir zugesichert, im Monat gut und gern auf 1000 Mark netto zu kommen. Die Ausübung einer Nebenbeschäftigung, z. B. am Vormittag, könnte mir einen Zusatzverdienst einbringen, mit dem ich meine Unkosten problemlos würde decken können. Geschickt erstellte sie aufgrund meiner Angaben eine Einnahmen-Ausgaben-Gegenüberstellung und kalkulierte sogleich eine verminderte Mietzahlung mit ein, da Klaus und ich beabsichtigten, so bald wie möglich umzuziehen. Es ergab keinen Sinn, zwei Wohnungen zu unterhalten, wenn man sowieso zusammenleben wollte. Überdies konnte ich nicht verlangen, daß sich mein Onkel weiterhin tagtäglich um mein Apartment, die Fische und Pflanzen kümmerte.

Auf eine Klausel des Mitarbeitervertrags angesprochen, wonach Vollzeitmitarbeiter ohne maßgebliche Schuldverpflichtungen zu sein hatten, winkte sie ab. Die Org laufe im Augenblick ausgezeichnet, es gäbe partout keinen Grund, sich irgendwelche Sorgen zu machen. Und außerdem dürfe man davon ausgehen, daß jeder Org-Mitarbeiter bereits in zwei (!) Jahren kostengünstig zumindest bis OT VII auditiert werden könne. Man befände sich nämlich auf steilem Expansionskurs und stehe kurz vor Erreichen der nächsthöheren Organisationsebene.

In der Hoffnung, von nun an ein erfüllteres Leben führen zu können und nicht mehr gezwungen zu sein, meine Tage mit Küche wischen und Suppe schöpfen verbringen zu müssen, unterschrieb ich im Februar 1990 einen Vollzeitmitarbeitervertrag. Ich kündigte meine Stellung und wartete gespannt, welchen Aufgabenbereich man mir vorläufig zuweisen würde.

Kurzerhand wurde ich in der Org zum »folder page« ernannt und dem D of P, dem Leiter der Auditing-Abteilung, als persönlicher Laufbursche zur Seite gestellt. Ab 13 Uhr verbrachte ich nun meine Zeit damit, beinahe ununterbrochen Unterlagen vom Keller in den dritten Stock zu schleppen, sie nach Gebrauch wieder zurückzubringen oder sie dem Fallüberwacher im vierten Stock zu überreichen.

Nicht selten mußte ich mich zwischen erstem und zweitem Stock für ein Weilchen setzen, um mich ein wenig auszuruhen, so daß sich viele nette Menschen zu mir herabbeugten und besorgt fragten, ob sie mir irgendwie behilflich sein könnten.

Die für mich geeignete Hilfe bestand in einer anderen Arbeit. Es wurde beschlossen, daß ich den HGC-Admin, eine Art Verwalter für die Auditing-Abteilung, alsbald in seiner Funktion ablösen sollte. Im Kurssaal hatte ich entsprechendes Material über diesen Posten zu studieren. Zusammen mit anderen Neulingen absolvierte ich den Staff-Status 0, die erste der drei Einweisungsstufen für Mitarbeiter. Wie die Küken hinter der Glucke trotteten wir einer jungen Dame hinterher, die uns mit Begeisterung durch die Gänge der Org führte, uns mit den Aufgaben der einzelnen Abteilungen vertraut machte und uns einige auswendig zu lernende Kenntnisse abfragte.

Meine Arbeitstage begannen in der Regel um 12.45 Uhr und endeten zumeist gegen 22 Uhr. Als Pause war eine Stunde zwischen 18 und 19 Uhr angesetzt.

Als freien Tag nahm ich mir den Samstag, um meinen Onkel zu besuchen. Wie alle Mitarbeiter war ich einem Stundenplan unterworfen, der strikt einzuhalten war. Arbeitsphasen wechselten mit Kursstunden für Ausbildung und Training ab.

Des Morgens war ich derart geschafft, daß ich erst am späteren Vormittag aufstand und mich in aller Langsamkeit auf meinen Arbeitstag vorbereitete. Ein Nebenverdienst war bislang leider noch nicht in Sicht. Zu meiner großen Enttäuschung blieben meine beständigen Bemühungen, eine Teilzeitbeschäftigung zu erhalten, ohne jeden Erfolg. Kein Vorstellungsgespräch für einen Job auf lohnsteuerfreier Basis führte zu dem von mir erhofften Ergebnis.

Heute sind mir die Gründe für diese Pechsträhne mehr als verständlich. Was am Telefon nicht herauszuhören war, dürfte dafür beim ersten persönlichen Händedruck um so offensichtlicher gewesen sein: wie das blühende Leben hatte ich mit Sicherheit nicht ausgesehen …

Noch blasser wurde ich allerdings, als ich Woche für Woche meinen »pay«, meine Mitarbeitervergütung, an der Auszahlungsstelle abholte. Über einen Monat hinweg nahm ich betreten zur Kenntnis, keinesfalls auf die mir angekündigten 1000 Mark netto zu kommen. Leider fehlt mir ein Teil der entsprechenden Unterlagen, um eine genaue Angabe machen zu können. Meiner Erinnerung nach dürfte mein Verdienst jedoch keinesfalls die 600-Mark-Grenze überschritten haben …

Aus Erfahrung zumindest ein klein wenig klug geworden, entschied ich mich nach wenigen Wochen, das ununterbrochene Hoffen auf bessere Zeiten einzustellen und den harten Tatsachen ins Auge zu sehen. Ich hatte nun erfahren, daß man mit Zusagen, die letztlich nicht einzuhalten waren, immer schnell bei der Hand war. Über alle Maßen verärgert, gab ich meinen Vorgesetzten zur Kenntnis, von nun an als Vollzeitmitarbeiterin nicht mehr zur Verfügung zu stehen. Ich knallte ihnen eine Aufstellung meiner Verpflichtungen auf den Tisch und ließ mich auf keine Diskussion mehr ein.

Mein Aufenthalt in der Ethikabteilung verlief erstaunlich unkompliziert. Ich hatte lediglich in schriftlicher Form auszuloten, ob ich diesen Schritt mit meinem Gewissen vereinbaren konnte (Hocharbeiten der Ethik-Zustände).

Ich konnte. Und zwar sehr gut. Einfach deshalb, weil ich gar keine andere Wahl hatte! Ich beschloß, mir wieder eine Vollzeitbeschäftigung zu suchen und die Org nur noch in Teilzeit, z. B. an den Abenden und am Wochenende, zu unterstützen.

Der Spatz in der Hand ist besser als die Taube auf dem Dach, und so ließ man mich dieses Mal ungeschoren. Ein Confessional war in diesem Fall offenbar nicht notwendig.

Anfang April zogen Klaus und ich in München in eine Zweizimmerwohnung. Für 46 Quadratmeter hatten wir eine Warmmiete von 1000 Mark zu zahlen. Immerhin aber belief sich durch die Zusammenlegung der beiden Apartments unsere Ersparnis auf 150 Mark monatlich – in unserer Situation mittlerweile ein beachtlicher Betrag. Im Vorfeld hatte Klaus alle Hebel in Bewegung gesetzt und zwei junge Bausparverträge aufgelöst, um Kaution und Maklerprovision abzudecken.

Die wenigen Möbel, die in unserem neuen Heim standen, stammten ausschließlich aus meiner Wohnung. Infolge einer ursprünglich tugendhaften schwäbischen Sparsamkeit mußten wir teilweise mit meinen Kinderzimmerschränkchen vorliebnehmen. Umständehalber hatte uns unser Vormieter eine neue Doppelbettmatratze für 100 Mark überlassen, die auf dem nackten Teppichboden liegen mußte, da wir uns kein Gestell hierfür leisten konnten.

In Ermangelung flüssiger Mittel besorgten wir uns für 25 Mark in einem Baumarkt ein einfaches Kellerregal für unser Wohnzimmer. Wir stellten es mit allerlei Krimskrams voll, um die einzelnen Latten so gut wie möglich abzudecken. Ein Kellerregal blieb es trotzdem.

Unsere Wohnung dürfte für unsere Nachbarn eine fernsehähnliche Funktion erfüllt haben. Nicht einmal Vorhänge konnten wir uns leisten! Und nachdem wir selbst für

Billigstmöbel kein Geld hatten, mußten wir lernen, mit einigen herumstehenden Umzugskisten zu leben.

Im ersten Monat nach unserem Umzug offenbarte sich nach und nach, daß Klaus trotz meiner Erfahrungen immer tiefer in die Org hineinzugeraten schien. Im März hatte er sich als Vollzeitmitarbeiter verpflichten lassen und seine Beschäftigung als Elektrotechniker auf eine Halbtagstätigkeit beschränkt. Jetzt stellte er mit großen Augen fest, daß auch er nicht mit der erwarteten Auszahlung in der Tasche nach Hause ging. Seine Kalkulationen konnte er getrost dem Mülleimer anvertrauen. In den seltensten Fällen kam er auf einen Betrag, der in etwa dem Nettogehalt seiner früheren Vollzeitstelle gleichkam. Auch fiel die Vergütung als Teilzeitmitarbeiter der Org flach. Dafür arbeitete er seit März quasi rund um die Uhr. In kürzester Zeit verwandelte sich der dynamische junge Mann, als den ich Klaus vor Monaten kennengelernt hatte, in ein von Müdigkeit und schlechter Gesundheit geplagtes menschliches Wesen. Unablässig schwirrten ihm seine Statistiken im Kopf herum. Schlechte Statistiken bedeuteten neben Schwierigkeiten mit den Vorgesetzten zum Teil auch sehr schmerzhafte finanzielle Einbußen, die wir uns jedoch nicht leisten konnten. Zwei Kreditraten in Höhe von insgesamt knapp 1200 Mark, ein vierteljährlicher Zinsabschlag von bis zu 1000 Mark, eine Miete über denselben Betrag sowie unsere Nebenkosten ließen keinen Zweifel daran, daß unbedingt und regelmäßig Geld in die gemeinsame Haushaltskasse fließen mußte. Und gegessen hatten wir auch noch nichts!

Diesen durchschnittlichen monatlichen Zahlungsverpflichtungen stand ein in der Regel um fünfundzwanzig Prozent geringeres Gesamteinkommen gegenüber. Meine wöchentliche Vergütung als Teilzeitmitarbeiterin in der Org war kaum einer Erwähnung wert. Obwohl ich auf gut und gern 15 bis 20 Stunden als Kinderbetreuerin und Telefonistin kam, brachte ich selten mehr als zwanzig Mark nach Hause. Einen anderen Verdienst konnte ich bislang leider nicht vorweisen.

Meine Absicht, mir wieder eine Vollzeitbeschäftigung zu suchen, war einem Vorschlag Erichs, meinem ehemaligen Dianetik-Auditor, mit dem ich trotz meines Ausscheidens aus der Mission Augsburg nach wie vor in telefonischer Verbindung stand, gewichen. Im April hatte er mit dem Vertreter eines großen und bekannten Enzyklopädieverlages Kontakt aufgenommen. Als Gebietsleiter suchte dieser nach Personen, die die Aufgabe übernehmen wollten, in eigener Regie die Verteilung von Prospekten an alle geeigneten Münchner Haushalte vorzunehmen. Begeistert sagte ich zu.

Die Zahlen, die man mir nannte, ließen sich hören. Ich hegte die Hoffnung, auf diese Weise unsere verfahrene finanzielle Situation am schnellsten in den Griff zu bekommen. Für tausend in Briefkästen verteilte Handzettel sollte man mit 40 Mark vergütet werden. Mit zwei flinken Händen ausgestattet, würde man in dicht bewohnten Gegenden um die 5000 Prospekte täglich an den Mann bzw. an die Frau bringen.

Mein Gehirn ratterte wie eine Registrierkasse. Das wären im Monat bei fünf Arbeitstagen ... sagen wir ungefähr ... und wenn man dünn besiedelte Gegenden mit einkalkuliert ... etwa .. schlecht gerechnet ... 3000 Mark!

Damit alles seine Richtigkeit hatte, meldete ich auf dem Münchner Kreisverwaltungsreferat ein Gewerbe als »Prospektverteileragentur« an. Einige Tage darauf lieferte man mir Tausende und Abertausende von Zetteln ins Haus. Was im Keller nicht unterzubringen war, mußte notgedrungen in der Wohnung deponiert werden. Die kleinen Kartons stapelten sich im ganzen Flur bis hoch zur Decke.

Nach einem Monat knochenharter Arbeit hatte ich lediglich 51 000 Stück im westlichen München verteilt. Mehr war beim besten Willen nicht drin. Ich wollte meine Arbeit korrekt ausführen und achtete auf die »geeignete« Verteilregion – in ärmlichen Verhältnissen wohnende Menschen hatten sicherlich kein Interesse an Enzyklopädiebänden, das Stück zu 180 Mark – und steckte meine Prospekte nur in Kästen, die es mir nicht durch einen Aufkleber untersagten.

Die Abende und Wochenenden konnte ich durch meine Teilzeitbeschäftigung in der Org zum Verteilen nicht nutzen. Glücklicherweise waren mir keine bestimmten Mengen vorgegeben. In dieser Hinsicht stand ich wenigstens nicht unter Druck.

Nach Verstreichen der ersten vier Wochen hing ich dann über Tage hinweg am Telefon, um den Herrn Gebietsleiter an meinen Scheck über 2040 Mark zu erinnern. Bis zur Zahlung der mir zustehenden Summe war ich nicht gewillt, mit der Verteilung der restlichen Zettel fortzufahren.

»Hier spricht der automatische Anrufbeantworter von M. K. Ich bin im Moment nicht zu erreichen. Bitte sprechen Sie nach dem Pfeifton.«

Eine ausführliche Darstellung des weiteren Verlaufs der Geschichte kann ich Ihnen und mir ersparen, indem ich nur kurz das erzähle, was Sie ohnehin schon längst vermuten: Natürlich! Ich ging wieder leer aus! Wie ich von

Erich erfuhr, war M. K. in einem Spielcasino gelandet und hatte auf die falschen Karten gesetzt!

Erst im Juli kam ich nach einigen sehr unerfreulichen Telefonaten mit M. K.s direkten Vorgesetzten zu meinem Geld. Man erklärte sich bereit, für die Eskapaden des Mitarbeiters geradezustehen und schickte mir einen Scheck zu, den ich mit Lichtgeschwindigkeit auf der Bank einlöste.

Vor diesem überaus erfreulichen Ereignis allerdings mußte eine mehrmonatige Durststrecke durchgestanden werden. In den Monaten April bis Mitte Juni trug ich mit kaum einem Pfennig zum gemeinsamen Einkommen bei. Der minimale Betrag, den ich durch meine Teilzeitarbeit in der Org verdiente, war natürlich nicht einmal ein Tropfen auf den heißen Stein.

Nach diesem erneuten Reinfall hatte sich mein seelischer und gesundheitlicher Zustand rapide verschlechtert. Wieder waren meine Hoffnungen, endlich ein Bein auf den Boden zu bekommen, in alle Winde zerstreut. Meine Tätigkeit in der Org forderte mich zudem aufs äußerste. An den Abenden saß ich zumeist bis 22 Uhr am Telefon. Meine Aufgabe bestand darin, weniger aktive Scientologen von der Notwendigkeit zu überzeugen, Geld in weitere Kurs- oder Auditing-Schritte zu investieren. Nicht selten gab es Konflikte mit meinen Vorgesetzten, weil ich mich weigerte, auch noch nach 22 Uhr zum Hörer zu greifen. Zehn Uhr abends war für mich die absolute Schmerzgrenze.

Angenehmer, wenn bisweilen auch anstrengender, gestaltete sich meine Tätigkeit als »nanny«, als Kindermädchen. An einem Tag des Wochenendes betreute ich ab neun Uhr morgens (bis 17 oder 18 Uhr) zwischen vier und sechs kleine Scientologen im Krabbel- und Kleinkindalter. Am Stadtrand Münchens war eigens hierfür ein größeres Gartenhäuschen eingerichtet worden. Strom, Wasser, Herd und Toilette waren vorhanden. Die Einrichtung war nicht unbedingt als komfortabel zu bezeichnen. Für mich als Betreuerin stand nur ein altersschwacher Holzstuhl zur Verfügung.

Während des ganzen Tages war ich bis auf eine oder zwei Stunden maximal ausgelastet. Hatte ich den einen Treibauf gefüttert, mußte der andere gewickelt werden. War mir das Umziehen einer jungen Dame, die sich ihren Brei über das Jäckchen gespuckt hatte, ohne größere Schwierigkeiten geglückt, war sogleich der kleine Abenteurer zu verarzten, der sich den Kopf am Tischbein angeschlagen hatte. Nachmittags versuchte ich nach Möglichkeit, eine zweistündige Schlafpause durchzusetzen, jedoch nicht, ohne zuvor mit den Rackern ordentlich herumgetobt zu haben.

Unser größtes Glück war schönes, weißblaues bayrisches Wetter. Im Garten gab es für die Drei- bis Fünfjährigen jede Menge zu entdecken. Wir beobachteten Ameisen und Bienen und den Nachbarn von nebenan, der hin und wieder mißtrauisch am Zaun entlangstrich.

Die schönste Anerkennung, die ich für die Betreuung der Kinder erhalten konnte, war die Aussage von Charlottes Mutter. Frau K., eine meiner Vorgesetzten und in der Org mit einem höheren Posten betraut, sprach mich beglückt auf eine sehr denkwürdige Begebenheit an.

»Gestern hat Charlotte das erste Mal ein Wort gesagt«, berichtete sie mir mit glänzenden Augen. Charlotte war zwei Jahre alt und ein Mädchen, das mir beständig am Rockzipfel hing.

»Nein, ehrlich?« fragte ich begeistert und neugierig, da Charlotte bislang bis auf einige Babylaute leider stumm geblieben war. »Was hat sie denn gesagt?«

»Jutta!«

Im nachhinein gibt mir diese Geschichte natürlich sehr zu denken. Ich habe diese Kinder zwar nur an einem Tag der Woche zu Gesicht bekommen, wußte jedoch, daß während einer sechs Tage umfassenden Scientologen-Woche die Sprößlinge der Vollzeitmitarbeiter praktisch elternlos waren.

Für die Kinderschar der Org waren meines Wissens mehrere »nannies« zuständig, die sich in ganz München verteilten. Wie viele Org-Kinder insgesamt von früh bis spät fremden Händen anvertraut worden waren, ist mir nicht bekannt. Sicher ist nur, daß selbst vier Wochen alte Säuglinge bereits in die Obhut anderer Frauen gegeben wurden, damit die Mütter, kaum aus dem Krankenhaus entlassen, der Org wieder voll zur Verfügung stehen konnten.

Meine arbeitslosen Vormittage verbrachte ich zumeist grübelnd, manchmal auch schlafend. Durch die Gnade des Schlafes floh ich aus einer Welt, die mir unerträglich geworden war. Ich konnte den Gedanken, bereits mit einem Bein im Schuldturm zu stehen, kaum verkraften. Und gerade auch nach meinem erneuten Fehlschlag mit den Prospekten fühlte ich mich so schwach und krank, daß ich es nicht einmal mehr bis zum Arbeitsamt schaffte. Ich wundere mich noch heute, wie es mir gelungen ist, am Abend und am Wochenende in der Org meine Pflicht zu erfüllen. Aller Wahrscheinlichkeit nach rechnete ich bei Nichteinhalten meines Stundenplanes mit einem sehr unangenehmen Termin in der Ethikabteilung.

Ich war wie gelähmt. Die Perspektive, für noch mindestens

vier Jahre an meinen – nein, an *unseren* gemeinsamen – Schulden zu zahlen zu haben, legte sich wie ein schwarzer, erstickender Schleier auf meine Seele. Während dieser Zeit würde ich voraussichtlich weder meine geistige Höherentwicklung vorantreiben noch mir ein beruflich befriedigendes Leben aufbauen können. In der Org Kindermädchen zu spielen und den Leuten am Telefon die Ohren heiß zu reden war nicht gerade das, was ich mir in meinen Wunschträumen vorgestellt hatte. Besonders störte mich jedoch der Umstand, für die in die Mission Nymphenburg eingezahlten 25 000 Mark Kredit keine in meinen Augen adäquate Gegenleistung erhalten zu haben.

Diese nicht unerhebliche Summe auf meinem Service-Konto war mittlerweile zähneknirschend von mir angetastet worden, nachdem man mir mehrmals versichert hatte, ein Transferieren des Betrages an eine höhere Organisation sei nicht möglich. Wollte ich das Geld demnach nicht ungenutzt lassen, war ich gezwungen, in der Mission Nymphenburg hierfür »einzukaufen«. Und mein schlechter gesundheitlicher Zustand machte es noch zu meiner Mitarbeiterzeit in der Mission Augsburg »erforderlich«, daß ich von meinem Auditor John sogenannte »touch assists« erhielt. Mittels des leichten Berührens von Körperpunkten sollten »Energieflüsse«, die ins Stocken geraten waren, wieder ausgerichtet werden (die Stunde zu 372 Mark). Der Einfachheit halber möchte ich nicht näher auf das Verfahren eingehen. Die Vorgehensweise und die mir vermittelten Informationen erinnerten mich jedoch deutlich an fernöstliche Heilkunde.

Nach und nach schrumpfte der mir auf meinem Service-Konto verbliebene Betrag zusammen. Man verkaufte mir weitere Materialien, darunter Kassetten für beinahe 6000

Mark. Unter anderem war es der Mission Nymphenburg auch gelungen, mir kistenweise Dianetik-Bücher anzudrehen mit dem nicht von der Hand zu weisenden Argument, daß ich bei Abnahme einer ordentlichen Anzahl gleich zwei Fliegen mit einer Klappe schlagen könnte: zum einen würde ich durch den Verkauf von Hubbards Standardwerk, z. B. an Passanten, zur Verbreitung von Scientology beitragen; zum anderen würde sich meine Barschaft vergrößern, denn selbstverständlich könnte ich die knapp zwanzig Mark behalten – bezahlt waren die Bücher ja bereits.

Meine Versuche, das Dianetik-Buch unters Volk zu bringen, scheiterten kläglich. Ich kam einfach nicht aus der Wohnung! Jedes Mal, wenn ich mir vorgenommen hatte, mich mit einem Stapel Bücher auf den Weg zu machen, verließ mich der Mut. Zudem wußte ich nicht, ob ich das Dianetik-Buch wirklich verkaufen wollte … Ich ahnte zum damaligen Zeitpunkt nicht, daß es aufkeimende Zweifel an der »Philosophie« Scientology waren, die mich daran hinderten.

Über Monate hinweg fühlte ich mich zwischen zwei Welten gefangen, wobei ich weder zur einen noch zur anderen zu gehören schien. Ich verlor immer mehr den Bezug zur Realität, einer Realität, in der mir ein selbstbestimmtes Handeln und Leben möglich gewesen wäre.

Um diesen unerträglichen, dumpfen Schmerz in meiner Seele zu überdecken, führte mich mein Weg aus dem Bett in der Regel direkt vor den Fernseher. Im Abstand von nur einem Meter und im Schneidersitz vor der Flimmerkiste sitzend, zappte ich mich durch sämtliche Kanäle. Ich sah mir alles an, was mich auch nur ansatzweise vergessen lassen konnte, daß ich überhaupt auf der Welt war.

Erst gegen halb sechs Uhr abends stieg ich in die Badewanne, um mich zu duschen. Ich zog mich an (oft trug ich über eine volle Woche dieselben Klamotten – bis auf die Unterwäsche natürlich!) und ging in die Org. Pünktlich um 19 Uhr hatte ich im Telefonierraum anzutreten.

Gegessen hatte ich bis zu diesem Zeitpunkt noch so gut wie nichts. In unserem Kühlschrank herrschte bis auf die Wochenenden gähnende Leere. Früchte und Gemüse waren für uns inzwischen fast unerschwinglich geworden. Unsere Hauptnahrung bestand aus Nudeln mit Ketchup, an schlechten Tagen ohne, an guten Tagen mit Ei (das ist kein Witz!). Klaus leistete sich hin und wieder ein bescheidenes Essen in der Werkskantine.

Praktisch der gesamte Haushalt blieb an Klaus hängen, der in der Regel nicht vor 23.30 Uhr nach Hause kam – sechs volle Tage die Woche. Ich dagegen war spätestens um elf im Bett und ergriff dank meiner Fähigkeit, immer und überall sofort in einen bleischweren Schlaf zu sinken, die Flucht aus der Realität.

Sprach mich Klaus, den ich inzwischen nur noch aus der Ferne kannte, auf seine Doppel- und Dreifachbelastung an, um herauszufinden, warum ich den ganzen Tag über nicht einen einzigen Finger gerührt hatte, zuckte ich nur mit den Schultern. Ich konnte es ihm nicht erklären. Ich konnte ihm auf seine Frage hin ja nicht einmal Auskunft darüber erteilen, welche Filme und Sendungen ich mir angesehen hatte.

Das Leben driftete wie Nebelschwaden an mir vorbei. Die Zeit konnte ich nur noch an der Uhr oder am Sonnenstand ablesen, mein ansonsten so ausgezeichnetes Gefühl für einzelne Tagesphasen war mir völlig abhanden gekommen. Und auch mein Gespür für meinen Körper, für sein Unwohlsein und seine Bedürfnisse existierte nicht länger. Ich lebte nicht mehr, ich vegetierte.

Der Fernseher war übrigens in hervorragender Weise dazu geeignet, mich die Briefe meiner Augsburger Bank mit den rot angestrichenen Saldoposten »vergessen« zu lassen. Die auf einem Kontoauszug vom 8. Mai in roter Schreibmaschinenschrift verfaßte Bemerkung: »Wir bitten um Rücksprache mit unserem Herrn B.! Mit freundlichem Gruß« ignorierte ich vorerst ebenso geflissentlich wie diejenige vom 7. Juni: »Wir bitten nochmals dringend um Rücksprache mit unserem Herrn B.!« Dieses Mal ohne freundlichen Gruß.

Mit einem schrägen Blick nahm ich zur Kenntnis, mit 2188 Mark und acht Pfennig allein auf meinem Girokonto in der Kreide zu stehen. Und jeden Monat würden mindestens 583 Mark hinzukommen …

Nachdem mich die Biene Maja und Raumschiff Enterprise nicht mehr ausreichend beruhigen konnten, bequemte ich mich dann doch zum Telefon und rief in meiner Augsburger Bank an. Inzwischen war mir nämlich auch eingefallen, daß ich noch immer nicht den von mir bei Vergabe des Kredits geforderten Fahrzeugbrief meines »Autos« hinterlegt hatte. Mein sogenanntes Auto parkte direkt in Lydias Buchhaltung, wo es mir wenig Freude bereitete. Und einen Service-Konto-Auszug aus der Mission Nymphenburg konnte ich der Bank ja wohl schlecht als Fahrzeugbrief verkaufen. Ich mußte mir etwas einfallen lassen, um nicht in Kürze die Hand für den Offenbarungseid zu heben.

»Ich bin im Augenblick ziemlich krank«, ließ ich die freundliche Dame am anderen Ende der Leitung wissen. »Aber ich komme so bald wie möglich vorbei, um die Sache in Ordnung zu bringen.« Herr B. nahm zu meiner übergroßen Erleichterung an einer Tagung teil, was mir ein äußerst unangenehmes Gespräch erspart haben dürfte.

Erspart blieben mir und Klaus allerdings nicht die Schwierigkeiten, die wir uns durch sein ebenfalls überzogenes Girokonto langsam einhandelten. Nachdem uns im Monat zur Begleichung aller Unkosten und für unsere Lebenshaltung (meine Kreditrate im Augenblick nicht mit eingerechnet!) regelmäßig mindestens 500 Mark abgingen, prangten bereits rosarote Zahlen auf den Kontoauszügen. Um überhaupt überleben zu können, waren wir gezwungen, Geld abzuheben, ohne für ausreichenden finanziellen Nachschub zu sorgen. Zu allem Übel schwankten Klaus' Einkünfte in einer äußerst beunruhigenden Weise. Als Vollzeitmitarbeiter in der Org brachte er so manche Woche kaum mehr als 70 Mark nach Hause. Zusammen mit seinem Halbtagsgehalt von 1500 Mark netto übersprangen wir infolgedessen oft nicht einmal die 2000-Mark-Hürde. In einem Akt der Verzweiflung machten wir uns eines Tages gemeinsam auf den Weg, um meinen Goldschmuck zu versetzen. In einem kleinen Gold-Ankauf-Verkauf-Geschäft wechselten Kettchen, eine Stadtgründungsmünze, ein gefaßter Zehn-Gramm-Goldbarren sowie die Eheringe meiner Eltern zum Tageskurs den Besitzer.

Die eingehende Lektüre unserer Kontoauszüge versetzte mir einen kräftigen Stoß und katapultierte mich wieder zurück ins Leben. Vom nackten Entsetzen getrieben, hielt ich kurzfristig nach einer Beschäftigung Ausschau, die uns vor dem drohenden Absturz bewahren konnte. Mitte Juni gelang es mir, wenigstens eine auf eineinhalb Monate befristete Teilzeittätigkeit bei der Post zu ergattern. Vierundzwanzig Stunden pro Woche sortierte ich Briefe nach Postleitzahlen. Etwas über 14 Mark brutto pro Stunde war zwar nicht gerade eine fürstliche Entlohnung, aber immerhin ein Anfang.

Ende Juli stand ich wieder auf der Straße. Und zu meinem großen Schrecken flatterte mir im August abermals ein Kontoauszug meiner Bank ins Haus: »Wir bitten nochmals um Ausgleich des Girokontoschuldsaldos! Freundlicher Gruß!« Freud läßt grüßen.

Mitte August nahm ich eine reine Schreck-Überweisung von 700 Mark vor, was die inzwischen aufgelaufenen knappen 3600 Mark Miese wenigstens um diesen Betrag verminderte. Schließlich war es vollkommen gleichgültig, welches Konto wir überzogen …

Glücklicherweise war mittlerweile mein lange ersehnter Scheck in Höhe von 2040 Mark für die Verteilung der Prospekte eingetroffen, so daß sich Klaus' Kontostand kurzfristig eine kleine Verschnaufpause gönnen konnte.

Um jedoch zu vermeiden, daß man mich über kurz oder lang mit Handschellen aus dem Haus führte, zog ich mich elegant an und bezirzte den Kundenbetreuer in Klaus' Hausbank. Bereits nach kurzer Zeit hatte ich ihn davon überzeugt, mir unbedingt einen Dispo-Kredit über 3000 Mark einräumen zu müssen (Klaus hatte mir inzwischen eine Bankvollmacht erteilt). Diese 3000 Mark wanderten ohne Umschweife auf mein Augsburger Konto. Allerdings hatte ich noch keinen blassen Schimmer, wie wir die zusätzliche monatliche Belastung von 300 Mark zum Abtragen des Dispos verkraften sollten. Und Klaus auch nicht, der noch gar nichts von meinen vormittäglichen, eigenverantwortlichen Aktionen wußte!

Noch Ende August war mir entgegen jeglicher Erwartungen das Glück hold und verhalf mir zu einer Beschäftigung bei der Aldi GmbH. Hocherfreut bemerkte ich den kleinen Silberstreif am Horizont, der uns eine Verbesserung unserer finanziellen Lage anzukündigen schien. Auch mit der Org war alles geregelt. Ohne mir große Schwierigkeiten zu bereiten, hatte man mich auf meinen Wunsch hin bereits vor einigen Wochen aus meinem Teilzeit-Mitarbeiter-Verhältnis entlassen. Ich taugte einfach nicht zur engagierten Mitarbeiterin. Zumal ich viel zu oft Anlaß zur Beschwerde war. Widerspruch war nun einmal nicht gern gesehen …

Den Org-Verpflichtungen endgültig entbunden, konnte ich mich voll und ganz aufs Geldverdienen konzentrieren. Ich war froh, zu wirklich vernünftigen Konditionen eingestellt worden zu sein, was unsere Chance auf eine »Handhabung« unserer etwas mißlichen Lage entscheidend vergrößerte.

Bei Aldi bildete man mich in wenigen Tagen in einem Drei-Finger-Schnellkursus zur Kassiererin aus. Innerhalb etwa einer Woche hatte ich sämtliche Preise intus, doch hielt ich den enormen Streß und die zum Teil sehr schwere körperliche Arbeit beim Einräumen der Ware nicht aus. Meine Kräfte waren zum damaligen Zeitpunkt solchen Belastungen einfach noch nicht gewachsen.

Ich sah bald ein, daß dies im Augenblick nicht der richtige Job für mich war. Im Dezember, ich war nach wie vor bei Aldi beschäftigt, wurde mir von einem scientologischen Unternehmensberater eine Vormittagsstelle auf selbständiger Basis angeboten. Ich sagte in Ermangelung einer Alternative dankbar zu. Ich stand kurz vor dem Zusammenbruch und wollte es nicht auf einen Rausschmiß ankommen lassen. Also kündigte ich bei Aldi und machte mich im Januar 1991 auf den Weg nach Unterschleißheim. In Zusammenarbeit mit einer geschulten Dame, gleichfalls Scientologin, sollte ich interessante Menschen per Telefon für Managementtraining akquirieren. Anvisiert wurde in der Hauptsache die Unternehmensleitung: Chefs, Vorgesetzte, höhere Angestellte.

Wie jedoch bereits in der Org war es mir unsagbar unangenehm, jemanden beschwatzen zu müssen. Zudem es sich hierbei um Leute handelte, die in aller Regel noch nichts mit Scientology zu tun gehabt hatten.

Nachdem mein Verdienst die 1000-Mark-Grenze (vor Steuer und Abzügen) nicht überschreiten sollte (hatte ich mich beim Infogespräch verhört? Ich meinte, noch einen Betrag von 2000 Mark im Ohr zu haben ...), mußte eine Nebenbeschäftigung gefunden werden. Wie gerufen kam mir bei meiner Suche eine Zeitungsannonce, die um Arbeitskräfte in einer Paketpackerei warb. Ich stellte mich sofort vor und wurde prompt genommen. Für knappe 15 Mark brutto die Stunde auf Lohnsteuerkarte stand ich von 17 bis 22 Uhr an der Maschine und legte verschiedene Papiere ein.

Leider war das Problem damit noch nicht ausgestanden. Nun verfügte ich bereits über zwei Jobs, kam aber nach wie vor nicht auf einen mit meinem Aldi-Gehalt vergleichbaren Verdienst. Es mußte aber dringend Geld ins Haus! Wo doch Klaus und ich gerade so wunderbar dabei waren, unserer Schwierigkeiten Herr zu werden. Und zwar auf eine in dieser Gesellschaft übliche Art und Weise: mit ehrlicher und einträglicher Arbeit. Seit Mitte November war Klaus wieder in Vollzeit als Elektrotechniker beschäftigt. Eine miserable Entlohnung, rohe, demütigen-

de Behandlung durch seine Vorgesetzten und die Weigerung, ihm seinen für das weitere Fortkommen der Org
vorübergehend geopferten einzigen freien Tag in der Woche wieder zurückzugeben, führten dazu, daß er als Kursüberwacher das Handtuch warf. Er weigerte sich fortan
standhaft, in den Kurssaal zurückzukehren. Er ließ ein
Confessional (welches er übrigens nicht selbst zu bezahlen hatte!) über sich ergehen, blockte jegliche Versuche
ab, ihm ein schlechtes Gewissen einzureden, und marschierte als freier Mann aus der Org.

Hurra! Das Leben hatte uns wieder!

Mit Dollarzeichen in den Augen machte ich mich auf die
Suche nach einer zusätzlichen Beschäftigung auf lohnsteuerfreier Basis. Ein weiteres Mal wurde ich in der Zei-
tung fündig. Ein »Inkassobüro«, was immer das auch sein
mochte, sah sich nach Aushilfen für Registratur und Da-
teneingabe um.

Am nächsten Tag stellte ich mich in der kleinen Firma in
der Nähe des Münchner Hauptbahnhofs vor und füllte
einen Personalfragebogen aus. Am Nachmittag des darauffolgenden Tages klingelte das Telefon. Es war das Inkassobüro. Man teilte mir mit, daß ich, falls ich noch interessiert sei, die Stelle haben könne. Natürlich wollte ich.
Und so zuckelte ich nun des Morgens um halb sieben mit
der S-Bahn weit in den hohen Münchner Norden nach
Unterschleißheim, um Unternehmen zu »beraten«, fuhr
um halb eins zurück in die Stadtmitte, damit ich im Inkassobüro Akten in die Regale einordnen konnte, und
schlug des Abends von 17 bis 22 Uhr meine Zeit mit Ein-
legen von Papieren in ratternde Maschinen tot.

Der Januar war noch nicht vorüber, und ich war bereits
wieder mit meinen Kräften am Ende. Vor Müdigkeit

konnte ich schon nicht mehr schlafen. Hellwach lag ich ab kurz vor elf neben Klaus, der zufrieden in seinen Bart schnarchte. Er hatte auch allen Grund dazu. Sorgte doch vor allen Dingen sein volles Gehalt für den allmählichen Ausgleich unserer überzogenen Girokonten.

Dann faßte ich einen Entschluß. Mit einer schon lange nicht mehr erlebten Entschlossenheit rief ich im Inkassobüro an. Dort war mir vor wenigen Tagen eine Vollzeitstelle angeboten worden. Ich hatte mir ein geradezu lachhaftes Gehalt vorgestellt und abgelehnt. Inzwischen hatte ich es mir anders überlegt. Ich ließ mich mit dem Chef verbinden.

»Ich fange am Montag bei Ihnen an.«

»Bringen Sie Ihre Unterlagen mit. Dann machen wir einen Vertrag.« Diesen unterschrieb ich am 4. Februar 1991 mit dem größten Vergnügen und in bester Stimmung. Ich hatte das sichere Gefühl, den ersten wirklichen Schritt in eine etwas sorglosere Existenz getan zu haben.

Mein Netto-Verdienst belief sich anfangs summa summarum auf einen ähnlich hohen Betrag, wie ich ihn zuvor nur unter großen Anstrengungen und durch Ausübung dreier verschiedener Tätigkeiten hatte erzielen können. Und, besonders wichtig für den Wiederaufbau meiner Gesundheit: mein bislang zwölfstündiger Arbeitstag (ohne Fahrtzeiten) schrumpfte auf herrliche acht Zeigerumdrehungen. Was für ein Genuß, am Abend die Beine hochlegen zu können und einfach einmal nichts zu tun! Ich wußte gar nicht, wie mir geschah!

Im Inkassobüro war ich in meiner Funktion als Anfangskontoristin zunächst mit der Eingabe von Daten betraut. Inzwischen hatte ich auch mitbekommen, was unter dieser für unbedarfte Ohren so wohlklingenden Bezeichnung

»Inkasso« zu verstehen war: Schuldeneintreiber! Konnte ich noch anders, als meine Einstellung in diesem »Etablissement« als eine Ironie des Schicksals zu betrachten? Als Klaus von meiner angestrebten Karriere als Geldeintreiberin erfuhr, hielt er sich vor Lachen den Bauch – der sich erfreulicherweise ein wenig zu runden begann. Seit einigen Wochen war der verhängte Ausnahmezustand um den Kühlschrank aufgehoben, wir aßen uns durch sämtliche Käse, Wurst- und Fleischtheken. Das Gemüsefach strotzte wieder vor Karotten, Salat und anderen gesunden Dingen, und am Abend nach Büroschluß griff ich beherzt zur Küchenschürze. Jetzt wurde ordentlich aufgekocht!

Noch Ende Februar 1991 entschlossen wir uns dazu umzuschulden. Wir verglichen verschiedene Angebote und entschieden uns für eine Bank gleich in unserer Nähe. Um unsere Girokonten wieder auf Hochglanz zu bringen und Klaus' Abrufkredit mit abzulösen, war eine Summe von 40 000 Mark nötig (Laufzeit sechs Jahre, Gesamtkredit 56 000 Mark). Leider war zu jener Zeit eine Hochzinsphase, die mit einem über vierzehnprozentigen Zinssatz zu Buche schlug. Aus diesem Grund verzichteten wir darauf, meinen Restkredit ebenfalls in die Umschuldung mit einzubinden, da ich mit etwas über neun Prozent Verzinsung eindeutig besser gestellt war.

Am Ende eines jeden Monats blickten wir erfreut und über alle Maßen erleichtert auf unsere Gehaltszettel und Kontoauszüge. Wir erstellten einen Haushaltsplan, an dem wir im großen und ganzen diszipliniert festhielten. Nach Abzug der beiden Kreditraten und sämtlicher Unkosten standen uns noch etwa 1300 bis 1500 Mark für Lebenshaltung und Sparen zur Verfügung. Wir einigten uns auf eine kleine Sparsumme von 300 Mark, um für eventuell unvorhersehbare Ausgaben gewappnet zu sein. Und vielleicht – vielleicht würden wir uns dieses Jahr sogar einen kleinen Urlaub leisten …

Unsere gemeinsamen Spaziergänge an der Isar, Tagesfahrten an den Starnberger See oder an den Ammersee und kleine Wanderungen in der Münchner Umgebung ließen uns bewußt werden, was wir in den vergangenen Monaten und Jahren entbehrt hatten. Es war eine vollkommen neue Erfahrung, an den Wochenenden nicht nur stundenweise zusammen sein zu können. Was war es herrlich, unsere Zweisamkeit bei einem gemütlichen Bier unter alten Kastanien oder zu Hause auf der Couch bei guter Musik zu genießen!

Im August fuhren wir für zwei Wochen in Urlaub. Wir verbrachten eine Woche in Schleswig-Holstein bei Klaus' Schwester, direkt im Anschluß ging es in die Berge nach Osttirol. Das Meer, der frische Wind, sonnenüberflutete Almwiesen und freundliche Menschen ließen uns unbeschreiblich aufblühen. Wir konnten unser Glück gar nicht fassen! Über Monate hinweg hatten wir unsere Zeit beinahe ausschließlich in den Gebäuden der Scientology und innerhalb von Bahnhöfen, überdachten U- und S-Bahn-Stationen verbracht. Wir wußten gar nicht mehr, wie die Welt um uns herum aussah, wie sich ihr Gesicht im Laufe der Jahreszeiten veränderte. Wir hatten auch vollkommen vergessen, im Besitz eines Körpers zu sein, den wir, um ihn in guter Verfassung zu halten, von innen und außen pflegen mußten. Wir hatten den Bezug zum nichtgeistigen Leben fast verloren.

Nach unserem Urlaub sprach mich unser Prokurist auf meine »frische Farbe« und mein »gutes Aussehen« an. Ich fühlte mich tatsächlich richtig erholt. Noch vor ein paar Monaten hatte ich kaum genug Energie gehabt, um zehn Minuten radzufahren. Jetzt jedoch gewann ich allmählich an Vitalität, ich konnte bereits wieder zwei Treppen steigen, ohne völlig aus der Puste zu geraten. Meine Gesundheit besserte sich von Woche zu Woche, und das erste Mal seit über zwei Jahren streifte ich mir einen Badeanzug über. Ich hatte ganz vergessen, wie schön Schwimmen sein konnte!

Trotz dieser erfreulichen, in ihrer Tendenz sehr positiven Entwicklung war die Sache noch lange nicht ausgestanden. Die geistige Loslösung von Scientology war mit der rein materiellen nicht konform gegangen.

An ihren Werken sollt ihr
sie erkennen

In der Org war ich selbst nach meinem Ausscheiden als Mitarbeiterin noch ziemlich häufig im großen Studiersaal anzutreffen. Eine Reihe von kleineren Kursen wartete darauf, von mir in Angriff genommen zu werden. Der mir auf meinem Service-Konto verbliebene Restbetrag wurde zur Bezahlung dieser Kurse herangezogen. Auditingmäßig lief allerdings nichts mehr. Um den Clear-Gewißheits-Rundown endlich abzuschließen, fehlte mir die entsprechende Summe, die ich in diesem Fall in bar hätte einzahlen sollen. So war mein Clear-Gewißheits-Rundown zu einem Clear-Ungewißheits-Rundown geworden. Trotzdem war ich nach wie vor von Hubbards Gedanken begeistert, die mir durch das Studium der Kursmaterialien zuteil wurden. Im Grunde gewöhnliche Dinge, verbal schön verpackt und zum Teil auf einer Unzahl von Seiten aufbereitet, bereicherten meinen Alltag. Ich erfuhr beispielsweise, daß nur, wer sich um seine Angelegenheiten kümmere, auch Kontrolle darüber ausüben könne, ich las über die Möglichkeit, sich jede Menge Zeit zu ersparen, indem man den Grundsatz »Do it now – Erledige, wenn möglich, alles sofort« beherzige, und ich wurde in ellenlangen Abhandlungen darüber aufgeklärt, daß die Einnahmen immer größer als die Ausgaben zu sein haben, um über die Runden zu kommen …
Trotz des nach wie vor sehr intensiven Kontakts zu

Scientology begann allmählich ein Loslösungsprozeß, der immer dann seinen Höhepunkt erreichte, wenn ich für einige Tage abwesend gewesen war. Kam ich nach einer knappen Woche zurück in die Org, um mit meinem Kurs fortzufahren, befremdete mich die Atmosphäre. Ich empfand eine schwer zu beschreibende Bedrückung, wenn ich zufällig Vorgesetzte mit ihren Untergebenen »in Komm(unikation)« sah. Am liebsten wäre ich so manches Mal dazwischengegangen, um beide kräftig zu schütteln, den Mitarbeiter, weil er sich einen solchen Ton gefallen ließ (genau wie ich noch einige Monate zuvor), und den Vorgesetzten, weil er sich an seinem »Junior« quasi die Füße abstreifte.

Mehr noch als der etwas derbe Umgangston in der Org störte mich plötzlich diese Art der Abgehobenheit aller Mitarbeiter und »publics«, die ich mittlerweile durch den unsanften Aufprall in der harten Realität zum großen Teil überwunden hatte. In einer Kurspause saß ich einmal neben einem Herrn um die Dreißig, der mir während unseres Gesprächs mit strahlenden Augen berichtete, im Augenblick zwar eine monatliche Belastung von 5000 Mark verkraften zu müssen (und noch nicht zu wissen, wie er damit zu Rande kommen sollte), dafür sich jedoch vor acht Wochen die Stufe OT III geleistet zu haben …

Je weniger ich mich in der Org zeigte, desto häufiger klingelte bei uns das Telefon. Man wollte mich wieder im Kurssaal sehen. Ich verspürte jedoch immer seltener das Verlangen, mich wegen einiger für mich unbedeutender Studentenpunkte gängeln zu lassen. Aus Protest hatte ich sogar einmal einen Kurs abgebrochen, weil man versuchen wollte, mich vor der geplanten Zeit zum Abschluß zu bewegen. Mein überschneller Kursabschluß sollte der

Org lediglich einen dicken Punkt auf ihrer Statistik bescheren. Um dieses Abschlußziel zu erreichen, hätte ich beinahe Tag und Nacht studieren müssen. Hier hörte der Spaß für mich allmählich auf!

Von Monat zu Monat gewann ich etwas mehr Abstand. Der Gedanke, meine Abende oder gar Anteile meiner kostbaren Wochenenden in der Org zu verbringen, wurde mir immer unangenehmer. Ich war für jede Stunde dankbar, die ich für meine Erholung nutzen konnte. Kopfschüttelnd wurde mir allmählich klar, daß ich über viele Monate hinweg regelrechten Raubbau an meiner Seele und meinem Körper betrieben hatte. Ich sah ein, daß Menschen, die an der Grenze zum psychischen wie physischen Wrack stehen, niemals die Kraft aufbringen würden, etwas tatsächlich Positives in dieser Welt zu bewirken. Und ich fragte mich immer häufiger, ob die Art und Weise, wie Scientology mit Menschen umging, wie sie ihre Ziele verfolgte und mit welcher Ausschließlichkeit sie ihren Anspruch auf den Besitz der »allein gültigen Wahrheit« verteidigte, wirklich von mir zu unterstützen sei. Einerseits konnte ich verstehen, daß man gewissen Dingen mit Härte und Disziplin begegnen mußte, um das hochgesteckte Ziel, die Erde vor dem drohenden Untergang zu retten, zu erreichen. Andererseits wollte es mir nicht in den Kopf, daß auch Handlungen toleriert oder gar forciert wurden, die meinem Verständnis von Ethik ganz eindeutig entgegenstanden. Irgendwie konnte ich noch nie mit dem am eigenen Leib erfahrenen ungeschriebenen Grundsatz der Scientology, daß ein Vorhaben unter allen Umständen und unter Einbeziehung möglicher »Verluste« durchzusetzen sei, übereinstimmen. Und ich hatte mittlerweile mitbekommen, daß nicht nur in der Mission Nymphenburg nach diesem Muster verfahren wurde. Auch in der Org ging es häufig um »alles oder nichts«.

Obwohl ich mehr und mehr an der Richtigkeit von Hubbards Lehren zweifelte, rief ich mir immer wieder ins Gedächtnis, welch großartige Erfolge ich anfangs im Auditing aufzuweisen hatte, wie wunderbar die Gefühle waren, die aus dem scheinbaren Nichts auf mich zuströmten. Sollte ich mir »meine Gewinne« tatsächlich nur eingebildet haben?

Im Laufe meiner Zugehörigkeit hatte ich eine Vielzahl an mehr oder minder bedeutenden und im täglichen Leben anwendbaren Weisheiten kennengelernt, die in mir die Vorstellung hatten reifen lassen, daß die Dinge, die ich noch nicht kannte, ebenfalls gut und vernünftig sein mußten. Schließlich konnte es meiner Auffassung nach nicht möglich sein, daß ein Teil einer Philosophie in Ordnung war, der andere jedoch nicht. Also, so die logische Schlußfolgerung, mußten wir es bei Unregelmäßigkeiten seitens der Scientology grundsätzlich mit den Verfehlungen einzelner Mitglieder, niemals jedoch mit den Verfehlungen der Scientology als Ganzes, als Philosophie, zu tun haben. Oder etwa doch?

Tag für Tag nagten diese Gedanken an mir, ohne daß ich zu einem fruchtbaren Ergebnis gekommen wäre. Immer wieder wog ich Pro und Contra gegeneinander ab, versuchte mir darüber klarzuwerden, ob ich tatsächlich Mitglied einer heilsspendenden Vereinigung war oder doch eher das nichts ahnende Opfer einer gemeinhin als Sekte betitelten Gruppierung. Hinzu kamen die telefonischen Berichte Lydias, die inzwischen als Mitarbeiterin in der Mission Nymphenburg ausgeschieden war, ein Kind erwartete und den Kontakt zu mir suchte. Sie erzählte mir von haarsträubenden Begebenheiten, die sich nicht nur vor und während, sondern auch nach meiner aktiven Zeit dort ereignet hatten.

Lydias Ausführungen waren für mich natürlich hochinteressant. Und obwohl ich unbewußt bereits mit einem Bein aus Scientology ausgetreten war, riet ich ihr, Wissensberichte über die Vorkommnisse in der Mission Nymphenburg zu verfassen. Ich selbst würde mich ebenfalls um eine schriftliche Darstellung der mir widerfahrenen Dinge kümmern sowie versuchen, Leidensgenossen zu motivieren, es uns gleichzutun.

Es mußte etwas geschehen! Alle übergeordneten Ebenen sollten von den üblen Machenschaften erfahren! Mit solchen Irrläufern in den eigenen Reihen durfte man sich nicht wundern, in der Öffentlichkeit als pseudoreligiöse Organisation verschrien zu sein! Ein Teil in mir wollte noch immer an das Gute glauben, an eine Philosophie, für die es sich lohnte, Anstrengungen, Kosten und Unannehmlichkeiten auf sich zu nehmen. Solange ich mir nicht absolut sicher war, nicht tatsächlich Mitglied einer Sekte zu sein, sollte ich doch versuchen, dazu beizutragen, Mißstände zu beheben. Nicht zuletzt könnte die Reaktion auf meine Bemühungen ein Prüfstein für die Seriosität dieser Organisation sein …

Mein ursprünglicher Eifer war wieder zum Leben erwacht. Ich hatte das Gefühl, etwas gegen Tina und Sonja unternehmen zu müssen, zumal ich nicht die einzige war, die zu Schaden gekommen war. Dem Scientology-Reglement zuwiderhandelnd, unterrichtete mich Lydia auf meine Bitte hin von einzelnen, besonders gravierenden Ereignissen und überließ mir die Telefonnummern anderer Geschädigter. Nach unzähligen Telefongesprächen war ich der Überzeugung, daß sich in Kürze eine gewaltige Front gegen die Mission Nymphenburg formieren würde.

Meinen am 17. September 1991 in Englisch verfaßten geharnischten Wissensbericht verschickte ich an den International Justice Chief (einer Art übergeordneter Ethics Officer), sowie in Kopie an den E/O SMI INT, den Ethics Officer of Scientology Missions International.

Gespannt wartete ich auf die Reaktion. Fast meinte ich, einen geistigen Aufschrei des Entsetzens über sämtliche Ländergrenzen hinweg vernommen zu haben.

Ich hatte mich getäuscht. Ich wartete vergeblich.

Weil ich nicht glauben wollte, daß ein solchermaßen mit kompromittierendem Material gespickter Brief nicht einmal einer Empfangsbestätigung wert sein sollte, griff ich Mitte November zum Telefon und ließ mir den C/O OSA Europe, den Chef des »Office of Special Affairs« für Europa, an den Apparat holen (das »Office of Special Affairs« wird in der Öffentlichkeit manchmal als interner Scientology-»Geheimdienst« angesehen). Zwischen Englisch und Deutsch hin- und herpendelnd, unterhielten wir uns über die Mission Nymphenburg. Ich erzählte ihm von meinen bisher erfolglosen Versuchen, mein Wissen zum Nutzen der Scientology – sprich zur Handhabung der Situation – zur Verfügung zu stellen. Nach einer halben Stunde bat er mich, alle mir zu Ohren gekommenen Unregelmäßigkeiten genauestens aufzuschreiben und ihm zusammen mit meinem Bericht zuzuschicken. Er empfahl mir überdies, meinen Aktionsradius zu vergrößern und weitere Stellen über die Vorkommnisse in der Mission Nymphenburg in Kenntnis zu setzen. Auf sein Anraten hin gingen alsbald ein weiterer Bericht zusammen mit Kopien meines Arbeitsvertrages und der Verdienstbescheinigung in die Welt hinaus. Durchschläge meines Schreibens wurden an folgende Personen verschickt: den C/O SMI INT (Commanding Officer – also Chef der SMI INT), den Ethics Officers des Scientology-Schiffes »Freewinds« (dort wird u. a. die Stufe OT VIII absolviert) sowie von Flag/Florida, den Senior C/S INT (Chef-Fallüberwacher auf internationaler Ebene), den Wissensberichtbeauftragten des Religious Technology Centers (ein Zweig der Scientology, der sich u. a. mit Warenzeichen und Copyrights beschäftigt) sowie an OSA München. Daß die Org München ebenfalls ein Exemplar erhalten hatte, muß nicht extra erwähnt werden. Doch die gehobene Scientology-Welt hüllte sich in geflissentliches Schweigen. Kein noch so unbedeutendes Schreiben verirrte sich in meinen Briefkasten. Lydia erging es nicht viel besser. Auch ihre Bemühungen verliefen sang- und klanglos im Sande.

Durch den uns bevorstehenden Umzug Anfang 1992 nach Augsburg konnte ich mich vorerst nicht weiter mit dieser unerfreulichen Thematik beschäftigen. Es gab zuviel zu erledigen.

Ein angenehmer, wenn auch unbeabsichtigter Nebeneffekt dieses Umzuges war eine rein räumliche Trennung von der Org München. Nach Büroschluß hatte ich nicht mehr die geringste Lust, bis 22 Uhr im Kurssaal zu sitzen oder als »freiwillige« Helferin Briefe zu kuvertieren. Obwohl Klaus und ich fleißig angerufen wurden, doch wieder »auf study« zu gehen, konnten wir uns für einen Besuch nicht erwärmen – zumal noch die Antwort der höheren Scientology-Ebenen ausstand. Wir waren beide nicht gewillt, bis zur Klärung dieser unerfreulichen Arbeitsvertragsgeschichte auch nur noch einen Finger zu rühren.

Die Monate des Jahres 1992 gingen ins Land, ohne daß sich etwas Entscheidendes ereignet hätte. Ich wartete nach wie vor darauf, daß sich die von mir angesprochenen Scientology-Persönlichkeiten endlich zu einer – wenn auch noch so minimalen – Reaktion auf meine Wissensberichte herabließen. Ich wollte die Hoffnung noch immer nicht aufgeben, daß sich alles zum Guten wenden würde. Mein unerschütterlicher Glaube an das Gute im Menschen war noch immer nicht gebrochen! Schließlich war ich des Wartens überdrüssig und kündigte trotz meiner Unsicherheit über die Richtigkeit dieses Schrittes im Juni meinen baldigen Austritt aus Scientology an. Was sollte ich in einer Organisation, die nicht war, was sie zu sein schien, und nicht hielt, was sie versprach?

Meine sich mehrenden Zweifel sowie die Lektüre verschiedener Schriften contra Scientology hatten in der letzten Zeit nicht gerade dazu beigetragen, mein Vertrauen zu stärken. Zudem ich nicht verstehen konnte, wie eine Vereinigung, die sich selbst in puncto Ethik auf die höchste Stufe stellt, offensichtlich nichts gegen ebenso offensichtliche Mißstände unternahm. Da hatte man ein weltumspannendes Kontrollsystem zum angeblichen Zweck der »Erhaltung der Funktionsfähigkeit der Scientology« etabliert, forderte die Mitglieder dazu auf, über Kleinigkeiten einen Wissensbericht zu verfassen – und kümmerte sich in keiner Weise darum, wenn irgendwo auf der Welt Existenzen durch Lügen und der Vorspiegelung falscher Tatsachen in den Ruin getrieben wurden. Irgend etwas konnte doch da nicht stimmen, oder?

Entgegen meinen kühnsten Erwartungen wurde mir auf meine Ausstiegsankündigung hin vorgeschlagen, ein sogenanntes »Kaplansgericht« einberufen zu lassen, um die

Sache zu bereinigen. In der Org sollte eine Art Anhörung aller Beteiligten mit einer anschließenden unparteiischen »Urteilsfällung« stattfinden. Ich nahm mir vor, nicht eher Ruhe zu geben, bis wir zu einem akzeptablen Ergebnis gekommen wären. In Gedanken nahm ich zwar schon im Ledersessel eines renommierten Rechtsanwalts Platz, wollte Scientology aber noch eine letzte Chance geben, die Angelegenheit in Ordnung zu bringen.

Zu meiner Überraschung erhielt ich Mitte September von der Org ein Schreiben, das mich darüber in Kenntnis setzte, daß ich mich zur endgültigen Klärung des Sachverhalts nach einer Terminabsprache in der Org München einzufinden habe.

Einige Wochen später nahm der »Kaplan«, wie angekündigt, mit mir Verbindung auf, allerdings nicht, um einen Termin mit mir zu vereinbaren, sondern um mir mitzuteilen, daß das Kaplansgericht »gecancelt«, also gestrichen worden war. Die Gründe seien ihm ebenso unbekannt wie die hierfür verantwortlichen Personen.

Hochroten Kopfes verfaßte ich am 20. Oktober 1992 ein Schreiben, worin ich bis zum 25. Oktober 1992 eine Stellungnahme zu meinen Fragen forderte, warum das Kaplansgericht gestrichen worden war, welches Policy (Regelschrift Hubbards) die Grundlage hierfür darstellte und welche absolut gleichwertige Alternative hierzu existierte. Als Termin für den Abschluß der ganzen Angelegenheit setzte ich den 20. November 1992 fest.

Diese Mühe hätte ich mir sparen können!

Ich sah endlich ein, daß ich meinen Weg der Selbsterkenntnis hier nicht verwirklichen konnte. Meine fruchtlosen Bemühungen waren für mich der beste Beweis. Offensichtlich interessierte man sich für Mitglieder nur so lange, wie man Geld oder Arbeitskraft aus ihnen herauspressen konnte. Drehte jemand den Spieß um und bestand auf seinem Recht, eine problematische Angelegenheit geregelt zu wissen, ließ man ihn am ausgestreckten Arm verhungern. Nein, dachte ich mir damals, eine solche Vereinigung möchte ich weder als aktives noch als passives Mitglied auf dem Papier weiter unterstützen.

Mit Datum vom 2. Dezember 1992 kündigte ich meinen endgültigen Austritt aus Scientology an und verlangte die mir noch zustehenden Beträge zurück. Sowohl in der Mission Nymphenburg als auch in der Org München standen noch Restsummen auf meinen Service-Konten, die ich bislang weder für Kurse und Bücher noch für Auditing angetastet hatte. Gemäß Scientology-Reglement standen mir bei meinem Ausscheiden diese Beträge in vollem Umfang zu. Darüber hinaus hatte ich in Erfahrung gebracht, daß die mir im Januar 1990 verbliebenen Stunden meines Clear-Gewißheits-Rundowns keinesfalls für das Confessional hätten verwendet werden dürfen, das ich hatte absolvieren müssen, um überhaupt die Mission Augsburg als Mitarbeiterin verlassen zu dürfen. Ich pochte demnach auf Auszahlung der seinerzeit bezahlten 3600 Mark, abzüglich der tatsächlich für diesen Auditingschritt verwendeten Zeit. Um meinen Standpunkt klarzustellen und die bislang gefahrene Verzögerungstaktik seitens der Scientology abzublocken, scheute ich mich nicht, das Wort »Rechtsanwalt« in den Mund zu nehmen. Als aktive und überzeugte Scientologin hätte ich niemals gewagt, mit einem Anwaltstermin zu drohen, da dies automatisch meinen Ausschluß nach sich gezogen hätte. Sämtliche problematischen Angelegenheiten waren Scientology-intern zu regeln, ein Zurateziehen kundiger Personen in juristischen Fragen bzw. die Klärung vor Gericht, wobei die Gefahr einer Veröffentlichung der Situation bestand, war nicht gestattet.

Auf meine Ankündigung hin, im Falle des Falles einen Rechtsanwalt mit der Wahrnehmung meiner Interessen zu beauftragen, bot man mir telefonisch, zusätzlich zu den mir zustehenden Restbeträgen meiner Service-Konten, 2000 Mark als Entschädigung für meinen erlittenen finanziellen Schaden an. Nach dieser einmaligen Zahlung sollte diese leidige Arbeitsvertragsangelegenheit »aber ein für allemal erledigt sein«.

Über ein solches »Angebot« konnte ich nur lachen. Ich hatte einen Kredit von insgesamt 33 000 Mark (inklusive Zinsen) für nichts und wieder nichts abzutragen, war schamlos belogen worden, konnte mich weder der Fortführung eines Universitätsstudiums noch einer Ausbildung widmen, da ich auf einen bestimmten festen Monatsverdienst angewiesen war – und sollte mit lächerlichen 2000 Mark abgefunden werden! Selbstverständlich fegte ich diesen Vorschlag vom fernmündlichen Verhandlungstisch und behielt mir rechtliche Schritte vor.

Jetzt kam aber Bewegung in die Sache! Man versuchte, mich für eine kostenlose (!) sogenannte ARK-Bruch-Sitzung zu gewinnen, um »herauszufinden«, warum ich etwas verstimmt war.

Abgelehnt.

Man bat mich zu einem persönlichen Gespräch, um mit mir die »Dinge auszusortieren«.

Abgelehnt.

Mich interessierte nur noch ein Termin zur Abwicklung der Formalitäten. Scientology biß sich fortan die Zähne an mir aus.

Am 17. März 1993 fand ich mich in Begleitung von Klaus, den ich kurzerhand zum Zeugen designiert hatte, in der Org ein, um gemäß des im Vorfeld geführten umfangreichen Schriftverkehrs eine letzte Unterschrift zu leisten: Ich sollte eine computerlesbare Austrittserklärung unterzeichnen sowie die korrekt abgerechneten Beträge bestätigen.

Nach etwa einer Stunde gingen wir aus der Org und lasen uns bei einer dick belegten Pizza die zwei Schriftstücke nochmals durch. Abzüglich einer Bearbeitungsgebühr von 90 Mark waren wir nun, zumindest auf dem Papier, um knapp 6500 Mark reicher.

Die Org zahlte umgehend, die Mission Nymphenburg dagegen mußte des öfteren angemahnt werden. Durch meine Inkassotätigkeit inzwischen mit den Besonderheiten des gerichtlichen und außergerichtlichen Mahnverfahrens bestens vertraut, kündigte ich am 26. April 1993 per Einschreiben für den Fall der weiterhin ausbleibenden Zahlung größte Unannehmlichkeiten an.

Und siehe da: Man zahlte. Die Drohung mit rechtlichen Konsequenzen war demnach die einzige Sprache, die auf Anhieb verstanden wurde.

Sofort nach Eingang der ersten Zahlung tätigten wir eine Überweisung von knapp 5000 Mark auf meine Augsburger Bank. Dadurch tilgten wir meinen Restkredit und sparten einen nicht unerheblichen Betrag an Zinsen ein. Zu unserer großen Freude verfügten wir nun monatlich über zusätzliche 583 Mark, die wir neben einer bestimmten Summe ebenfalls sparten. Nach jeweils einem Jahr leisteten wir Abschlagszahlungen in größerer Höhe an Klaus' Bank. Auf diese Weise konnten wir unseren gemeinsamen Kredit, der uns mit einer monatlichen Rate von 782 Mark belastete, mehr als zwei Jahre früher abzahlen als vorgesehen. Ende 1994 waren wir vollkommen schuldenfrei!

Obwohl Klaus bereits seit langer Zeit nicht mehr bei Scientology aktiv war, trat er erst im November 1994 offiziell aus. Der Vollständigkeit halber sei erwähnt, daß weder Klaus noch ich nach unserem endgültigen Austritt von Scientology-Seite aus bedrängt wurden. Genau wie ich im Dezember 1992, verfaßte auch er ein Schreiben, um neben der üblichen Austrittserklärung die Gründe für sein Ausscheiden darzulegen. Er nahm Bezug auf die Geschichte mit der Mission Nymphenburg und brachte sein Mißfallen zum Ausdruck, daß über eine so lange Zeit hinweg nichts gegen die mehr als offensichtlichen Mißstände unternommen worden war. An dieser Stelle möchte ich Ihnen eine Passage aus dem Antwortschreiben vom 7. Oktober 1994 des »keeper of tech« (Bewahrer der Technologie) der Org München nicht vorenthalten (zur Erinnerung: Ich habe die Org Ende 1989 über die mir widerfahrene Arbeitsvertragsangelegenheit unterrichtet sowie im Herbst 1991 Wissensberichte an die höheren Scientology-Ebenen geschickt. Im März 1993 bin ich aus Scientology ausgetreten; bis zu diesem Zeitpunkt war für mich *nichts* »gehandhabt«):

»Die leidige Sache mit der Mission Nymphenburg und der Tina ist ja dann doch noch über die Bühne gegangen, nachdem die Org eingegriffen hat. Tina ist übrigens nicht (nur) vom Posten suspendiert worden; sie hat ihr ComEv (Komitee der Beweisaufnahme, eine Art Untersuchungsausschuß – Anm. d. Verf.) ordnungsgemäß bekommen, und sie wird nie mehr einen Posten in irgendeiner Scientology Kirche haben. Auch wurde sie (bzw. ihre Unkorrektheiten) zu keiner Zeit von der Kirchenleitung geduldet oder gar gedeckt, wie Du in Deinem Schreiben feststellst. Nachdem die Kirchenleitung von den Verhältnissen unterrichtet war, reagierte sie sehr schnell.

Das Fehlverhalten einer Einzelperson, wie gravierend es auch sein mag, kann nicht als Maßstab für eine ganze Gruppe genommen werden oder gar für eine Philosophie.« Diese Art zu denken hatte auch ich mir viel zu lange zu eigen gemacht. Und dies war letztlich auch der Grund, weshalb ich so lange gebraucht habe, um mich von dieser Vereinigung zu lösen.

Die verhältnismäßig lange Zeit, die Klaus benötigte, um aus Scientology auszutreten, zeigt auf, wie schwierig sich besonders auch die innere Loslösung gestaltet. Auch nach meinem eigenen Ausscheiden war ich noch über Jahre hinweg in Gedanken immer wieder mit der Frage beschäftigt, ob ich nicht vielleicht doch im Unrecht war. Hatte ich möglicherweise nicht doch zu wenig getan, um mitzuhelfen, die Sache wieder in Ordnung zu bringen? Hatte ich – aus was für Gründen auch immer – nur eine Vielzahl an »unechten« Scientologen kennengelernt, wohingegen die »echte« Philosophie an mir vorübergegangen war?

In Gesprächen mit zwei uns bekannten Aussteigern redeten wir uns oft die Köpfe heiß, trugen unsere Erfahrungen zusammen, verglichen die von uns er- und durchlebten Situationen miteinander und sprachen auch über erschreckende Dinge, die wir am Rande bei anderen aktiven Mitgliedern mitbekommen hatten – nur um immer wieder aufs neue festzustellen: So konnte eine Philosophie, die sich die seelisch-geistige Befreiung des menschlichen Wesens zum Ziel gesetzt hat, keinesfalls funktionieren.

Um nicht über kurz oder lang an diesen Gedanken zu zerbrechen, die mir wieder und wieder die Möglichkeit meiner eigenen Schuld, meines eigenen Versagens vor Augen führten, entschloß ich mich vor etwa zwei Jahren, mich definitiv gegen Scientology zu entscheiden. Als Entscheidungshilfe diente mir einerseits der Spruch aus der Bibel: »An ihren Werken sollt ihr sie erkennen« und die Erkenntnis eines mir unbekannten Menschen: »An den Wegen ins Unglück stehen goldene Worte als Wegweiser.«

Loslassen, um neu zu finden

Die endgültige Loslösung von Scientology ging für mich mit einer nicht immer ganz einfachen Ursachenerforschung einher. Warum war ausgerechnet mir das passiert, wo ich doch zutiefst davon überzeugt war, niemals ein Kandidat für eine Sekte zu sein? Wie konnte es nur sein, daß ich mich so unglaublich schnell auf diese neue Welt eingelassen hatte und bereit war, fast alles hierfür aufzugeben?

In den letzten zwei Jahren habe ich viel Zeit damit verbracht, mich diesen Fragen zu widmen. Ich bin heute sehr froh, meine Geschichte nicht unter den Teppich gekehrt und versucht zu haben, sie einfach zu vergessen. Und erst jetzt, kurz vor Fertigstellung dieses Buchs, wird mir begreiflich, daß ich durch das nochmalige intensive Eindringen in die Einzelheiten einen weiteren Schritt vorwärts getan habe. Zu Beginn meiner Arbeit dachte ich, ich hätte alles ganz gut verkraftet. Ich hätte mir nicht vorstellen können, wie sehr ich mich getäuscht hatte ...

Als am schwierigsten empfand ich den Versuch, wieder zu mir selbst zu finden. Anfangs beging ich den Fehler, nach einem Menschen zu suchen, der ich schon lange nicht mehr war. Ich war verzweifelt über die Tatsache, kaum noch Verbindungspunkte zu meiner ehemaligen Persönlichkeit zu erkennen. Ich fühlte mich wie »aufgelöst«, hatte beinahe den Eindruck, als ob es mich zweimal gäbe: den Menschen heute und die junge Frau aus meiner Vergangenheit. Das »Mittelstück«, an dem man die Entwicklung zum heutigen Menschen hätte verfolgen können, war irgendwo auf dem Weg in die Gegenwart verlorengegangen …

Die beharrlich gestellte Frage nach den Gründen für meine Abhängigkeit hilft mir dabei, den mir vertrauten Menschen Jutta Elsässer, der ich nie wieder werde sein können, allmählich los- und mich auf eine ganz neue Entwicklung einzulassen. Ohne Zwang versuche ich, mir die negativen oder problematischen Eigenschaften bzw. Umstände, die mir bekannt sind oder nach und nach ins Bewußtsein dringen, anzusehen und auch anzunehmen. In meiner Erinnerung erlebe ich Situationen wieder, die mir einen Ansatzpunkt für die Erklärung meines Verhaltens liefern. Ich verstehe allmählich, wie sehr meine Kindheit ihre Spuren in meiner Seele hinterlassen hat. Seit ich denken konnte, wurde ich von einem undefinierbaren »Schuldgefühl« begleitet. Unablässig war ich der Meinung, für alles und jeden verantwortlich zu sein, die Schuld für mißliche Umstände allein tragen zu müssen. Ich fühlte mich dafür verantwortlich, daß meine Mutter eine solch schwere Geburt hatte, ich fühlte mich dafür zuständig, ihre Stimmungsschwankungen und Depressionen zum Verschwinden zu bringen. Um ein »gutes« Kind zu sein, lernte ich, mich ihren Wünschen anzupassen und nichts zu unternehmen, was sie in irgendeiner Form hätte in Angst und Schrecken versetzen können.

Langsam beginne ich zu verstehen, daß das Gefühl einer persönlichen »Schuld« und einer »allumfassenden« Verantwortung ein nicht unwesentlicher Grund für mich waren, überhaupt zu Scientology zu stoßen. Ich fühlte mich verantwortlich für diese Erde, glaubte unbewußt, *ich* müsse dafür Sorge tragen, daß sich die Verhältnisse ändern. Heute empfinde ich nach wie vor ein Gefühl der Verantwortung, allerdings habe ich begriffen, daß jeder Mensch *anteilig* Verantwortung trägt: Verantwortung für diese Welt, in der wir alle leben, und auch Verantwortung für sich selbst. Ich fühle mich nicht mehr über ein gesundes Maß hinaus für andere Menschen verantwortlich. Schon gar nicht für ihr Lebensglück, wie es im Verhältnis zu meiner Mutter der Fall war. Ich war der Meinung, meiner Mutter etwas ersetzen zu müssen, was sie aufgrund ihrer Situation nie hätte erreichen können. Meine Mutter hatte nach meiner Geburt ihren Beruf aufgegeben und verbrachte fortan ihre Zeit zu Hause. Auch zu der Zeit, als ich in Kindergarten und Schule ging, wollte sie keine Halbtagstätigkeit ausüben. Verständlicherweise war sie als intelligente Frau unterfordert und dementsprechend unzufrieden. All ihre Aufmerksamkeit konzentrierte sich auf mich und meine schulischen Erfolge bzw., noch schlimmer, auf meine Mißerfolge. Ich hatte immer den Eindruck, ich müsse möglichst perfekt sein, um ihre Liebe zu mir zu erhalten. Meist erfüllte ich ihren Wunsch, nach der vierten Fleißaufgabe noch eine fünfte zu machen, und akzeptierte es, mich als Grundschülerin erst gegen fünf oder sechs Uhr abends vom Schreibtisch lösen zu können. Mit der Zeit entwickelte ich einen Perfektionismus, der mir schon bald selbst auf die Nerven ging. Alles mußte absolut akkurat dargestellt sein, Bemerkungen meiner Lehrer wie »Jutta durchdenkt alles bis ins kleinste Detail« oder »Für ihr Alter zeigt sie ein außergewöhnlich reifes und erwachsenes Verhalten« erfüllten mich und meine Mutter mit größtem Stolz. Dieser Hang hin zum »perfekten

Menschen« verfolgt mich noch heute. Allerdings beginne ich zu begreifen, daß Unvollkommenheit zum Menschsein gehört und daß gerade auch dieses unablässige Streben nach Vollkommenheit ein Grund dafür war, innerhalb kürzester Zeit knapp 70 000 Mark einer Organisation anzuvertrauen, die mir eine schnelle und unproblematische »Transformation« zum perfekten Menschen versprochen hatte.

Ich weiß heute, daß mein Selbstbewußtsein zu der Zeit, als ich das erste Mal Kontakt zu Scientology bekommen hatte, nicht so groß war, wie ich angenommen hatte. Durch die sagenhaften Versprechungen geblendet, glaubte ich tatsächlich, »größer, fähiger, mächtiger« zu werden. Ich erhoffte mir, innerhalb einer vertretbaren Zeit zu einem Menschen zu avancieren, dem keiner etwas anhaben konnte. Die Vorstellung, nicht einen wesentlichen Teil meines Lebens oder gar mein ganzes Leben lang hart an mir arbeiten zu müssen, um mich zu verbessern und letztlich zu einem Menschen zu werden, den man gemeinhin als »über den Dingen stehend« bezeichnet, war wirklich sehr verlockend. Ich dachte, in nur wenigen Monaten oder Jahren zur absoluten Superfrau aufsteigen zu können.

In besonderem Maße bequem war es für mich, im Gegenzug zu der von mir empfundenen Verantwortung für die Errettung der Welt die Verantwortung für meinen persönlichen Weg gewissermaßen an andere Menschen abgeben zu können. Ich war der Ansicht, daß es richtig sei, Scientology mein Leben anzuvertrauen. Ich kam nicht einmal im Traum auf die Idee, daß kein Mensch dieser Welt seine Verantwortung für sein eigenes Dasein einfach ablegen und andere mit dessen Weiterführung beauftragen konnte. Heute wäre mir der Gedanke unerträglich, nicht jeden meiner Schritte, soweit es mir infolge meines geistigen und körperlichen Zustands möglich ist, selbst kontrollieren und letztlich auch tun zu können. Ich bin dabei zu lernen, meinen Weg – meinen menschlichen Weg – mitsamt seinen Höhen und Tiefen anzunehmen. Hierzu gehört u. a. die Erkenntnis, daß ich, wie alle Menschen, die eine Verbesserung anstreben, an mir arbeiten, meine Problemseiten ans Licht kehren und versuchen muß, eingefahrene Verhaltensweisen durch Beharrlichkeit und Selbstermutigung zu ändern. Manchmal klappt es ganz gut. Oft erlebe ich jedoch, wie sich alte »Programme« immer wieder durchsetzen. In den meisten Fällen handelt es sich hierbei um Verhaltensweisen, die mir in der Vergangenheit geholfen haben, Schmerz, insbesondere in seelischer Hinsicht, zu vermeiden.

Auch heute noch fällt es mir beispielsweise nicht leicht, für meine Interessen in vollem Umfang einzutreten. Ich hatte schon immer Schwierigkeiten, nein zu sagen, jemandem etwas zu verweigern, ihm einen Gefallen aus bestimmten Gründen heraus zu versagen. Wenn ich zu widersprechen beabsichtigte, dachte ich oft an die Gefühle der anderen, an ihren Unmut und an ihre Enttäuschung – und bekam ein schlechtes Gewissen. Oftmals sagte oder tat ich schließlich etwas, was ich nicht wollte oder womit ich nicht hundertprozentig einverstanden war. Ich betrachtete mich als nicht wert genug, auch einmal meine eigenen Wünsche und Vorstellungen durchzusetzen. Natürlich gab es auch genügend Situationen, in denen ich mich – notgedrungen – zur Wehr setzen mußte. Allerdings war es mir unsagbar unangenehm, denn ich fühlte mich nur dann als »guter« Mensch und nur dann angenommen, wenn ich das tat, was man von mir erwartete.

Doch damit ist seit einiger Zeit Schluß. Ich bemühe mich mit wachsendem Erfolg, für meine Belange einzutreten, ohne jedoch meine Mitmenschen und ihre Interessen aus den Augen zu verlieren. Mehr und mehr erfahre ich, daß in vielen Fällen ein gesunder Kompromiß durchaus das Mittel der Wahl ist. Ich werde mir bewußt, daß nicht nur alle anderen, sondern auch ich ein Recht auf meine eigenen Wünsche und Vorstellungen habe.

Nein zu sagen, ist die eine Sache, die ich zu lernen habe. Ja zu sagen – und zwar zu meinem Leben und allem, was damit in Verbindung steht – die andere. Durch die Arbeit an mir selbst ist mir aufgefallen, daß ich dieses Leben eigentlich niemals wirklich wollte. Ich fühlte mich noch nie so richtig wohl in meiner Haut, hatte immer das Empfinden, nicht gut genug zu sein, um ein wirkliches Anrecht auf Leben und Lebensfreude zu haben. Bei Scientology versuchte ich, mir diese Lebensfreude durch die Ausgabe horrender Summen zu »erkaufen« und mir ein Leben zu verschaffen, das ich annehmen, ja eines Tages vielleicht sogar lieben konnte. Ich konnte nicht ahnen, daß mich meine Zugehörigkeit nur noch weiter von meinem Ziel, mein Leben gerne zu leben, abbringen würde.

Zur Zeit bin ich auch mit Hilfe meines Mannes (wir haben im Juni 1995 geheiratet) dabei, die schönen Seiten des Lebens – meines ganz persönlichen Lebens – kennenzulernen. Klaus hilft mir, Lebensfreude neu zu entdecken, ohne das Empfinden zu haben, auf diese Weise in irgendeiner Form zu »sündigen« – was mir nicht leicht fällt, denn in meiner Familie habe ich kaum Lebensfreude erfahren. Ich bin unter schwermütigen Menschen aufgewachsen, Krankheit und Tod gaben sich bei uns die Klinke in die Hand. Um so wichtiger ist es jetzt für mich, die Vergangenheit loszulassen und zu meinem *heutigen* Leben zu finden.

Zu meinem heutigen Leben gehört es auch, apokalyptische Vorstellungen über den Werdegang der Menschheit vollkommen aus meiner Gedankenwelt zu verbannen. Mehr und mehr beschleicht mich der Verdacht, daß ich mich in meiner Kindheit und Jugendzeit zu häufig und unkontrolliert mit derartigen Schriften beschäftigt hatte. Scientology mit ihrer Weltuntergangsvision fand bei mir dadurch einen ideal vorbereiteten Nährboden.

Zu Lebzeiten meines Vaters hatte ich glücklicherweise die Möglichkeit, mich mit ihm als aufmerksamem Zuhörer über das Gelesene zu unterhalten. Auf diese Weise war zumindest eine gewisse Verarbeitung neuer Gedanken und Betrachtungen gewährleistet. Nach seinem Tod allerdings hatte ich keinen Ansprechpartner mehr, dem ich alles anvertrauen konnte, ohne ausgelacht oder nicht ernstgenommen zu werden. Für meine Mutter wie auch für andere Mitglieder meiner Familie waren Gespräche über den Tod, die Wiederauferstehung, die Reinkarnation oder auch einen möglichen Weltuntergang im Grunde tabu. Es gab nur zwei Personen, mit denen ich über solche Dinge reden konnte, die ich jedoch nicht allzuoft traf.

Wie wichtig es ist, gerade auch mit den engsten Familienangehörigen über alles sprechen zu können, wird mir mehr und mehr bewußt. Ich hätte es mir gewünscht, als Jugendliche mit meinen Problemen und Ansichten auf offene und *verständnisvolle* Ohren gestoßen zu sein. Ich denke, es ist von großer Bedeutung, innerhalb der Familie keine Tabuthemen zu kennen und die Gedanken eines Kindes und Jugendlichen zu respektieren, ihm in jedem Fall aufmerksam zuzuhören und möglicherweise auch darauf hinzuweisen, daß die Beschäftigung mit einigen Dingen für die Seele nicht ganz ungefährlich sein kann. Vielleicht wäre es für mich wichtig gewesen, daß man intensiver mit mir über das Leben und seinen Sinn diskutiert und sich als »lebenserfahrener« und »geläuterter« Erwachsener auf solche Fragen eingelassen hätte, anstatt diese mit einer abwertenden Handbewegung vom Tisch zu wischen.

Trotz der vorangehenden Ausführungen möchte ich nicht den Eindruck erwecken, meiner Familie die Schuld für meine Mitgliedschaft bei Scientology und die hieraus resultierenden Konsequenzen anlasten zu wollen. Mein Ziel war es, mögliche Ursachen für diese »schwarze Zeit« in meinem Leben aufzuspüren und auch für den Leser verständlich darzulegen. Ich bin mir sicher, im Laufe der Zeit noch auf weitere Gründe zu stoßen, die mein Verständnis für das Verhalten in meiner damaligen Situation erweitern. Ich habe erfahren, daß das »Herauswachsen« aus einer Weltanschauung und das Erschaffen einer neuen, persönlichen »Philosophie«, mit der man leben und denken kann, sehr viel Zeit in Anspruch nimmt. Und ich bin bereit, mir diese Zeit zu nehmen!

Sicherlich können Sie sich denken, wie froh ich heute bin, gerade noch rechtzeitig von diesem Zug, der mich in eine ungewisse seelische und materielle Zukunft geführt hätte, abgesprungen zu sein. Im Rückblick erscheint mir meine Geschichte fast unwirklich. Dennoch ist sie ein Teil meines Lebens, den ich nicht mehr missen möchte. Natürlich würde ich sie nicht noch einmal erleben wollen. Jetzt jedoch, wo ich diese Erfahrungen bereits hinter mich gebracht habe, möchte ich nicht mehr auf sie verzichten. Ich glaube, sie waren eine wesentliche Voraussetzung für eine fruchtbare Arbeit an mir selbst. Ich weiß nicht, ob ich mich jemals in dieser Eindeutigkeit, mit all meinen guten wie schlechten Eigenschaften, kennengelernt hätte. Möglicherweise haben mir diese Erfahrungen einen Weg aufgezeigt, wirklich zu mir selbst zu finden – nicht zu einer Person, die nur mein Schattenbild ist.

Diese Erfahrungen, an denen ich Sie habe teilhaben lassen, sind selbstverständlich rein subjektiver Natur. Ich konnte nur von mir und meinen Erlebnissen berichten. Nichtsdestotrotz habe ich gesehen, wie es vielen Menschen ähnlich ergangen ist, wie viele sich von den Versprechungen dieser Organisation haben blenden lassen – und als Folge hiervon in den seelischen wie auch in den finanziellen Ruin getrieben worden sind. Ich weiß mit Sicherheit, daß ich kein Einzelfall bin.

Nach meiner Berufsausbildung zur Bürokauffrau, die ich noch 1997 abschließe, werde ich nach erfolgter Zulassung ein Psychologiestudium beginnen. Ich möchte mich fachlich ausbilden lassen, um später einmal insbesondere Menschen, die ähnliche Erfahrungen hinter sich haben, beratend zur Seite stehen zu können. Ich bin der Auffassung, daß ich durch meine eigenen Erlebnisse eine hervorragende Grundlage für diese Tätigkeit mitbringe und daß ich aus tiefster Seele heraus verstehen kann, warum man nach dem Ausstieg aus einer Sekte oder pseudoreligiösen Organisation nicht einfach die Tür hinter sich schließt und gewissermaßen zur Tagesordnung übergeht. Ich weiß um die oft jahrelange Aufarbeitungsphase, die mit depressionsähnlichen Zuständen und der Unfähigkeit einhergeht, ein neues, anderes Leben mit anderen Voraussetzungen anzunehmen. Ich kenne die Selbstvorwürfe und Anklagen, die einem Menschen, der gerade anfängt, nach seinem Ausscheiden die Augen zu öffnen und sich über das Ausmaß seiner »Verfehlungen« bewußt zu werden, schwer zu schaffen machen können. Ich wäre glücklich, nach meinem Studium wenigstens einigen dieser Menschen in der einen oder anderen Form helfen zu können.

Ich bin sehr froh, wieder zu meinem ursprünglichen Ziel gefunden zu haben. Anders allerdings als noch vor einigen Jahren bemühe ich mich heute, den Kopf aus den Wolken zu nehmen und mit beiden Beinen auf der Erde zu stehen. Ich möchte lernen, diese Welt und mein Leben als *Teil dieser Welt* anzunehmen, ich möchte dazu beitragen, daß sie besser, lebenswerter, friedlicher, schöner wird. Heute mit beiden Beinen auf dem Boden der Tatsachen zu stehen bedeutet für mich jedoch nicht, alles Spirituelle in mir und um mich herum abzulehnen. Ich bin mittlerweile der Auffassung, daß echte Spiritualität nur auf dieser Erde – als Realist – gelebt werden kann. Ich möchte nicht mehr die Flucht in »höhere Sphären« oder in ein fernes, paradiesisches Jenseits ergreifen. Ich möchte hier und jetzt ein Leben führen, das sich zumindest in Anteilen mit meinen Vorstellungen, Wünschen und vielleicht auch Träumen deckt. Es liegt an mir allein, mir auf die Frage nach dem Sinn meines Lebens eine für mich zutreffende Antwort zu geben, und ich bezweifle heute, daß es tatsächlich Menschen gibt, die diese Frage für andere beantworten können. Mein unkritischer Glaube, man könne mir bei Scientology den Grund für mein Dasein aufzeigen und mir einen für mich bestimmten Lebensweg »zur Verfügung stellen«, hätte mich beinahe meine Seele gekostet.

Dank

Insbesondere bei zwei Menschen möchte ich mich für ihre kontinuierliche Unterstützung während der Entstehungsphase des Buchs – sowohl in beratender als auch in seelischer Hinsicht – bedanken.

Frau Sabine Jaenicke, meine Lektorin, war immer für mich zu sprechen und half mir durch ihre bewundernswerte Fähigkeit, selbst an problematische Sachverhalte mit überaus positiver Einstellung heranzugehen, über so manche »Schreibkrise« hinweg. Ich kann mich nicht erinnern, jemals einen Menschen getroffen zu haben, der es derart konsequent versteht, »Unpäßlichkeiten« in Motivation zu verwandeln ...

Meinem Mann Klaus, ohne dessen liebevollen, bedingungslosen Beistand es mir heute nicht so gutginge, danke ich für die vielen Stunden, die er für mich und meine Ausführungen opferte. Er füllte meine Erinnerungslücken, korrigierte Fehler in der Darstellung von Sachverhalten und war zu jeder Zeit zu einer Diskussion bereit, um im Gespräch diese schwere Zeit nochmals gemeinsam mit mir zu durchleben und aufzuarbeiten. Er war mir auch als »seelische Stütze« von unschätzbarem Wert. Aus diesem Grund möchte ich an dieser Stelle nicht vergessen zu erwähnen, daß er mindestens die Hälfte zur Entstehung dieses Buchs beigetragen hat.